서울사회경제연구소 연구총서 XV

양극화 해소를 위한 경제정책

금융, 노동시장, 부동산, 지역

서울사회경제연구소 엮음

김혜원·류재우·배영목·윤진호·

이상철·이은우·장세진·전강수

한울
아카데미

국립중앙도서관 출판시도서목록(CIP)

양극화 해소를 위한 경제정책 : 금융, 노동시장, 부동산, 지역 / 엮
은이: 서울사회경제연구소. -- 파주 : 한울, 2006
    p. ;   cm. -- (한울아카데미 ; 889) (서울사회경제연구소 연구
총서 ; 15)

ISBN   89-460-3600-1 93320

322.11-KDC4
338.95195-DDC21   CIP2006002025

머리말

외환위기 이후 우리 사회에서는 양극화 현상이 중요한 문제로 부각되고 있다. 과거 산업화 시기에도 경제의 주요 영역별 격차가 확대되는 현상이 지속적으로 보이긴 했지만, 외환위기 이후에는 경제의 거의 모든 영역에서 양극화가 더욱 뚜렷해지고 있다.

우선 대기업과 중소기업, 수출부문과 내수부문 등 경제부문별로 뚜렷한 격차가 나타나고 있으며, 이에 따라 수출부문과 대기업의 상대적인 호조에도 불구하고 이것이 경제 전체로 확산되지 못하고 있다. 이러한 부문별 격차는 다시 노동시장에서의 일자리와 소득 양극화로 이어지면서 대다수 국민들이 느끼는 체감경기는 매우 나쁜 상태이다. 특히 중소기업, 영세자영업, 비정규직 노동자, 농어민 등 낙후된 부문에 있는 국민들의 고통이 가중되고 있다. 이러한 경기 및 소득 양극화는 결국 이혼, 범죄, 자살 등 각종 사회문제를 발생시킬 뿐만 아니라, 더 나아가서는 그동안 국민 모두가 피와 땀으로 이룩해 왔던 민주화와 개혁정책에 대한 국민들의 불신·불만으로 이어져 민주주의의 후퇴와 개혁정책의 좌절을 낳을 위험성마저 나타나고 있다. 따라서 양극화 문제의 해결은 우리 경제가 당면한 최대 과제로 떠오르고 있다.

이처럼 양극화 현상이 심화되면서 양극화 문제를 해결하기 위한 각종 논의가 무성해지고 있다. 그러나 양극화 문제의 심각성, 원인, 대응방향 등을 둘러싸고 많은 혼란과 대립이 나타나고 있는 것도 사실이다. 양극화 현상이 단순한 단기적이고 경기적인 현상이 아니라 우리 경제의 구조적

4

이고 장기적인 문제에 뿌리를 둔 현상임을 생각할 때, 이에 대한 올바른 해결책을 제시하기 위해서는 좀 더 구조적이고 장기적인 요인에 대한 이해가 선행되어야 할 것이다.

이 책은 금융, 노동시장, 부동산, 지역 등 여러 부문에서 한국 경제가 직면하고 있는 양극화 문제에 대해 그 원인을 분석하고 대응책을 제시하는 글들을 모았다.

제1부에서는 금융부문의 양극화 문제를 다룬다. 장세진의 글은 지역 간 격차의 일환으로 나타나고 있는 지역금융기관과 중앙금융기관 간의 문제를 다루고 있다. 지역금융기관은 지역밀착형·관계형 금융이라는 측면에서 중앙금융기관에 대해 비교우위를 가지고 있으므로, 지역중소기업의 균형발전과 지역 일자리 창출을 위해서 적절한 수준의 지역금융이 병행 발전되어야 한다고 강조하고 있다. 그럼에도 불구하고 외환위기 이후의 금융구조조정 과정과 금융환경 변화를 겪으면서, 지역금융의 기반이 크게 침식되어 자생적 회복이 거의 불가능한 상태가 되었음을 지적하고, 그 대책으로서 단기적으로는 지역여신 제고를, 장기적으로는 외환위기 이전 수준으로의 지역금융기관 회복을 정책적으로 지원할 필요가 있다고 주장한다.

배영목의 글 역시 지역금융기관과 중앙금융기관 간의 양극화 문제를 다루고 있다. 그에 의하면, 한국의 금융시장은 실물부분에 비해 빠르게 성장하여 전체적으로 금융심화가 이루어지고 있지만, 지역 간 금융의 발전 정도를 비교해 보면, 금융기관 본점의 수, 증권시장 발전 정도, 예수금, 대출금 등 여러 지표에서 서울과 지방 간의 격차가 매우 크다. 이러한 격차의 원인으로는, 서울에 전국형 금융기관의 본점이 집중되어 있다는 점, 증권시장이 있다는 점, 대규모 사업체의 절반 이상이 서울에 본사나 본점을 두고 있다는 점, 산업구조 면에서 서울이 상대적으로 금융산업에 특화되어 있다는 점, 서울에 소재하는 기업이 지방에 소재하는 기업보다 상대적으로 재무구조가 양호하다는 점 등을 들 수 있다.

　제2부에서는 노동시장의 양극화 문제를 다룬다. 윤진호의 글은 한국노동연구원의 '한국노동패널' 자료 분석을 통해 1999년과 2004년 사이에 노동시장에서 최고임금계층과 최하임금계층 사이에 양극화가 진행되어 왔음을 실증하고 있다. 즉, 노동시장에서 최하임금계층과 최고임금계층 사이의 임금격차가 확대되었으며, 최하임금층과 최고임금층의 고용비중은 증가한 반면, 중간임금계층의 고용비중은 감소하는 등 노동시장 양극화가 진행되어 왔다는 점을 밝히고 있다. 나아가 최하임금층은 대체로 여성, 고연령, 저학력, 저근속연수 등의 노동력 특성을 가지는 반면, 최고임금층은 그 반대의 특성을 가지고 있다. 양극화를 결정하는 변수로는 다양한 노동력 특성 변수와 일부 노동수요 변수, 그리고 제도적 변수들이 유의함을 보이고 있다. 그는 현재의 양극화 해소정책의 한계로서, 경제·산업정책이 사회정책과 모순이라는 점, 노동시장정책에서 일자리의 질에 대한 고려와 비정규직 노동자에 대한 대책이 미흡하다는 점, 임금 및 근로조건의 양극화를 직접적으로 해소할 수 있는 구체적 방안이 없다는 점, 사회복지정책에서 사각지대가 존재한다는 점 등을 지적한다.

　류재우의 글은 자영업 부문에 대한 분석을 통해 양극화 현상을 밝히고 있다. 이 논문은 한국이 다른 나라에 비해 자영업의 비중이 높은 편인데도 불구하고, 1990년 이후 계속 이 부문의 비중이 증가해 왔는데, 이 현상이 자영업 부문의 소득기회 및 선택성의 변화와 어떻게 관련되어 있는지를 분석한다. 분석 결과, 자영업 부문은 이 기간에 소득수준과 소득분산 면에서 '직업'으로서의 매력이 증대되어 온 것으로 나타나, 자영업 부문 취업자의 증가는 자영업 부문에서 새로운 기회가 많이 창출되고 있음을 시사한다고 주장한다. 그러나 이와 동시에 자영업 부문 숙련의 분산이 증대되었음을 지적하고, 이는 자영업 부문 내부에서 소득불균등도가 증대되어 왔거나 앞으로 증대될 것임을 의미한다고 주장한다.

6

김혜원의 글은 광공업에서의 일자리 소멸 현상에 대해 분석하고 있다. 그는 광공업에서 생산성 그룹별로 사업체를 구분했을 때, 저생산성 사업체의 일자리 소멸률이 불황기에 상대적으로 감소하는 점을 설명하는 모형을 제시한다. 불황기에는 호황기에 비해 한계적 일자리의 비중이 증가하게 되고, 저생산성 한계적 일자리에서의 일자리 소멸률이 낮아지게 되어, 일자리 소멸률의 생산성 그룹별 상대적 격차가 줄어들게 된다고 주장한다. 또한 불황기에 불황의 세정효과에 의해서 경제 내 최저생산성이 높아지는 반면, 노동자가 이직하면 소멸되는 한계적 일자리의 비중도 증가하게 되어, 불황기에 사업체의 효율성 분포가 효율성이 높아지는 방향으로만 변화하지 않는다고 주장한다.

제3부에서는 소득 양극화의 주요 요인이 되고 있는 부동산 부문의 양극화 문제를 다룬다. 전강수의 글은 부동산으로 발생하는 불로소득의 근본적 해결책으로서 불로소득에 대한 환수제와 토지공공임대제 등 매우 혁신적인 방안을 내세우고 있다. 그에 의하면, 부동산 문제의 근원은 부동산을 소유할 때 생기는 불로소득이므로, 부동산 문제를 근본적으로 해결하기 위해서는 부동산 가격의 상승으로 인해 발생하는 불로소득을 공적으로 환수하지 않으면 안 된다고 한다. 특히 그는 평등지권(平等地權)을 이상으로 삼는 헨리 조지 식의 정책 대안인 토지가치세제와 토지공공임대제가 부동산 불로소득의 환수에 탁월한 효과를 발휘할 수 있다고 주장한다. 토지가치세제의 원리에 따라 부동산 세제를 개혁하고자 할 때는 네 가지 원칙을 지켜야 하는데, 참여정부의 부동산 세제개혁은 토지가치세제의 원리를 따르려고 노력한 점에서 인정받을 만하지만, 네 가지 원칙에 견주어 평가해 보면 아직 많은 부분이 미흡하다고 판단한다. 한편, 부동산 세제개혁이 미흡한 것은 조세저항과 이에 따른 정치적 부담 때문인데, 토지공공임대제는 부동산 불로소득 환수, 도시계획기능 제고, 부동산 투기 억제, 저비용의 사회간접자본 건설 등의 효과를 발휘하면서도

조세저항이 상대적으로 적다는 점에서 부동산 세제개혁과 동시에 토지공공임대제를 시행할 필요가 있다고 주장한다.

제4부에서는 지역 간 양극화 문제를 다룬다. 이은우의 글은 한국노동연구원의 '한국노동패널조사' 자료를 이용하여 지역 간 인구이동과 소득결정의 관계를 파악하는 방법을 통해 지역 간 양극화 문제를 분석하고 있다. 추정된 이주결정함수에 의하면, 한국의 지역 간 인구이동 현상은 인적자본이론으로 잘 설명될 수 있는 것으로 나타나고, 추정된 소득결정함수에 의하면, 같은 인적자본을 가지더라도 비이주자가 이주자에 비해서 더 낮은 소득을 얻는 것으로 나타난다. 지역 간 소득격차의 요인을 분석해 본 결과, 비이주자의 경우보다 이주자의 경우가 개인속성 이외의 요인에 의해 상대적으로 더 많이 영향을 받은 것으로 나타난다. 이 사실은 이주자의 소득이 비이주자에 비해 높은 것이 개인속성보다는 구조적인 지역격차에 의한 것임을 나타내고, 지역 간 인구이동이 지역 간 소득격차를 증가시키는 것을 의미한다고 그는 주장한다.

이상철의 글은 지역 간 양극화를 막는 하나의 수단인 수도권 입지규제 정책의 효과를 다루고 있다. 그는 현재의 수도권 입지정책이 매우 구체적이고 직접적인 규제정책 위주로 이루어져 있음을 지적하고, 이러한 정책이 수도권의 과밀문제를 해결하고 지역 간 격차를 해소하는 최선의 정책이 될 수 없다고 주장한다. 집적은 생산 측면에서의 외부경제를 초래하게 되므로, 이러한 외부경제에 특히 민감한 창업 초기 단계의 중소기업들이 수도권에 모여드는 것은 자연스러운 현상이라고 평가한 후, 정책당국은 규제정책보다는 오히려 이러한 기업들이 성공적으로 창업해서 일정하게 성장할 수 있도록 하고, 안정화 단계에 접어든 기업에 대해서는 비수도권 지역으로 이전하도록 유도하는 '조장적' 정책을 마련해야 한다고 주장한다.

1993년에 설립된 서울사회경제연구소는 순수한 민간경제연구소로서 한국 경제의 정의로운 발전방향을 모색하기 위한 작업을 꾸준히 해오고 있다. 그 작업의 하나로 '연구총서' 시리즈를 발간하고 있는데, 이 책은 그 열다섯 번째 저작이다. 앞으로도 우리는 이러한 작업을 꾸준히 해나갈 것이며, 이에 대해 많은 분들의 관심과 성원을 부탁드린다.

마지막으로 이 책을 집필하느라 고생한 필자들에게 감사를 드리며, 또한 기꺼이 이 책의 출판을 맡아주신 도서출판 한울의 김종수 사장과 직원 여러분에게도 감사를 표한다.

2006년 8월
필자들을 대표하여
윤진호

차례

제1부   금융

제1장

중소기업과 지역금융

1. 서론

외환위기 이후 금융부문 구조조정 과정에서 지역금융의 기반이 크게 침식되었고, 이에 따라 현재의 금융시장 환경에서 지역금융의 자생적 회복은 거의 불가능하다. 이 글의 목적은 자금배분의 효율 및 지역중소기업의 균형발전과 지역 일자리 창출을 통한 양극화 해소를 위해서 적어도 위기 이전 수준으로 지역금융의 회복을 정책적으로 지원할 필요가 있다는 점을 밝히는 데 있다. 지역금융의 현황분석을 바탕으로 적절한 지역금융 지원방안을 모색하는 것도 부수적 목적이다.

흔히 인터넷 시대의 금융집중화를 시장의 자연스러운 반응으로 보는 경향이 있다. 인터넷 금융·모바일 금융으로 기술적으로 수송비가 제로이고, 금융산업에서 규모의 경제와 범위의 경제에 기인한 대형화·겸업화와 더불어 금융의 수도권 집중이 자연스러운 추세이며 자원배분의 효율에 합치한다고 보는 것이다.

그렇지만 수송비 제로라는 인식은 은연중 송금을 전제로 하고 있으나 송금은 금융에서 필요할 수도 있고 그렇지 않을 수도 있는 한 과정일 뿐이다. 금융은 미래의 지급에 대한 약속을 거래하는 것이고, 그 약속의 품질, 즉 신용에 대한 평가와 지속적인 감시 또는 관찰과 피드백이 필요하다. 즉, 금융은 정보의 수송뿐만 아니라 정보의 창출, 나아가 넓은 의미에서 '관계'의 지속이 필요한 것이다. 이러한 '관계'는 손쉽게 수송되거나 이식될 수 있는 것이 아니므로, 금융의 지역고착성이 생기는 것이다. 실제로 중력모형에 관한 여러 연구에서 금융이 가장 '무거운 상품'으로 나타나는 이유가 여기에 있다.

또한 수송비 제로의 시각에서 보면, 지역금융 활성화의 요구는 정치논리에 호소하는 지역이기주의로 치부되기 쉽다. 지역자금의 역외유출(또는 유입)은 자연스러운 시장조정의 결과이며, 자금흐름에 대한 정책개입이 자원배분의 왜곡을 초래한다는 것이다. 경제정책이 효율적으로 수행되기 위해서는 시장의 자연스러운 힘을 십분 활용해야 한다는 논리에는 적극 찬성한다. 그렇지만 현재의 지역금융 상황은 외환위기 이후 금융구조조정 과정에서 공적자금의 집중관리를 위해 인위적으로 금융의 수도권 집중이 진행되었다는 점을 상기해야 한다. 물론 효율적인 시장의 힘은 왜곡된 인위적 집중을 다시 교정·회복하려는 방향으로 작동할 것이다. 그러나 구조조정과 병행된 세계화·국제표준화 과정에서 BIS 기준 같은 계량적 재무지표 활용과 하부구조 없는 선진금융기법 도입은 일단 붕괴된 관계형 지역금융의 회복을 어렵게 하고 있다. 따라서 자원배분의 효율성이라는 관점에서도 지역금융을 적어도 외환위기 이전 수준으로 회복시키는 정책적 지원이 필요하다고 본다.

지역금융을 지원해야 할 필요성은 지역균형발전, 중소기업 활력회복과 양극화 해소를 위해서도 긴요한 것으로 보인다. 양극화를 소득과 고용 측면에서 파악할 때, 지역중소기업의 창업은 저임금 일자리와 긴밀한 경합관계를 가지고 임금추락을 방지하며, 그 자체가 다시 새로운 일자리와 성장동력을 창출한다. 정부가 창업지원에 적극 나서는 소이가 여기에 있지만, 정부로서는 유인체계상 실패할 확률이 높고, 또한 실패로부터 학습할 능력과 동기도 적다. 그러나 지역금융기관은 자체의 이익이 걸려 있으므로 실패예방의 동기가 높고, 적어도 실패로부터 학습을 축적해 나간다. 이런 점에서 지역금융 지원은 양극화를 극복하기 위한 효율적인 방안이 되기도 한다.

이하 이 글의 구성은 다음과 같다. 다음 절에서는 지역금융의 역할을 비대칭 정보, 신뢰와 평판의 기능, 신용평가의 사회 시스템 등 이론적 관점에서 살펴보기로 한다. 제3절에서는 외환위기 이후 구조조정 과정에서 지역금융의 기반이 어떻게 침식되었는가, 그 이후 대형화·세계화 추세에서 금융환경의 변화가 지역금융기반의 회복에 어떻게 장애로 작용하고 있는가를 분석한다. 제4절에서는 인천지역금융을 사례로 하여, 인천지역의 지역밀착형 금융기관(상호저축, 상호신용, 신용협동, 새마을금고)의 생산성·건전성·수익성이 어떻게 변화하여 왔는가를 살펴본다. 마지막 절에서는 이 글을 요약하고, 지역금융 활성화를 위한 정책지원방안을 모색한다.

2. 지역금융의 역할

화폐경제의 중요한 특성은, 상품구매를 위해서는 현금을 먼저 확보해야 한다는 현금선불제약(cash-in-advance constraints)을 부과하는 데 있다 (Clower, 1967). 현금선불제약 자체는 익명의 거래에서 도덕적 해이를 막기 위한 사회적 디자인으로 해석할 수 있다. 현금선불제약하에서 화폐적 시장교환은 최선(the first-best)도, 차선(the second-best)도 아닌 제3선(the third-best)의 자원배분 효율성을 달성할 뿐이다. 즉, 주어진 초기조건하에서 정태적 효율성을 달성할 뿐, 동태적 효율성을 달성할 수 없다. 예컨대, 왈라스의 일반균형이론에 따르면 미래 상품과 조건부 상품의 거래는 현금선불제약에 의해 제외되므로 완전보험시장이 존재할 수 없다. 이것이 실제로 자원배분이 시장뿐만 아니라 가정, 우정, 교회, 사회단체, 국가에 의해 다각적으로 보완되어야 하는 기본적인 이유이다(Chang, 2005).

현금선불제약의 한계, 즉 동학적 비효율은 비익명의 거래에서 금융과 보험이라는 새로운 시장기회를 만든다. 현금선불제약의 제약을 받는 사람과 그렇지 않은 사람(여유자금이 있는 사람) 사이에 신뢰관계를 통해서 자금을 융통함으로써 상호 유리한 거래기회가 생기게 된다. 화폐경제에서는, 이 경우에도 애로우나 드브뢰 식으로 현재의 현금과 미래의 현금이 교환되는 것으로 볼 수 없다. 현재의 현금은 미래 지급의 약속, 즉 신용과 교환되는 것이고, 미래의 현금은 그 약속을 이행하는 가치, 즉 신용 유지의 가치와 다시 교환되는 것이다. 즉, 신용이 새로운 교환의 매개로 기능하는 것이다. 신용은 교환의 매개로서 특수한 신뢰관계에서 성립하는 것이므로 현금의 완전한 대체재는 아니다. 금융은 — 신뢰관계를 바탕으로 하여 — 신용을 매개로 일반적 수용수단인 현금을 확보하는 과정이다.

금융이 특수한 신뢰관계에서만 성립한다는 제약은 다시 새로운 시장기회를 만든다. 예컨대 개인 A가 신뢰관계를 갖는 그룹을 G(A)라고 하자. 그런데 그 그룹 중 어느 누구에게도 충분한 여유자금을 가진 사람을 찾지 못했다고 하자. 그러면, G(A)의 일원인 B가 신뢰관계를 갖는 그룹 G(B)에 있는 C로부터 자금을 융통하여 A에게 전달할 수 있다. 이러한 간접융통 대신, B가 자신의 신용을 바탕으로 융통을 보증할 수도 있다. 이 경우, B의 신용이 A와 C 간의 자금거래의 매개가 된다. 구체적으로 B는 자기명의의 지급약속을 증권으로 발행하여 A에게 교부하고, A는 이를 제시하여 C로부터 자금을 융통할 수 있다. B가 충분히 폭넓은 신뢰관계를 갖고 있다면, B는 자신의 명의로 증권(지급약속증서)을 발행하여 이를 유통시킬 수 있다. 특수한 신뢰관계에서의 신용이 증권화를 통해서 전파·확장되는 것이다. 나아가 B는 이러한 신용제공의 수수료를 목적으로 독립적인 사업을 영위할 수 있다. 이것이 대체로 손턴(Thornton, 1802)이 묘사한 증권과

은행의 탄생이며, 그 원리는 현대 금융제도에서도 동일하다.

1) 정보와 관계: 금융의 지역성

원래 현금선불제약이 필요했던 근거, 즉 도덕적 해이의 문제가 특수한 신뢰관계하의 신용거래에서 소멸되는 것은 아니다. 도덕적 해이의 문제는 여전히 남아서, 자금공여자에게 신용위험이라는 문제로 나타난다. 결국 자금공여를 영업으로 영위하는 금융기업은 신용정보의 처리와 포트폴리오 분산을 통해 신용위험이라는 거래비용을 감축하고 관리하는 서비스를 '생산'함으로써 이익을 얻는 서비스업이라고 볼 수 있다. 이는 사회적 관점에서 신용위험관리의 서비스가 모든 지역, 모든 계층에 경쟁적으로 제공되도록 금융기관 전체가 체계적으로 디자인되어야 함을 의미한다.

금융거래도 일반상품과 마찬가지로 수요와 공급의 틀에서 논의하는 것이 편리한 것은 사실이다. 그렇지만 화폐경제에서 예컨대 '대부자금'의 수요와 공급을 논의할 때, 다른 상품의 수요와 공급과는 화폐가 개입하는 방식이 다르다는 것을 유념해야 한다. 대부자금 자체가 현금이라면, 상품에 해당하는 거래대상은 '지급의 약속', 즉 미래에 이자와 원금(또는 이익배당이나 보험금)을 지급하겠다는 약속이다.

약속의 '품질'은 크게는 이행강제의 사회적 제도에 의존하지만, 일차적으로는 약속한 사람 또는 기업의 개별적 특성, 관찰과 감시를 통한 정보획득 및 적절한 피드백의 용이성, 약속이행을 설득하는 신뢰관계에 의존한다. 따라서 약속의 품질 자체 또는 약속 품질의 평가, 일반적으로 금융거래에서 신용위험을 관리하는 자금공여자의 비교우위는 자금공여자가 갖는 자금수요자의 정보 및 관계에 따라 크게 달라질 수 있다. 이러한 정보와 관계는 손쉽게 수송하거나 이식할 수 있는 것이 아니다. 그것이 금융이 지역고착성(또는 단순히 지역성)을 갖는 이유이다.

금융의 지역성은 국가 간의 자본이동에서 더욱 두드러지게 나타난다. 상품으로서 노동, 자본 등 생산요소는 수익률이 높은 곳을 쫓아 움직이므로, 생산요소의 자유로운 이동은 생산요소의 수익률을 국가 간에 균등하게 하는 경향이 있다. 물론 생산요소의 국가 간 이동에는 자유로운 이동을 제약하는 여러 가지 제도적 장벽이 있을 수 있다. 선·후진국 간의 임금격차는 선진국으로의 이민 대기행렬을 만든다. 그렇지만 선·후진국 간의 자본수익률 격차는 후진국으로의 자본 대기행렬을 만들지 않는다.

계량적으로 지역성을 측정할 때, 우리는 차익거래에 의해 생산지와 소비지의 가격차이가 거리에 비례하는 수송비와 일치한다는 중력모형(gravity model)을 사용한다. 여러 실증연구에서 금융은 가장 수송비가 많이 드는 상품에 해당한다. 수송비가 무게에 비례한다면, 자본은 '가장 무거운' 상품에 해당하는 셈이다. 흔히 인터넷 금융, 모바일 금융을 상정하며, 금융은 수송비가 거의 제로인 것으로 인지하는 것과 전혀 반대되는 결과로서, 이는 금융거래에서의 정보와 피드백, 관계의 중요성을 반영하는 것이다.

물론 송금, 회계정보, 계량화된 재무정보의 수송비는 제로에 가깝다. 지급결제, 신용평가의 전산처리 등을 위한 백오피스가 국제적 아웃소싱에 의해 제3국에 위치할 수도 있다. 그러나 그것은 금융과정의 일부일 뿐이다. 더욱이 국가 간 수익률 격차를 상업적 기회로 삼는 거대한 국제펀드가 운영될 수 있다. 국제펀드도 국내금융기관과 경쟁하여 나름대로의 정보와 관계를 통해 신용위험관리 서비스를 제공한다. 그렇지만 그 점에서는 내국인에 비해 비교우위를 가질 수 없다. 더욱이 국제펀드를 운영하는 조직체의 운영원리를 함께 고려해야 한다. 일반적으로 국제펀드는, 정보와 관계를 바탕으로 한 내국인의 자금운영에 비해, 계량적 재무정보와 같이 격식화·프로그램화되는 경향이 강하다. 그러므로 국제펀드의 존재에도 불구하고, 국가 간 금융 수송비와 선·후진국 간 수익률 격차가 상당한 수준으로 유지될 수 있는 것이다.

국내에서 지역 간 자금의 이동은 대체로 국가 간 자본이동의 축소판으로 간주할 수 있다. 물론 국가 간 자본이동에서의 환위험이나 제도적 장벽은 없어진다. 그렇지만 정보와 관계는 축소된 형태로 남아있다. 제도적 차이의 소멸과 정보의 자유로운 소통은 수익률 격차의 중요성을 크게 감축시킨다. 그 대신 국제 간 자본이동에서 주요한 관심대상이 아니었던 신용할당이 중요한 문제로 제기된다. 금융거래의 대상인 '약속'의 품질은 다른 상품과 달리 가격(이자율) 차이로 조정되기 어렵다. 높은 신용위험은 높은 이자율의 약속으로 보상되지 않는다. 오히려 높은 이자율의 약속이 정보적으로나 물리적으로 신용위험을 더 높일 수 있다. 자금공급자의 입장에서 차입자의 역선택을 우려하기 때문이다. 결국 다른 상품과는 달리 가격상승이 자금공급을 감축시킬 수 있다.

신용위험을 체계적으로 관리하기 위해서는 가격은 물론 신용공여 여부와 신용의 한도를 동시에 정하는 것이 필요하다. 따라서 금융거래에서는 가격조정과 수량조정이 함께 일어난다. 이것이 신용할당이다. 물론 국제자본이동에도 신용할당이 동시에 존재하지만, 국제 포트폴리오 구성의 관점에서 도외시되는 것뿐이다. 신용할당은 자금공여자가 갖는 자금수요자의 정보와 관계에 의해서 결정된다. 전국금융기관과 지역금융기관의 신용할당은 국제자본이동에서 국제펀드와 국내금융기관과 유사하게 차이가 나기 마련이다. 전국은행의 지역지점과 지역금융기관의 차이를 보면, 전국금융기관이 조직원리상 좀 더 격식화·프로그램화되는 경향이 있다. 예컨대, 대형전국은행은 내부통제를 위해서 지점의 재량권을 제약하고, 신용평가업무를 본점으로 집중하며, 담보나 계량적 재무정보와 같이 표준화되고 간편하게 전송될 수 있는 정보에 의존하게 된다. 지점 책임자도 순환 보직의 일환이므로, 자신의 책임하에 적극적으로 정보와 관계를 축적할 동기를 가지기 어렵게 된다.

자금수요자의 도덕적 해이의 가장 중요한 원천은 비대칭 정보이지만, 도덕적 해이는 제도적·물리적·문언적 제약 때문에도 생긴다는 점에 유의해야 한다. 예컨대 주식회사의 유한책임제도는 새로운 도덕적 해이를 결과하며, 약속이행을 강제할 수 있는 물리적 한계가 존재하고, 문언의 제약으로 조건부 계약에 상당한 한계가 있으므로 기회주의적 행동이 생길 수 있다. 이러한 부분을 보충하는 것이 신뢰와 평판이고, 이 제약은 오먼의 구전정리(folk theorem)가 함축하는 것처럼 반복접촉의 가능성에 의존하며 강한 지역성을 갖는다. 지역인 상호 간에 도덕적 설득이 더 용이하게 이루어진다는 것도 지역성의 한 요인이 된다.

또한 사회 전체는 금융기관의 조직을 통해서 사회적 신용평가 시스템을 구성하고 있다. 손턴은 런던이 금융 중심지가 된 이유를 당시 영국의 신용평가 시스템이 예술이 아니라 과학으로 발달했다는 것을 자랑하고 있다. 실제로 1797년 영국의 금융위기 때 투입한 400만 파운드의 공적자금(재무성 증권)이 단 1파운드의 결손도 없이 전액 회수되었다. 당시의 신용평가는 영란은행이 런던 은행가들의 신용을, 런던 은행가들은 지방은행의 신용을, 지방은행은 지역상공인의 신용을, 지역상공인은 일반서민의 신용을 평가하는 수직적 구조를 가지고 있었다. 지역금융은 전국금융과 경합하면서 신용평가의 사회적 시스템을 보완하기도 한다. 우리가 선진금융기법이라고 부르는 것은 오랜 금융경험이 집적된 증류물이다. 그것은 적절한 하부구조의 발달을 전제로 한 것이다. 지역금융은 선진금융기법의 도입과 더불어 갖추어야 할 귀중한 하부구조인 것이다.

국내금융의 지역성을 논의하면서, 금융에서 규모의 경제, 범위의 경제, 집적의 경제의 차이를 명백히 해둘 필요가 있다. 신용위험관리를 위해서, 그리고 위험분산의 이익과 정보공유(또한 정보처리의 설비)의 이익을 취하기 위해서 규모의 경제와 범위의 경제가 존재함은 물론이다. 더욱이 금융기관 상호 간의 정보교환과 자금융통의 측면에서 특정 지역에 유사금융기관의 집적이 이루어진다는 것도 잘 알려져 있다. 금융산업이 제공하는 신용위험관리는 '자금과 정보의 종합관리'와 '지역밀착형 정보와 관계'의 두 요소가 결합되어 생산되는 서비스로 볼 수 있다. 결과적으로 집적의 이익과 분산의 이익이 동시에 존재하며, 개별 전국형 금융기관의 관점에서 본점-지점체계는 그 절충의 산물이라고 할 수 있다. 이에 비해 지역금융기관은 분산의 이익에 주안점을 둔 서비스업으로 볼 수 있다. 실제로 전국금융기관과 지역금융기관 사이에 다양한 스펙트럼이 존재할 수 있으며, 현재의 지성으로는 적절한 믹스가 시장에서 자연스러운 진입과 퇴출에 의해 결정되는 것이 바람직할 것이다.

그렇지만 진입과 퇴출에서도 금융기관은 일반기업과 다른 특성이 존재한다. 자금예수기관으로서 금융기관은 암묵적으로 국가 또는 명시적인 예금보험에 의해 신용을 보장받으므로, 금융기관 자체의 도덕적 해이를 막기 위해 엄격한 인허가 과정을 거치게 된다. 이는 자연스러운 진입과 퇴출에 의해 적절한 혼합이 이루어지는 것을 지체시킨다. 더욱이 후술하는 바와 같이, 외환위기 이후의 금융부문 구조조정 과정은 막대한 공적자금을 투입하고 중앙에서 집중관리하기 위해 지역금융기관을 반비례적으로 과다하게 퇴출시켰다. 따라서 위기 이후 이들을 회복시키기 위한 정책이 없었다면, 우리는 전국-지역금융기관의 적절한 배분이 왜곡되지 않았나 의심해야 할 것이다.

2) 지역금융과 중소기업, 양극화의 관계

2005년 10월 세계지식포럼에서 잭 웰치(Jack Welch)는 한국 경제에 대한 기자의 물음에 다음과 같이 답했다. "한국에는 중소기업을 지원하는 충분한 시스템과 시장이 있는지 자문해 봐야 합니다. 한국에서 소기업가들이 충분합니까? 이들에 대한 선별적인 투자를 할 수 있는 방법이 있습니까? 재벌이 오늘날 한국의 부가가치와 수출 등에서 압도적인 비중으로 기여하고 있는데, 과거 이들은 중소-벤처기업이었습니다. 당시 범국가적 지원에 크게 힘입어 오늘날 글로벌 기업이 되지 않았습니까? 그런데 지금 그에 상응하는 충분한 지원이 있습니까? 한국의 미래를 이끌 유망한 중소기업과 신사업이 발굴되어 지원될 수 있는 시스템과 시장을 갖추는 것이 우선 과제입니다. 이를 제때에 갖추지 못하면 이들 기업이 설 자리가 없고 한국의 미래도 없습니다."

여기서 잭 웰치가 말하는 시스템과 시장은 중소기업의 발전 가능성을 포함한 신용평가 시스템과 금융시장을 일컫는 것임이 자명하다. 자금차입자가 중소-벤처기업일 경우, 지역금융은 어떤 역할을 맡는가? 금융의 지역성은 중소-벤처기업의 경우 더욱 중요한 요인이 된다. 중소기업금융은 운영자금이나 구매자금의 조달에 대한 복합금융과 연계금융, 설비투자나 연구개발투자와 같은 구조화 금융으로 크게 구분할 수 있다. 이들 모두는 혁신기업의 선정관리, 지속적 관찰과 신속한 피드백, 신뢰와 평판을 포함한 관계형 금융이 필요하다.

그러나 우리나라에서 외환위기 이후의 구조조정 과정에서 관계형 금융은 크게 쇠퇴했다(김현정, 2002). 그 원인은 크게 세 가지로 요약할 수 있다. 당면한 신용위험의 감축을 위해서 기업에는 부채비율의 축소를, 금융기관에는 자기자본비율의 증대를 요구하며, 직접금융으로의 전환을 촉진한 것이 이유의 한 축이다. 다른 한편에서는 선진금융기법의 도입을 추진하고, 또한 외국은행의 진입 및 국내은행의 매각에 따라 계량적인 재무정보 위주로 신용을 할당한 것이 중요한 이유이다. 마지막으로 공적 자금의 집중관리를 위해 지역금융기관을 중앙금융기관에 통폐합함으로써 지역금융기관에서 축적되었던 정보와 관계를 붕괴시킨 것이다. 전통적으로 관계금융이 발달했던 일본에서도 세계화에 따른 관계금융의 붕괴가 금융과 기업의 동반부실을 초래했다는 분석도 참조할 만하다(Hoshi and Kashyap, 2001).

잭 웰치는 중소기업금융의 배분상의 효율과 성장동력의 기능을 강조하지만, 중소기업금융은 양극화와 지역균형발전의 시각에서도 중요하다. 외환위기 이후 중소기업의 역할은 고용비중에서 총고용의 80% 수준으로 증대되는 데 비해 영업이익의 비중은 총영업이익의 2.4% 수준으로 오히려 저하하고 있다. 이를 대기업과 중소기업의 양극화라고 부를 수 있다. 양극화는 학문적으로 잘 정의된 개념은 아니지만, 감성적으로 충분히 이해되는 개념이다. 즉, 두 동질적인 집단이 극과 극으로 분화되는 것을 가리킨다. 양극화는 기업, 고용, 소득 등 여러 측면에서 일컬어질 수 있다. 예컨대, 외환위기 이후 중소기업의 비중이 총고용에서는 증대되는 데 비해 총영업이익에서 오히려 감소하는 것은 양극화의 한 표현이다. 더욱이 이들 양극화 현상은 상호 밀접한 관련을 갖는다. 대기업과 중소기업의 양극화가 노동과 소득의 양극화로 연결되기 때문이다.

기실 양극화는 원래의 말뜻보다 다양한 형태로 진행된다. 대기업과 중소기업의 분화와 더불어, 중소기업 내에서의 양극화도 문제가 된다.[1] 예컨대 PDP를 제조하는 A전자는 B통신에 PDP 부품 제조를 의뢰하고, B통신은 C전자에 트랜스 제조를 주문한다. 이 경우 A전자는 B통신에 매월 13일 정기적으로 현금으로 결제하고, 충분한 운영자금을 갖는 B통신은 역시 C전자에 익월 15일에 현금으로 결제한다. A-B-C 모두에 자금흐름의 선순환이 이루어진다. 이에 반해 A반도체는 B기업에 소모품을 주문하고, B기업은 C텍에 특수지 제조를 의뢰하며, C는 D제지에 원지를 주문한다. 그런데 A전자는 자금 사정상 2개월 어음으로 결제하고, B기업은 이를 C텍에 전가하여 3개월 어음으로 결제한다. 그렇지만 C텍은 D제지에 현금으로 결제해야 한다. 여기서 자금의 미스매치가 생긴다. 즉, 중소기업에서도 어떤 대기업과 연계되어 있는가에 따라 자금흐름의 양극

---

1) 다음 두 중소기업금융의 사례는 최명주(2005)에서 인용한 것이다.

화가 생긴다. 더욱이 선순환기업은 직접금융의 기회도 폭넓게 존재하며, 정책자금의 기준을 만족하여 수혜적 정책지원을 받을 기회도 많다. 이에 비해 악순환기업은 증권발행 기회는 물론, 신용과 담보도 부족하고, 정책 자금에서도 소외된다.

지역금융의 쇠퇴는 중소기업의 쇠퇴를 초래하고, 이는 다시 노동과 소득의 양극화로 이어진다. 우리는 지역금융의 회복이 결과적으로 소득의 양극화에 어느 정도 기여하는지를 수량적으로 추정하기 어렵다. 양극화의 계량적 지표도 모호하지만, 인과관계의 정도를 추정하기도 역시 어렵기 때문이다. 그렇지만 지역금융이 위기 이전 수준으로 회복하고 그에 따라 지역중소기업의 활력이 회복되는 것만으로도 세계적 추세를 초과하는 양극화의 상당 부분이 해소될 수 있다는 것이 필자의 조심스러운 추측이다.

3. 지역금융의 침체: 구조조정과 환경변화

지역금융이 침체된 결정적 계기는 외환위기에 따른 금융구조조정이다. 외환위기 이전까지 점진적으로 개선되던 지역금융은 금융구조조정 과정에서 중앙금융기관에 흡수 또는 자산부채 이전 방식으로 퇴출되었다. 이후 대형화, 세계화 등 금융환경의 변화는 지역금융의 자생적 회복을 더욱 어렵게 했다. 그 결과는 관계금융의 쇠퇴였고, 지역금융의 공백을 카드사, 할부사, 대부업체가 잠식함으로써 신용불량자가 양산되었다.

1) 외환위기와 지역금융

외환위기의 극복과정에서 공적자금의 투입이 불가피했고, 공적자금의

<표 1-1> 지역밀착형 금융기관의 구조조정

(단위: 개, %)

구분	대출비중 (예금은행 대비)	지역밀착형 금융기관				
		(합계)	상호저축	상호금융	신협	새마을금고
1997년 말(A)	51.8%	6,483	341	1,733	1,666	2,743
2004년 말(B)	27.0%	4,510	246	1,551	1,066	1,647
(C=B-A)	-24.8%p	-1,973	-95	-182	-600	-1,096
(C/A)	-	-30.4%	-27.9%	-10.5%	-36.0%	-40.0%

주: 대출비중은 지역밀착형 금융기관 대출/예금은행 대출.
자료: 한국은행, 『지역금융통계』(각 년도).

집중관리를 위해 지역금융기관이 중앙으로 신속하게 통폐합되었다. 이 과정에서 지역금융기관은 이중의 피해를 입었다. 우선 인허가는 물론 축적된 정보와 관계가 사장되어 영업기반을 침식당하였다. 다른 한편, 막대한 공적자금이 투입된 중앙금융기관과 경쟁해야 함으로써 경쟁조건 이 악화되었다.

협의의 지역금융은 설립 목적에 맞추어 제도적으로 영업구역을 제한 받는 지역밀착형 금융기관으로 상호저축은행, 상호금융, 신용협동조합, 새마을금고의 네 종류로 정의할 수 있으며, 이로부터 광의의 지역금융의 추이를 가늠할 수 있다. <표 1-1>은 외환위기 전후 이들 지역밀착형 4개 금융기관의 점포 수를 비교하고 있다. 전체의 점포 수는 위기 이후 1/3 가량이 감축되었고, 이에 따라 전국금융기관인 예금은행에 대비하여 대출비중도 거의 절반 수준으로 감소되었다. 감축은 전반적으로 이루어 졌으며, 종류별로는 새마을금고(40%)와 신용협동조합(36%)의 경우가 더 급격하게 이루어졌다.

그 외에 중요한 변화로, 지역금융의 거점으로 기능하던 지방은행이 퇴출되었다. 일차적으로 경기, 동화, 대동, 동남, 충청은행이 각각 한미, 신한, 국민, 주택, 하나은행 등 우수은행에 흡수 통합되었고, 이어 충북,

강원은행이 공적자금을 투입한 조흥은행으로 흡수 통합되었다. 또한 지방종금사와 지방투신사가 완전히 퇴출되었다.

전국금융기관의 지점과 비교하여 이들 지역밀착형 금융기관은 규모의 영세성으로 인해 대형화와 선진금융기법의 이익을 누리기 어렵다. 더욱이 지역밀착형 금융기관의 비교우위인 정보의 생성과 관계의 유지는 구조조정과 더불어 침식된 신뢰로 안전위주 고객이 일탈하면서 크게 침식되었다. 이에 반해 영세기업과 서민 등 신용취약계층의 증가로 관계형 금융의 사회적 수요는 오히려 증가했다고 추정된다. 그렇지만 그 공백을 은행을 비롯한 전국금융기관이 보완하기 어려웠다. 대형화·세계화에 따라 계량적 재무정보와 선진적 포트폴리오 관리가 동시에 진행되었기 때문이다. 결국 신용취약계층은 고금리의 카드대출, 할부금융, 대부업체를 이용할 수밖에 없었으며, 그 과정에서 이들 금융기관의 무분별한 신용확대와 맞물려 신용불량자가 양산되고,[2] 지역중소영세기업도 더욱 침체하게 되었다.

2) 금융환경의 변화와 지역금융

외환위기 이후 금융환경의 중요한 변화는 은행을 중심으로 진행된 대형화와 겸업화, 건전성과 수익성 위주의 금융기관 경영, 세계화에 따른 외국계 금융자본의 국내진출, 소매금융의 확대, 자본시장의 확대와 탈중개화로 요약할 수 있다. 이러한 금융환경의 변화가 전반적으로 지역금융의 회복 또는 활성화에 부정적으로 작용한 것으로 평가된다.

정부와 은행은 건전성과 수익성의 개선, 국제경쟁력의 확보를 위해 대형화·겸업화를 적극 추진했다. 그 결과 일반은행의 수는 위기 전 26개

---

2) 신용불량자제도는 2004년 말에 폐지되었다. 2004년 말 기준으로 신용불량자의 38.9%는 카드사, 21.8%는 할부사에서 비롯된 것이다.

에서 2005년 말 기준으로 14개로 절반가량 줄어들었고, 예금주의 은행선
호로 저금리에도 불구하고 은행의 평균자산은 위기 전 16.2조 원에서
2005년 말 55조 원으로 크게 증가했다. 또한 지주회사설립, 자회사 보유,
업무제휴, 직접겸업 등으로 겸업화가 진척되었다.

　BIS 자기자본비율로 대표되는 건전성, ROA(총자산 순이익률) 또는 ROE
(자기자본수익률)로 대표되는 수익성이 금융기관 경영의 중요한 성과지표로
간주되면서 다각적인 유인과 노력이 집중되었다. 그 결과, 자기자본비율은
2005년 9월 말 기준으로 12.37%를 보여 8% 규제기준을 크게 상회했으며,
ROA도 1998년 말 -3.3%에서 2005년 9월 1.3%로 4.6%p 상승했다.

　외국계 은행3)의 시장점유율이 총자산 기준으로 1997년 말 4.2%에서
2004년 말 21.8%로 크게 증가했다. 더불어 국민, 하나, 신한은행에 대한
외국인 지분도 60%를 크게 상회했다. 단기수익성이 중시되고 객관적
정보를 위주로 신용할당이 이루어진다는 점에서 이들은 관계형 금융을
위축시키는 경향이 있다. 예컨대, 외국계 은행은 저위험인 주택담보 가계
대출, 유가증권 투자를 선호하여 국내은행(48.8%)에 비해 기업대출비중
(38.8%)이 적은 것으로 나타났다.

　은행을 비롯한 예금취급기관, 여신전문기관, 보험사 등은 주택담보대
출, 소액신용대출 등 가계신용을 지속적으로 확대하여 2005년 9월 현재
500조 원을 돌파하여 GDP의 60%를 훨씬 상회했다. 더불어 부채비율의
축소, 주식 및 채권시장의 활성화 정책으로 자본시장의 규모는 GDP 대비
1997년 말 71.3%에서 2005년 9월 말 159.4%로 대폭 확대되었다. 직접
금융의 확대가 다시 금융중개, 관계형 금융의 위축을 초래했음은 물론이
다. 이에 대비하여 가계신용의 확대는 주택담보대출이나 소액신용 위주

---

3) 외국인이 실질적인 경영권을 행사하는 은행으로서, 구체적으로 최대 주주가
　외국인이고 외국인 이사 수가 반수를 상회하는 은행을 말한다. SC제일(1999년
　이후), 외환(2003년 이후), 한국시티(2004년), 외국은행 국내지점 등이 그 예이다.

로 이루어져 관계형 금융으로 이어지지 않는다.

결국 외환위기 이후의 금융환경 변화는 지역금융 또는 관계형 금융의 회복 및 발전과는 반대방향으로 진행되었다. 선진금융기법도 하부구조 없이 계량적 재무정보나 유가증권 포트폴리오에 의존하는 방향으로 이루 어지며, 전국형 금융기관의 지역지점도 순환근무제 실시 등으로 지역금 융, 관계형 금융의 공백을 채우지 못하고 있다. 더욱이 남아있는 지역밀착 형 금융기관조차 고유의 정보생산과 관계 지속에 실패하여 지역자금의 역외유출을 오히려 선도하고 있는 실정이다.

4. 사례분석: 인천의 지역금융

지역금융 침체의 사례로 인천의 지역금융, 특히 지역밀착형 금융기관 또는 서민금융기관으로 불리는 상호저축은행, 상호신용금고, 신용협동조 합, 새마을금고를 중심으로 살펴보기로 한다. 인천지역은 출하액 기준으 로 중소기업의 비중이 70%에 해당하여 전국 평균 52.4%보다는 훨씬 높지만 서울의 75%에 비해 다소 낮은 편이다. 종사자 기준으로는 중소기 업의 비중이 84.9%로 역시 전국 평균 79.8%보다 높으며, 서울의 89.7% 보다는 다소 낮다. 이하의 논의는 장세진(2004)과 김신영(2005)[4]에 주로 의존한다.

1) 외환위기와 인천지역금융

인천의 지역밀착형 금융기관도 제2금융권 구조조정 기간 중에 크게

---

4) 한은 인천본부 연구보고서로, 필자는 자문교수로서 조사연구를 제안하고 연구 과정을 지원했다.

<표 1-2> 지역밀착형 금융기관 구조조정 현황

(단위: 점포 수, %)

| 구분 | 1997년 말 점포 수 | 1998~2005.9 | | | | 2005년 | | |
		(합계)	'98	'99 ~'02	'03 ~'05	9월 점포 수	비중	[증감률]
상호저축은행	17	-6	0	-1	-5	11	4.0%	-35.3%
상호금융	143	8	2	8	-2	151	55.5%	+5.6%
신용협동조합	67	-15	-3	-9	-3	52	19.1%	-22.4%
새마을금고	106	-48	-3	-42	-3	58	21.3%	-45.3%
합계	333	-61	-4	-44	-13	272	100%	-22.4%

주: 1) 인천지역 소재 지점(역외 지점 제외).
　　2) [　]는 1997년 말 대비 증감률.
자료: 한국은행, 상호금융 인천지부(각 년도).

감축되었지만, 감소율은 22%로 전국 평균 30%보다 다소 적다. 실제로 상호금융은 오히려 증가했다. 기실 이는 인천시역이 강화, 옹진으로 넓혀짐에 따라 농협단위조합에서 설립한 상호금융이 포함됨에 따른 것이다. 새마을금고의 경우 전국 평균(40%)보다 더욱 큰 폭(45%)으로 감축되었다. 상호저축도 전국 평균(30%)보다 큰 폭(35%)으로 감축되었다. 전국적으로 크게 감축된 신용협동조합은 절반 정도가 직장조합, 교회조직, 지역조직으로 구분되며, 이러한 인천지역의 인적·유형적 특성이 소매금융으로서 상대적인 안정성을 유지한 것으로 보인다.

다른 금융기관으로는 무엇보다 지방은행으로 인천지역금융의 거점 구실을 하던 경기은행이 1998년 6월 한미은행에 통합되어 퇴출되었다. 또한 인천의 유일한 단자회사였던 인천투자금융이 1996년 쌍용에 인수되어 쌍용종합금융으로 개칭되었다가, 1998년 2월 다른 15개 지방종금사와 함께 계약이전방식으로 한아름종금으로 흡수되었다. 1989년 5개 직할시에 지방투신사를 허가함에 따라 설립되었던 한일투자신탁도 역시 1996년 신세기신탁으로 상호를 변경했다가 1998년 2월 퇴출되었다. 더욱이 2000년 말 투자신탁이 수익증권의 판매와 수탁자산의 운용으로 분리됨에 따라 인천지역의 투자신탁지점들도 폐쇄되었다. 그리고 인천지역에 기반을 두었던 국제생명보험도 1998년 2월에 함께 퇴출되었다.

2) 지역밀착형 금융기관의 여수신

지방은행, 지방종금, 지방투신, 지방생명 등 금융기관의 완전퇴출을 감안하면 지역밀착형 금융기관은 나름대로 생존력이 강한 셈이다. 4개 금융기관은 예금은행+지역밀착형 금융기관 총여수신에서 2005년 9월 현재 총수신의 32.9%, 총여신의 21.%를 차지하고 있다. 이를 위기 전 (1997년 말)과 비교하면 수신비중은 40.4%에서 7.5%p 감소하고, 여신비중은 35.6%에서 13.9%p 감소한 것이다.

수신비중에 비해서 여신비중이 크게 감소한 것은 지역밀착형 금융기관이 유가증권 투자 등으로 지역자금을 역외로 유출하게 되었다는 것을 의미한다. 실제로 전국적으로 예금은행은 위기 직후 역외유출률이 23%까지 높아지다가 2005년 9월 말을 기준으로 지역수신 대비 7%의 역외자금 유입을 기록한 데 반해, 지역밀착형 금융기관은 31%의 역외유출을 보이고 있다. 이는 예금은행이 소매금융시장에 진출하여, 예금은행과 지역밀착형 금융기관 간의 경합관계가 심화되었다는 것을 반영하기도 한다. 다만 인천의 경우, 지역밀착형 금융기관의 역외유출비율이 2002년 39.8%에서 2005년 20.2%로 급격히 하락하고 있다.

전체 수신기관에서 지역밀착형 금융기관의 여수신비중 추이를 보면, 두 비중이 모두 2003년까지 지속적으로 감소하다가 2004년 이후 다소 반등하고 있는 것으로 나타난다. 다만, 이러한 반등은 지역금융의 역할 증대로 보기 어려운 점이 있다. 이는 저금리가 지속됨에 따라 주로 이자율에 대한 비과세, 예금보험제도의 적용으로 수신여건이 제도적으로 개선된 것으로 보이며, 대출의 반등도 신용대출이 아니라 주택담보대출의 증가에 의한 것이다.

금융기관별로 살펴보면, 2005년 말 수신액 기준으로 상호금융이 54.9%, 상호저축이 20.4%, 새마을금고가 15.3%, 신용협동조합이 9.4%를 차지하고 있고, 여신도 각각 56.8%, 24.4%, 11.3%, 7.5%로 비슷한 분포를 보이고 있다. 다만 비중은 상호금융이 앞서지만, 여수신의 증가율은 상호저축이 상호금융을 크게 앞지르고 있어서 장기적으로 상호저축이 중요한 지역금융기관으로 부상할 것으로 예상된다.

3) 지역밀착형 금융기관의 경영성과

총액기준으로는 상호금융이 앞서지만, 일인당 여수신으로 본 생산성은 상호저축이 113억 원으로 2위인 상호금융(53억 원)의 두 배가 넘는다. 점포당 여수신은 역시 상호저축이 2,200억 원으로 상호금융(717억 원)의 세 배에 해당한다. 그뿐만 아니라 두 생산성 지표는 모두 상호저축이 가장 빠른 성장세를 보이고 있다. 상호저축은행의 생산성이 높은 것은 다른 지역밀착형 금융기관과는 달리 대상고객이 인천지역에 한정되어 있지 않기 때문이다.[5]

상호저축은행의 BIS 비율은 공적자금 투입 등으로 2003년 말 8.7%까지 상승했으나, 이후 부실자산 증가로 하락하고 있다. 상호금융의 경우도 2003년 하반기 공적자금 투입과 자기자본 확충으로 7.8%로 개선되었다. 새마을금고는 주로 담보대출로 운용됨에 따라, BIS 비율이 점차 증가하여

---

5) 실제로 대출금의 38.8%를 차지하고 있는 A상호저축은행은 본점을 제외한 7개 점포가 모두 서울·경기지역에 소재하고 있다. A저축은행의 본점을 제외한 역외 점포는 대체로 영업손실을 보이고 있으며, 이것이 전체의 상호저축은행은 2001년 이후 영업손실을 기록하고 있지만(프로젝트 파이낸싱이 도입된 2003년 제외), 영업지역을 인천지역으로 한정할 경우, 2002년 이후 영업이익을 기록한 것으로 나타나는 주된 이유이다.

2005년 9월 19.7%에 이르고 있다. 고정이하 여신비율은 상호저축은행의
경우 2003년 8.6%까지 하락했다가 10%를 상회하는 수준으로 악화되었
으며, 상호금융의 경우 다세대주택에 대한 대출 부실화로 급증했다가
공적자금의 투입으로 10%를 하회하게 되었다.

지역밀착형 금융기관의 일인당 영업이익 및 여수신 대비 영업이익비율
은 전반적으로 개선되는 모습이다. 일인당 영업이익 면에서는, 특히 상호
저축은행이 불안정한 모습을 보인다.6) 다만, 여수신 금리격차 축소 등으
로 상호금융과 신협의 일인당 영업이익, 여수신 대비 영업이익이 하락세
를 보이고 있다. 다만 통상 10% 정도의 취급수수료를 부과하는 PF대출에
힘입어 상호저축은행과 인원축소를 단행한 새마을금고는 영업이익비율
이 2001년 대비 1.2%p, 0.12%p 증가했다.

지역밀착형 금융기관의 경영개선에는 상대적인 고금리와 예금보험제
도가 중요한 기능을 했고, 또한 금융결제원 가입에 의한 인터넷 뱅킹,
ATM 설치, 국고금 및 공과금의 취급, 신용카드 보험사와의 업무제휴,
개인신용평가시스템(CSS) 도입 등 중앙회 중심의 공동대응을 통해 전국
금융기관과의 경쟁기반을 마련했다. 그러나 전체적으로 지역금융의 영세
성으로 확대된 업무영역을 활용, 복합금융서비스로 개발하여 신규고객을
창출하거나 신용평가정보의 창출과 분석을 위한 전문인력 양성에는 소홀
했던 것으로 평가된다.

5. 요약과 결론

금융은 신뢰관계에 기초하여 약속을 거래대상으로 하므로, 신용정보의

---

6) 다만 앞의 각주에서 언급한 A상호저축은행을 제외하면, 영업이익이 2002년
이후 지속적으로 개선되고 있다.

획득, 관찰과 피드백 등 정보와 관계를 통해 지역고착성을 갖는다. 여기에 규모의 경제를 누리는 전국금융기관과 경쟁하여 지역금융기관이 비교우위를 가질 수 있는 틈새가 있다. 특히 지역금융 침체 – 지역중소기업 침체 – 지역고용소득 침체로 이어지는 연결고리를 차단하기 위해서는 전국금융과 더불어 적절한 수준의 지역금융이 병행 발전되어야 한다.

그렇지만 외환위기 이후의 금융구조조정 과정에서 공적자금의 집중관리를 위해 지역금융기관이 과도하게 퇴출되었고 인위적인 금융의 중앙집중이 강제되었다. 전국적으로 지역밀착형 금융기관의 1/3이 감축되었고, 인천지역의 경우 유일하던 지방은행, 지방투신, 지방종금사, 지방생명보험사가 더불어 퇴출되었다. 더욱이 남아있는 지역금융도 ― 지역금융의 거점 없이 분산된 형태로 ― 공적자금으로 강건해진 대규모의 중앙금융기관과 경쟁해야 하는 어려움에 처하게 되었다.

이후의 금융환경 변화도 지역금융의 역할을 위기 이전 수준으로 회복하는 데 장애가 되었다. 은행을 중심으로 한 대형화와 겸업화는 계량적 재무정보 위주로 신용을 평가하여 지역정보금융의 역할을 축소했고, 기업부채비율 축소와 더불어 진행된 주식 및 채권시장의 육성도 정상적 정보에 의한 관계금융의 역할을 축소시켰다. 더욱이 은행이 단기수익성 위주의 주택담보대출과 같은 소매금융에 주력함에 따라 지역금융의 입지가 더욱 좁아지고 지역중소기업의 기반도 더욱 위축되었으며, 신용취약계층의 금융수요에 카드사, 할부사, 대부업체 등 고금리 업체가 경쟁적으로 확장 진출함에 따라 신용불량자가 양산되었다. 인천지역의 경우 지역밀착형 금융기관 중 성장세를 보이는 상호저축과 상호금융도 2003년 공적자금의 투입으로 일시적으로 건전성이 개선되었으나, 이후 다시 부실자산의 증가로 건전성이 악화되고 있다. 지역금융기관은 신규고객의 창출이나 신용평가 전문인력의 양성보다 신용대출의 중단과 주택담보대출의 확대로 대응하고 있다.

금융환경의 변화와 인천지역금융기관의 경영실태에 나타난 추세로 보
아, 일단 붕괴된 지역금융기반이 자생적으로 위기 이전 수준으로 회복하
는 것은 거의 불가능한 것으로 보인다. 수신고객의 확보를 위한 금융결제
원 가입이나 인터넷 뱅킹과 ATM 설치, 보험과 신용카드 업무 등 업무영
역의 확대는 영업기반을 넓혀주는 효과는 있지만, 지역정보와 관계에
기반한 지역금융중개라는 원래의 역할에 직접 연계되는 효과는 적은 것
으로 나타났다. 오히려 지역밀착형 금융기관이 지역자금의 역외유출을
주도하는 것이 지역금융 실패의 대표적인 징후이다. 따라서 지역금융기
관의 지원방향은 지역수신의 제고가 아니라 지역여신의 제고로 이루어져
야 한다. 지역여신은 지역중소기업의 기반이 될 뿐만 아니라, 사회적 신용
평가 시스템에 지역정보와 관계라는 하부구조를 갖추는 사회적 서비스를
제공하기 때문이다.

지역여신의 제고를 위해서는 우선 중소기업, 벤처기업의 지원을 직접
지원에서 금융지원으로, 그리고 지역금융기관을 통해 지원하는 것이 효
과적일 것이다. 정부지원의 경우, 정부관료는 전문성도 없지만 책임부담
을 회피하기 위한 형식적 요건에 치중하게 되며 순환보직 등으로 실패의
경험으로부터 학습할 유인도 적다. 지역금융기관은 지원의 적정성 여부
가 자신의 이익에 직결되기 때문에 지원대상 기업의 선정에서도 얻을
수 있는 모든 정보를 효과적으로 반영할 것이고, 또한 실패할 경우라도
경험을 쌓고 정보를 축적하며 학습해 나간다. 지역금융기관과 신용평가
정보의 업무제휴, 지역금융기관 간의 컨소시엄도 적극 장려할 수 있다.

지역금융 회복을 위해 적어도 과도기적으로 과거 지방은행의 중소기업
의무대출비율이나 미국의 지역재투자법(Community Reinvestment Act:
CRA)과 같이 수신액의 일정 비율 이상, 또는 정부지원 대출액에 일정
비율로 지역대출을 의무화하는 것도 신중하게 고려할 필요가 있다. 이
경우에도 일정 의무대출액을 할당하는 것이 아니라, 교토의정서에서의

매연권 거래처럼 의무대출비율을 초과하는 지역대출을 수행한 지역금융 기관이 초과분을 다른 지역금융기관에 판매할 수 있도록 허용하는 것이 좋을 것이다. 이는 과도한 규제를 완화함과 동시에 지역금융기관 상호 간에 경쟁과 전문화를 촉진하는 효과가 있다.

장기적으로는 경제여건이 호전됨에 따라 구조조정 과정에서 없어진 지방은행, 지방종금사, 지방투신사, 지방생보사의 신설을 허용하는 방안 을 강구해야 한다. 특히 지역금융의 거점으로서 지방은행의 신설은 사회평 가 시스템에서 중요한 틈새를 메우는 기능을 맡게 될 것이다. 인수·합병을 통한 전국은행의 대형화 추세에 어긋나는 것 같지만, 거꾸로 전국은행의 대형화가 지방은행이 들어갈 틈새를 마련한 것이기도 하다. 미국의 경우, 인터넷 뱅킹으로 대표되는 정보통신기술의 발전이 역으로 단일점포은행 도 전국적 지점망을 가진 대형은행과 당당히 경쟁할 수 있는 여건을 마련해 주기도 한다. 지방은행은 지방중견기업 - 중소기업 - 고용창출 - 소득개 선으로 이어지는 지역경제의 균형성장 기반을 마련하는 데 크게 기여할 것이다.

참고문헌

김신영. 2005. 『인천지역 지역금융시장의 현황과 발전과제: 지역밀착형 금융기관을 중심으로』. 한국은행 인천본부.

김현정. 2002. 「외환위기 이후 은행 - 기업관계의 변화」. ≪금융경제연구≫, 130. 한국은행 금융경제연구원.

유재원. 2005. 「금융환경변화와 기업금융」. ≪SIES Working Paper Series≫, No.195. 서울사회경제연구소.

장세진. 2004. 「인천지역금융의 역사, 현황과 특성」. 이정용 편저. 『IMF 사태 이후의 인천지역금융시스템』. 인하대학교출판부.

진태홍·김덕영·함정호. 2004. 「우리나라 금융시스템의 발전방향」. ≪경제분석≫, 10(2), 한국은행, 1~21쪽.

최명주. 2005. 「중소기업의 양극화: 금융시스템의 관점에서」. 정책기획위원회 경제1분과 월례토론회 발표자료.

최호상. 2005. 「지역금융의 현황과 활성화 방안」. ≪SERI 경제포커스≫, 44호, 1~10쪽.

Branon, J. I. 2001. "Renovating CRA(Community Reinvestment Act)." *Regulation*, Summer. pp.8~9.

Chang, Seh-Jin. 2005. "Segregation of Efficiency, Equity and Benevolence: A Mechanism-Theoretic Approach." 『경상논집』. 인하대학교.

Clower, R. W. 1967. "A Reconsideration of the Microeconomic Foundation of Monetary Economy." *Western Economic Journal*, 6.

Hoshi, Takeo and Anil Kashyap. 2001. *Corporate Financing and Governance in Japan*. MIT Press.

Lim, Youngjae. 2003. "Sources of Corporate Financing and Economic Crisis in Korea: A Micro-Evidence." *NBER Working Paper*, No.9575. NBER.

Thornton, Henry. 1802. *An Inquiry into the Nature and Effects of the Paper Credit of Great Britain*(reprinted 1939, London: Allen and Unwin).

제2장

우리나라 금융발전의 지역 간 격차[*]

배영목 (충북대학교 경제학과)

1. 서론

　한 나라 수준에서 금융부문의 발전이 실물부문의 성장에 큰 영향을 미칠 수 있고 실물부문의 성장도 금융부문의 성장에 큰 영향을 미칠 수 있다. 금융부문과 실물부문 간의 상호관계나 불균형에 관한 연구는 당연히 한 나라를 대상으로 한다(Patrick, 1966). 그런데 한 나라 안에서 각 지역별 금융부문의 불균형 발전이나 금융시장 분단에 관한 연구는 없지는 않으나 이 연구가 본격화된 것은 아니다. 현재 금융의 지역별 격차에 관한 연구는 경제학의 대상이라기보다는 지리학의 대상이 되고 있다.

　한 나라의 금융발전이라는 맥락에서 보면, 금융이 어떤 지역에서 더 발전하는가는 중요하지 않다. 하지만 특정 지역경제의 발전이라는 맥락에서 보면, 금융의 발전은 지역경제의 성장에서 매우 중요한 요인일 것이다. 우리나라 각 지방은 지역경제 활성화의 주요 조건으로 지역금융의 발전이라는 전제를 받아들이고 전국 각 지역에서 지역금융을 발전시킬 수 있는 방안에 많은 관심을 기울였다(한국은행, 1991, 1992, 1993, 1994). 정부는 1960년대 후반에 지방경제의 활성화를 위해 지방은행의 설립을

---

[*] 이 글은 「우리나라 금융의 지역간 불균등 발전」(《사회과학연구》 제20권 제1호(충북대학교 사회과학연구소, 2003. 6)을 수정·보완한 것임.

추진했으나, 1997년 말 외환·금융위기를 계기로 단행한 금융부문의 구조
조정 과정에서는 지방경제의 문제나 금융의 지역별 격차에 대한 고려
없이 상대적으로 영세한 지방금융기관을 우선적으로 정리함으로써 이
문제를 더 심화시켰다.

 금융에서 지역과 관련된 문제는 여러 방향에서 제기되고 있다. 지역
간 자금이동이 불완전하기 때문에 지역별로 금융시장이 분단되거나 지역
간 이자율 격차가 해소되지 않는 현상, 즉 금융시장의 지역별 불균형에
관한 연구(Bias, 1992; Amos and Wingender, 1993), 지역경제에 대한 통화
정책의 영향에서 그 경로에 대한 연구(Samolyk, 1994), 은행의 지점 확장
이 은행경영에 미치는 영향에 대한 연구(Rose, 1996) 등이 있다. 우리나라
의 연구를 보면, 구재운(1996)이 지역경제 성장과 지역금융 성장의 상관
관계를 검토한 바 있다. 박원석(1998)은 우리나라의 경우 지역 간 금리격
차가 존재하지는 않지만 지역별 신용할당이 존재하고 있음을 보이면서
그 원인을 분석했다. 그리고 전창완(1998)은 우리나라 금융시장의 지역별
분단 가능성을 지방은행의 이자율 차이, 자금집중도 등을 기준으로 분석
한 바 있다. 지금까지 우리나라를 대상으로 하여 진행된 금융기관이나
금융시장의 지역별 발전에 관한 연구는 일부 금융기관이나 금융시장만을
대상으로 하고 있어 지역금융이 전체적으로 어떤 문제를 가지고 있는가
는 파악할 수 없었다.

 본 연구는 우리나라 안에서 지역이 전체 금융제도에 어떻게 반영되고
있으며, 금융기관이 지역별로 어떤 분포를 보이고 있고, 그 결과로 형성된
금융시장이 지역별로 어떤 차이를 보이면서 발전하고 있으며, 나아가
지방의 금융발전이 지체되고 있는 주요 원인이 무엇인가를 알아보고자
한다. 우리나라에서 금융의 중심지는 서울 한 곳뿐이고 나머지 지역, 이른
바 지방은 금융에서는 주변지이다. 따라서 우리나라 금융의 지역별 분석
에서 서울과 지방, 각 지방 간에 금융기관이나 금융시장은 어떤 차이가

있으며 이러한 차이가 왜 존재하는가를 검토해 볼 필요가 있다. 그런데 우리나라에 금융과 관련된 지역별 통계는 시도별 통계에 제한되어 있고, 시도별 통계도 금융기관 점포 수, 예금, 대출 등 몇몇 항목에 한정되어 발표되고 있다. 기존 연구는 대부분 예금은행이나 지방은행만을 대상으로 하고 있으나, 이 연구는 1990년대 이후의 지역별 금융체계의 전체상을 제시하기 위해 연구범위를 모든 금융기관으로 확대하되 시기는 자료가 이용 가능한 1990~2002년으로 한정하고자 한다.

이 논문에서는 금융발전의 지역 간 격차라는 문제를 다음을 중심으로 검토해 보고자 한다. 첫째, 우리나라 금융기관의 지역별 특성에 따라 유형별로 구분하고, 각 유형의 금융기관이 차지한 비중을 비교하며, 각 금융기관 점포의 지역별 분포와 그 특징을 살펴볼 것이다. 둘째, 우리나라의 금융시장이 지역별로 불균등하게 발전하고 있는 양상을 제시하기 위해 금융기관의 본점 분포, 증권시장, 예수금 및 대출의 지역별 분포 등을 통해 금융시장의 지역별 특징을 먼저 살펴본 다음, 예금과 대출을 대상으로 지역별로 어떠한 차이가 존재하고 있는가를 검토할 것이다. 셋째, 금융에서 주변에 있는 지방의 금융이 금융 중심지에 있는 서울의 금융에 비해 상대적으로 낙후되었던 배경을 제시한 다음 이를 검토할 것이다.

2. 금융기관의 지역적 유형과 분포

1) 금융기관의 지역별 유형과 그 비중

금융기관의 대부분은 금융 중심지에 본점을 두고 전국적인 지점망을 가진 전국형 금융기관을 지향하고 있다. 즉, 금융기관이 지역적으로 한정된 시장보다는 전국적으로 확대된 시장을 대상으로 영업을 확대하게 되면, 자금의 조달이나 운용에서 제한이 적어지고 그에 따라 거액의 자금을 조달 운용이 가능하며, 규모, 범위, 망 등의 확장을 통해 경제적 이점을 누릴 수도 있다. 전국형 금융기관은 지역의 경제사정에 좌우되지 않기 때문에 위험을 더 쉽게 분산할 수도 있다. 따라서 대부분의 금융기관은 전국형 금융기관, 즉 지점금융제도(branch banking system)를 지향하지만, 전국적인 지점망이 필요하지 않거나 한정된 시장을 배경으로 성장 가능한 지역형 금융기관은 영업망을 특정 지역에 한정하는 단점금융제도(unit banking system)에 안주하고자 할 것이다.

우리나라의 금융기관은 대부분 금융 중심지인 서울에 본점을 두고 다른 지역에 지점을 두는 지점금융제도에 근거하여 설립되어 전국형 금융기관을 지향하고 있다. 금융기관 중에서 지방에서 설립되어 금융 중심지인 서울로 확장했던 경우는 거의 없고 대부분은 서울에서 설립되어 지방으로 지점망을 확장했다. 지방에서 설립된 금융기관은 대부분 서울에 본점을 둔 금융기관에 인수되거나 합병되었기 때문에 대형화 과정에서도 지역적 특성은 거의 변하지 않았다. 따라서 우리나라 금융기관 중에서 대형화된 시중은행, 특수은행, 개발기관, 증권회사, 생명보험회사 등 대부분이 서울에 본점을 두고 각 지역에 지점을 두는 전국형 금융기관에 속한다고 해도 무리가 없다.

금융기관 중에는 전국적인 시장을 배경으로 영업하고 있는 대형 금융기관만 존재하고 있는 것이 아니라 지역적인 시장을 배경으로 영업하고 있는 중소형 금융기관도 많다. 지방은행을 비롯하여 종합금융회사, 상호저축은행(구상호신용금고), 상호금융(단위농축수협), 신용협동조합, 새마을금고 등은 규모가 작고 한정된 시장으로 기반으로 존재하고 있는 지역형 금융기관이라고 할 수 있다.

지역형 금융기관들은 본점을 둔 주변의 특정 지역에서 영업을 전개하고 있는 금융기관으로서 보통 지역밀착형 금융기관이라고 한다. 이러한 지역형 금융기관은 — 그 영업구역은 다소 차이가 있지만 — 그 본점이 어디에 있든 간에 본점이 있는 지역에 한정하여 영업을 하고 있다는 특징을 가지고 있다. 이 금융기관 중 지방은행을 예외로 하면, 전국형 금융기관과 경쟁적인 관계에서 영업을 하기보다는 전국형 대형금융기관이 진출하지 못한 틈새시장을 배경으로 존재하고 있는 금융기관이라고 할 수 있다.

우리나라의 금융기관은 그 역할은 물론이고 규모나 비중에서 상호 간에 상당한 격차를 보이므로 금융기관별로 예금 및 대출에서 차지하는 비중을 먼저 검토할 필요가 있다. 그런데 앞서 분류한 대로 금융기관은 전국적으로 여러 지역에 많은 지점을 두고 있는 전국형 금융기관과 일부 지역에 한정하여 지점을 두거나 단일 점포로 운영되고 있는 지역형 금융기관으로 구분할 수 있다. 이들 금융기관의 예수금(예금+신탁)과 대출 비중을 비교해 봄으로써 각 금융기관이 금융시장의 지역적 발전에 미칠 수 있는 영향력부터 알아보고자 한다.

전국형 금융기관의 예수금 비중은 <표 2-1>에서 보듯이 전체 자금의 70%를 넘어서고 있고 그 비중은 점차 높아지고 있다. 그런데 우체국의 비중이 무시할 수 있을 정도로 낮은 편이므로 은행에 의한 예금, 신탁과 투자기관의 신탁이 자금동원에서 주요 형태가 되었다고 할 수 있다. 특히 1997년 말 외환·금융위기를 거치면서 예금은 전국은행으로 더욱 집중되고 있고, 신탁은 은행신탁에서 투자신탁으로 급격히 이동하고 있다. 우리나라 자금동원에서 중추적인 역할을 수행하던 금융기관은 전국은행과 투자 및 증권기관인데, 이들 모두가 전국형 금융기관이므로 전국형 금융기관의 자금동원력이 상대적으로도 더 강화되고 있다고 할 수 있다.

지역형 금융기관은 채권발행보다는 주로 예수금으로 자금을 조달하고 있다. 이 금융기관이 조달하는 자금의 비중은 1990년대 초반에는 28% 수준에 이르렀으나 1990년대 말에는 24%로 점차 줄어들고 있다. 특히 1998년부터 금융부문의 구조조정이 시작된 이래 지역형 금융기관의 자금동원력이 상대적으로 약화되고 있다.

<표 2-1> 각 금융기관별 예수금 비율

(단위: %)

	전국형					지역형							전체 (10억 원)
	전국은행	은행신탁	투자신탁	우체국	소계	지방은행	종합금융	저축은행	상호금융	신용협동	새마을금고	소계	
1990	39.5	19.9	11.6	0.7	71.7	6.1	5.3	4.9	7.5	1.4	3.1	28.3	184,267
1992	36.3	20.7	12.6	1.1	70.7	5.5	3.1	5.9	9.2	2.0	3.6	29.3	256,799
1994	30.0	27.2	13.3	1.0	71.6	4.2	4.3	5.8	8.7	2.1	3.3	28.4	394,683
1996	28.5	31.7	11.6	1.0	72.8	3.9	3.5	5.1	9.0	2.3	3.5	27.2	560,756
1998	29.0	20.1	25.1	1.3	75.5	2.8	3.9	3.2	9.0	2.1	3.4	24.5	792,043
2000	46.4	9.6	17.4	2.6	76.1	3.8	1.5	2.3	10.4	2.1	3.8	23.9	805,991
2002	48.8	7.6	17.5	2.9	76.8	4.1	0.9	2.3	10.5	1.7	3.7	23.2	969,433

주: 전국은행은 예금은행 중에서 지방은행을 제외한 특수은행, 시중은행, 외국은행 지점.
자료: 한국은행, 『지역금융통계』, 『경제통계연보』(1990~2002).

<표 2-2> 금융기관의 기관 수 및 점포 수

	1990			1995			2000		
	기관 수	점포 수		기관 수	점포 수		기관 수	점포 수	
	전체	서울	지방	전체	서울	지방	전체	서울	지방
일반은행	21	1,030	1,303	21	1,739	2,724	18	1,928	2,853
지방은행	10			10			5		
특수은행	6	552	1,005	6	510	1,284	4	341	1,006
개발기관	3	24	37	3	39	53	2	12	33
투자신탁회사	8	47	66	8	76	124	3	27	12
생명보험회사	32	2,320	5,910	32	4,062	10,681	27	1,781	5,108
체신예금	1	239	2,261	1	260	2,526	1	258	2,556
종합금융회사*	38	22	16	30	14	16	12	8	4
상호저축은행*	334	75	239	334	75	261	147	70	191
상호금융*	1,838	20	1,818	1,730	23	1,707	1,624	24	1,600
신용협동조합*	1,315	224	1,091	1,665	259	1,406	1,317	190	1,127
새마을금고*	3,245	529	2,716	2,969	519	2,450	1,817	339	1,478

주: * 점포 수가 아닌 기관 수임.
자료: 통계청, 『지역통계연보』(각 년도); 한국은행, 『지역금융통계』(각 년도).

<표 2-3> 각 금융기관별 대출금 비율

(단위: %)

	전국형					지역형							전체 (10억 원)
	전국 은행	개발 기관	은행 신탁	생명 보험	소 계	지방 은행	종합 금융	저축 은행	상호 금융	신용 협동	새마을 금고	소 계	
1990	42.5	8.0	8.1	9.9	68.5	5.4	7.2	6.2	6.7	1.8	4.2	31.5	154,391
1992	40.3	7.8	12.5	9.3	69.9	4.7	5.7	6.8	7.5	2.1	3.3	30.1	228,536
1994	36.4	7.3	17.6	8.6	69.8	4.3	5.9	6.9	7.8	2.2	3.0	30.2	333,983
1996	33.8	7.1	22.6	8.3	71.7	4.2	4.5	6.1	8.2	2.3	2.9	28.3	466,855
1998	41.6	7.1	16.1	7.3	72.1	3.4	3.0	5.0	10.4	2.6	3.5	27.9	444,546
2000	57.3	6.4	5.1	7.3	76.1	3.8	1.4	3.1	10.4	2.3	2.9	23.9	508,845
2002	68.0		3.0	6.3	77.3	4.3	0.9	3.0	9.8	1.7	3.0	22.7	652,384

주: 전국은행은 예금은행 중에서 지방은행을 제외한 특수은행, 시중은행, 외국은행 지점.
자료: 한국은행, 『지역금융통계』, 『경제통계연보』(1990~2002).

지역형 금융기관의 자금동원 비중이 상대적으로 줄어들고 있지만 그 증감은 금융기관별로 차이를 보인다. 상호금융, 단위농수축협, 신용협동 조합, 새마을금고 등과 같은 서민금융기관의 예금 비중은 다소 늘어나고 있는 반면에 지방은행, 종합금융, 상호저축은행의 예금 비중은 계속 줄어 들고 있다. 이러한 금융기관의 예금 비중의 변화는 <표 2-2>에서 보듯 이 금융기관 수의 변화와 직결되어 있다. 1995년 이후 지방은행, 종합금 융회사, 상호저축은행은 그 수가 반 이상 줄어든 반면에 상호금융, 신용협 동조합, 새마을금고 등은 그 수가 크게 줄지 않았다. 따라서 지역형 금융 기관 전체 비중의 감소는 주요 지역형 금융기관의 급격한 감소와 깊이 관련되어 있다고 할 수 있다.

그러면 금융기관의 대출에서 상대적 지위는 어떻게 변하고 있는가? 금융기관 중에서 투자신탁과 우체국은 대출을 취급하지 않고 있다. 개발 기관이나 생명보험은 예금을 주요 자금조달 수단으로 하고 있지 않지만 대출을 취급하고 있다. <표 2-3>에서 보듯이 대출을 취급하는 주요 전국형 금융기관은 전국은행, 개발기관, 은행신탁, 생명보험이다. 이 전국형 금융기관은 전체 대출에서 1990년대 초반에는 68% 정도 취급했지만 그 비중이 계속 높아져 2002년에는 78%에 이르고 있다. 따라서 전국형 금융기관이 예금은 물론이고 대출에서도 그 비중이 더욱 높아지고 있다고 할 수 있다.

그런데 전국형 금융기관 중에서 대출을 담당하는 중추기관은 물론 전국은행이다. 이 금융기관은 신탁대출까지 합하면 그 비중이 70% 전후에 이르고 그 비중도 점차 높아지고 있다. 개발기관과 생명보험도 대출을 취급하고 있으나 그 비중은 상대적으로 감소하고 있다. 특히 1997년 외환·금융위기 이후에 급성장하던 은행신탁과 생명보험이 퇴조하고 증권시장이 성장함에 따라 이들의 대출 비중도 줄어들고 있다. 따라서 전국형 금융기관 중에서 전국은행은 그 수가 줄어들었지만 대출을 주도하고 있다고 할 수 있다. 그리고 투자신탁회사는 2003년 증권투자회사와 함께 자산운용회사로 통합됨으로써 그 역사를 마감했다.

전국형 금융기관의 대출 비중이 높아지는 만큼 지역형 금융기관의 대출 비중은 당연히 낮아진다. 지역형 금융기관 중에서 특수은행인 농협중앙회의 지원을 받는 상호금융의 대출 비중은 높아지고 있지만 다른 지역형 금융기관의 대출 비중은 낮아지고 있다. 그 비중이 급격히 낮아지고 있는 금융기관은 <표 2-2>에서 보았듯이 수가 급감했던 지방은행, 종합금융회사, 상호저축은행이었다. 따라서 지역형 금융기관 정리는 지역형 금융기관의 예금은 물론이고 대출에서도 상대적 열세를 초래했다고 할 수 있다.

이상에서 1990년대 전국형 금융기관과 지역형 금융기관은 물론이고 개별 금융기관의 예금과 대출에서 상대적 비중의 변화를 검토했다. 이 검토에 따르면 전국형 금융기관이 예금 및 대출에서 차지하는 상대적 비중이 1990년대 이후 계속 높아지고 있는데, 이러한 현상은 1990년대 말 금융기관 정리, 이른바 금융구조조정이 본격화된 직후에 두드러졌다.

2) 금융기관의 지역적 분포와 특징

우리나라 금융기관의 점포 수는 그 종류에 따라 다르지만 생명보험회사, 일반은행, 체신예금, 상호금융, 특수은행 순서이고, 생명보험회사, 일반은행, 우체국의 점포 수가 전체 점포의 70%를 넘어서고 있음을 <표 2-2>에서 확인할 수 있다. 따라서 금융기관 점포의 지역별 분포는 생명보험회사, 일반은행, 우체국의 수에 의해 좌우되고 있다고 할 수 있다.

금융기관 전체 점포 수의 변화를 <표 2-4>에서 보면, 전국적으로 점포 수는 계속 증가하여 1996년에 정점을 이루었고, 금융기관 및 그 점포의 정리가 본격적으로 시작되는 1998년부터 급격히 줄어들었으며, 그 이후에도 계속 줄어들고 있다. 금융기관 밀도(점포 수/1만 명)를 보면, 전국 평균으로는 1995년에 1만 명당 6.9점에 이르렀으나, 1998년부터 급격히 줄어 2002년에는 1만 명당 4.0점에 그치고 있다. 이러한 변화는 1990년대 중반에 급증했던 금융기관 중 많은 금융기관이 퇴출되거나 과도한 점포가 정리된 결과이다.

그러면 금융기관과 그 점포가 지역별로 어느 정도 분산되어 있는가를 검토하기 위해 지역별 금융기관 밀도를 비교해 보자. 서울과 지방을 비교해 보면, 1990년대 초반에는 지방의 금융기관 밀도가 높았지만 1990년대 중반부터 서울의 금융기관 밀도가 지방의 금융기관 밀도에 비해 큰 차이는 아니지만 높은 수준에 있다. 그것은 지방의 점포가 서울의 점포보다 상대적으로 더 많이 정리된 결과이다. 그런데 지방 간에 금융기관 밀도의 차이가 있는데 호남권, 충청권, 영남권, 수도권(인천·경기) 순서로 높고, 서울에 인접한 인천·경기의 금융기관 밀도가 매우 낮다.

정부가 경영하고 있는 특수금융기관이나 우체국 등은 지역과 인구를

<표 2-4> 금융기관 점포 수 및 지역별 금융기관 밀도

(단위: 점포 수/만 명)

	점포 수	전국	서울	인천·경기	충청권	호남권	영남권	지방
1990	21,591	5.0	4.9	3.7	5.4	5.4	5.4	5.1
1992	24,798	5.7	5.7	4.0	6.2	6.3	5.9	5.7
1994	28,025	6.3	6.7	4.3	6.8	7.0	6.5	6.2
1996	30,711	6.7	7.4	4.6	7.1	7.7	7.0	6.6
1998	24,829	5.4	5.9	3.7	5.8	6.3	5.5	5.2
2000	20,954	4.5	5.0	3.1	4.8	5.3	4.5	4.3
2002	19,062	4.0	4.5	2.6	4.2	4.7	4.0	3.7

자료: 한국은행, 『지역금융통계』, 『경제통계연보』(1990~2002); 통계청, KOSIS(통계정보 시스템).

기준으로 우선 배치되므로 지방의 금융기관 밀도가 서울의 금융기관 밀도보다 더 높을 것이다. 그러나 민간이 경영하는 금융기관은 인구 그 자체보다는 지역 간 경제력의 격차를 고려하여 경제 중심지에 금융기관 점포를 더 많이 설립하고 있다. 그 때문에 서울의 금융기관 밀도가 지방의 금융기관 밀도보다 더 높을 수도 있다.

　금융기관은 각 기관의 특성에 따라 지방분산에서 큰 차이를 보인다. 서울에 본점을 두면서 전국적인 지점망을 가지고 있는 전국형 금융기관 중에서 정부가 직접 경영하는 우체국, 특수은행, 개발기관 등은 민간이 경영하는 전국형 금융기관보다 상대적으로 지방 점포의 비중이 높음을 다음 <표 2-5>에서 확인할 수 있다. 일반은행, 투자신탁, 생명보험 등의 민간 금융기관은 상대적으로 고소득자가 집중되어 있는 서울 지역에 더 많은 점포를 두려 하기 때문에 지방분산 정도가 더 낮다. 일반은행 중에 지방은행이 포함되어 있기 때문에 지방분산은 이보다 훨씬 낮은 수준에 있다.

<표 2-5> 각 금융기관별 점포의 지방분산 비율

(단위: %)

		1990	1992	1994	1996	1998	2000	2002
전국형	일반은행	55.9	57.6	59.5	61.7	60.7	59.7	59.3
	특수은행	64.5	65.6	67.6	72.4	74.8	74.1	75.0
	개발기관	60.7	60.5	58.8	58.5	71.4	74.4	n.a.
	투자신탁회사	58.4	58.6	60.0	57.5	53.8	44.4	3.2
	생명보험회사	71.9	72.5	72.0	73.0	73.6	73.5	73.8
	체신예금	89.0	90.4	90.7	90.6	90.7	90.9	90.9
지역형	종합금융회사*	42.1	53.3	53.3	53.3	35.7	33.3	14.3
	상호저축은행*	77.5	77.5	77.4	77.7	76.3	73.6	73.1
	상호금융*	98.9	98.2	98.7	98.6	98.6	98.5	98.6
	신용협동조합*	71.9	72.5	72.0	73.0	73.6	74.1	86.2
	새마을금고*	83.7	83.0	82.7	82.4	82.6	81.3	81.8

주: * 지역형은 점포 수가 아닌 기관 수 기준으로 계산.
자료: 통계청, 『지역통계연보』(1990~2002); 한국은행, 『지역금융통계』(1990~2002).

　　지역형 금융기관은 종합금융회사를 제외하면 서울보다 지방에서 많이 설립되었기 때문에 <표 2-5>에서 보듯이 점포의 지방분산 비율이 매우 높은 수준에 있다. 지역형 금융기관 중 지방분산 비율이 가장 높은 금융기관은 상호금융인데, 이에 속하는 금융기관은 농협, 축협, 수협 등의 단위조합으로 본점은 대부분 지방에 있을 수밖에 없다. 그와는 달리 종합금융회사는 외자조달과 기업금융 지원을 목적으로 하고 있어 서울에서 주로 설립되었지만 지방에서도 기업금융 서비스를 목적으로 설립이 증가함으로써 지방분산이 진행되었다. 그러나 1990년 난립된 종합금융회사가 부실화되어 정리되면서 급격히 줄었고, 그 과정에서 지방에 본점을 둔 종합금융회사가 더 많이 정리되어 서울에 집중되었지만, 이 종합금융회사가 전국형 금융기관으로 전환되었던 것은 물론 아니다.

3. 금융발전의 지역 간 격차

1) 금융기관 본점의 서울 집중

우리나라의 금융기관은 전국형 금융기관의 경우 모두 본점을 서울에 두고 있다. 전국형 금융기관으로서 일부나마 지방에 본점을 둔 경우는 생명보험사와 투신사뿐이었다. 지역형 금융기관도 서울이라는 한정된 시장을 대상으로 영업해야 하는 경우에는 물론 서울에 본점을 두었다. 이 금융기관이 전국형 또는 지역형인가에 상관없이 서울에 본점을 두려는 배경은 다음 세 가지 측면에서 설명할 수 있을 것이다.

첫째, 금융기관이 시작부터 전국적인 시장을 전제로 출발했는가 아니면 국지적인 시장을 전제로 출발했는가에 따라 달라질 수 있다. 전국적인 시장을 대상으로 출발한 특수은행, 시중은행, 투자신탁, 우편예금 등 전국형 금융기관은 금융 중심지인 서울에 반드시 본점을 두고 점차 지방으로 지점이나 점포를 확장해 갈 것이다. 이 금융기관의 지방분산은 지방의 금융시장이 상대적으로 성장하는 것을 의미하지만 금융의 중심이 지방으로 이동하는 것은 아니라고 할 수 있다. 국지적인 시장을 대상으로 출발한 상호금융, 상호저축은행, 신용협동조합 등은 몇 개 점포만으로 영업하고 있다. 지역형 금융기관은 본점을 반드시 금융 중심지인 서울에 둘 필요가 없기 때문에 지방에 본점이 많고, 도리어 좁은 지역과 밀착하는 것이 유리하기 때문에 점포도 일정 지역에 소수를 두는 것에 그치고 있다.

둘째, 금융기관이 증권업무에 특화되어 있거나 증권업무 비중이 높은 경우에는 증권시장이 발전되어 있는 지역에 본점을 두고 다른 지역에서는 지점을 설립하는 형태로 확장할 수밖에 없다. 증권업무에 특화되어 있는 증권회사는 증권거래소가 있는 서울에 본점을 두고 영업하는 것이 가장 유리할 것이다. 그리고 자금운용에서 증권투자 비중이 높은 투자신탁, 체신예금, 시중은행 등은 증권거래소가 있는 지역을 선호할 것이고 자금조달에서 증권에 의존하는 비중이 높은 개발기관도 증권거래소가 있는 지역을 선호할 것이다.[1] 반면에 예금과 대출에만 거의 의존하는 상호금융기관, 즉 상호저축은행, 상호금융, 신용협동조합, 새마을금고 등은 이러한 조건과 무관하게 본점을 정할 수 있다.

셋째, 정부가 정책적 목적으로 설립한 금융기관은 그 관련 부서가 있는 지역에 본점을 두고 나머지 지역은 필요에 따라 지점을 확장하지만, 민간이 설립한 금융기관은 정부기관의 입지와는 무관하게 본점이 설립될 수 있다. 우리나라의 경우, 관련 정부기관이 대부분 서울에 집중되어 있기 때문에 정책금융기관의 본점도 예외 없이 서울에 집중되어 있다. 민간이 설립한 금융기관은 어느 지역이든 시장성만 있으면 특정 지역에 한정하여 영업을 할 수 있고, 필요한 경우 그 영업구역을 점차 확대할 수도 있다. 지방은행, 지방종합금융회사, 지방생명보험회사 등이 이러한 유형에 속한다. 그런데 이러한 유형의 금융기관이 외환위기 이후에 전개된 금융구조조정 결과로 대부분 사라져버렸다.

우리나라 금융기관은 전국적 시장을 대상으로 영업할 수밖에 없는 경우 또는 증권업무가 금융업무에서 매우 높은 비중을 차지하거나 중앙정부의 산하기관인 경우에는 서울에 본점을 두고 있는데, 증권시장이 서울에 집중되어 있고 정부의 주요 기관도 서울에 집중되어 있는 상황에서 당연히 서울에 본점을 둘 것이다. 이처럼 금융기관의 본점이 서울에 집중되고 있는 것이 서울과 다른 지방 간의 금융발전 격차를 대표하는 현상임은 두말할 나위도 없다.

---

1) 서울에 있던 증권거래소와 선물거래소가 통합하여 2005년 증권선물거래소가 출범하면서 그 본사를 부산에 두었다. 유가증권시장 본부, 코스닥시장 본부는 서울에 그대로 있게 되었다. 거래소 이전 이후, 증권회사의 부산 이전은 아직 나타나지 않고 있다.

2) 증권시장의 서울 집중과 금융방식의 지역별 차이

우리나라 금융기관의 설립에 의해 형성·확장되고 있는 예금과 대출은 지역별로 분산·확장되고 있지만 증권시장, 즉 주식시장이나 채권시장은 서울에 집중되어 발전하고 있었다. 지금까지 증권거래소는 서울에만 있고 장외거래도 서울에 집중되어 있기 때문에 지방채나 어음 등 일부 채권을 제외하면 지방에 분산되어 거래되는 경우는 거의 없었다. 따라서 주로 채권을 발행하여 자금을 조달하는 금융기관이나 주식 채권에 자금을 운용하는 금융기관은 서울에 본점을 두고 지방에는 지점을 둠으로써 지방의 주식 및 채권 거래를 서울로 집중시키는 역할을 수행하도록 하고 있다.

금융기관은 예금, 신탁 또는 채권 발행 등을 통해 조달한 자금을 대출하거나 유가증권을 인수하는 방식으로 공급한다. 그런데 금융기관에 따라 자금조달 방식이나 자금운용 방식에서 차이가 있다. 은행이나 저축기관은 주로 예금에 의존하여 자금을 조달하고 대출에 자금을 주로 운용하지만 유가증권 투자도 한다. 특히 금융위기 이후에는 금융기관이 위험자산의 비중을 낮추기 위해 국공채나 금융채의 비중을 높이고 있다. 그러나 개발기관이나 투자신탁기관은 자금조달을 채권 발행에 주로 의존하고, 투자신탁, 은행신탁, 생명보험회사 등은 자금을 주로 채권에 운용한다. 그런데 금융기관이 자금조달을 채권보다 예금에 의존할수록 예금이 빠르게 증가하며 자금운용을 채권인수보다 대출에 의존할수록 대출이 빠르게 증가할 수 있다. 금융기관이 예금이나 대출보다 채권 발행이나 인수에 의존할수록 예금과 대출의 증가도 둔화될 수 있다.

금융기관은 다음 <그림 2-1>에서 보듯이 1998년까지도 예수금을 계속 빠르게 증가시킬 수 있었지만 외환·금융위기가 발발한 이후인 1998~2000년에 예수금은 거의 고정되어 있다가 그 이후에는 다소 증가하고 있다. 이 시기에 예수금 증가가 거의 없었던 것은 금융기관에 대한

<그림 2-1> 전체 금융기관의 예수금, 대출, 예대율 추이

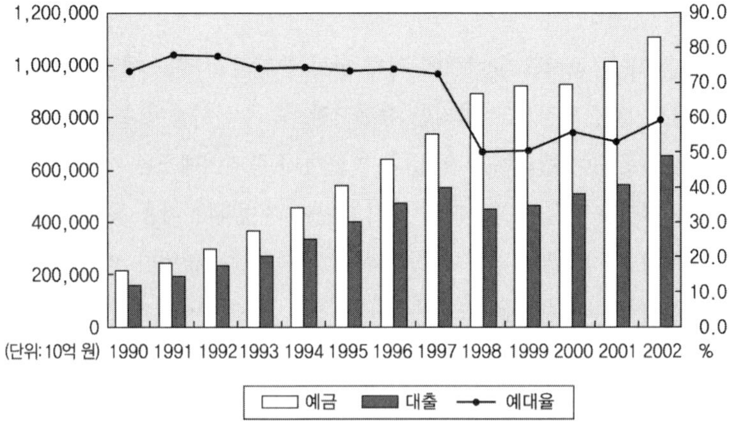

자료: 한국은행, 『지역금융통계』(1990~2002).

불신이 증폭되었고 증권시장의 활성화로 대기업은 물론 중소기업도 직접
금융에 의존할 수 있게 되었으며 투자자도 예금보다는 증권투자를 선호
했기 때문이다. 또한 금융기관은 대출을 1997년까지 계속 증가시켰지만
금융위기 이후에는 금융기관의 건전성 규제 강화로 위험가중치가 높은
기업에 대한 대출 대신에 위험가중치가 낮은 국공채에 대한 투자를 확대
함으로써 대출이 크게 위축되어 전체적으로 예대율이 1998년부터 급격
히 낮아졌다(<표 2-6> 참조).

　금융기관이 예수금으로 조달한 자금 중에서 대출로 운용하는 비율,
즉 예대율(대출/예수금)은 증권으로의 자금조달, 즉 증권발행 비율이 높아
질수록 증가하고 증권으로의 자금운용, 즉 증권투자 비율이 높아질수록
감소한다. 개발기관은 대부분의 자금을 증권발행에 의존하여 조달하고
이를 거의 대출로 운용하기 때문에 <표 2-6>에서 보듯이 예대율이 매우
높고, 그와는 반대로 대부분의 자금을 예금 형태로 조달하면서 증권투자
에 주력하거나 대출을 취급하지 않는 금융기관인 우체국, 투자신탁, 은행
신탁 등의 예대율은 매우 낮다. 따라서 예대율의 변화는 무엇보다도 금융

<표 2-6> 각 금융기관별 예대율

(단위: %)

	전체	예금은행	개발기관	종합금융	투자신탁	은행신탁	상호저축은행	신용협동조합	상호금융	새마을금고	생명보험	우체국
1990	73.0	88.1	1,078.6	114.2	1.6	34.3	107.5	102.9	74.7	114.3	56.0	0.0
1992	77.6	95.0	1,192.7	161.1	6.4	53.7	101.9	94.4	72.8	81.9	51.8	0.0
1994	74.6	100.5	1,416.0	115.7	3.2	54.8	101.4	90.2	76.0	77.7	53.2	0.0
1996	73.5	97.5	1,719.4	108.9	7.3	59.3	99.0	82.2	76.7	70.7	49.2	0.0
1998	49.9	79.5	396.4	42.9	0.0	45.0	85.9	68.2	65.1	58.2	35.8	0.0
2000	55.3	76.8	415.3	59.7	0.0	33.5	83.9	68.8	62.8	48.4	35.2	0.0
2002	59.3	92.1		70.9		26.7	85.9	63.9	62.9	54.9	30.6	0.0

자료: 한국은행, 『지역금융통계』(1990~2002).

기관의 자금운용 변화, 구체적으로 증권투자 정도에서 비롯되지만 전체적으로 개별 금융기관의 예금·대출의 비중 변화에서 비롯되고 있다고 할 수 있다.

전체 금융기관의 예대율은 <그림 2-1>에서 보듯이 외환·금융위기 직전인 1997년까지는 70% 수준을 훨씬 넘어서고 있었다. 그러나 그 위기 직후에는 금융기관에 대한 신탁보다는 증권에 대한 투자자의 직접투자가 증가하면서 예금이나 신탁은 크게 늘어나지 않았지만 대출은 그보다 더 큰 폭으로 줄어드는 현상이 나타남에 따라 예대율이 50% 수준으로 떨어졌다. 외환·금융위기 충격이 사라지면서 대출이 다시 늘어나자 예대율은 증가했지만 55% 수준으로 이전보다 20% 이상 크게 낮은 상태에 있다. 우리나라 금융기관은 예금과 대출이라는 전통적인 간접금융 방식에 크게 의존하여 성장하고 있었지만 금융혁신의 진전에 따라 대기업은 물론 중소기업까지 직접금융에 적극적으로 참여하면서 금융기관도 증권투자에 더 적극적으로 참여하여 예대율이 이와 같이 크게 낮아졌던 것이다.

<표 2-7> 각 지역별 예대율의 추이

	전국	서울	지방			지방(권역별)			
			소계	광역시	각 도	인천·경기	충청권	호남권	영남권
1990	73.3	76.6	72.0	68.2	75.0	59.1	73.2	82.9	76.0
1992	77.6	81.7	74.0	68.2	78.3	75.7	70.9	78.7	73.9
1994	74.6	76.3	73.0	69.3	75.5	73.4	69.3	75.2	73.2
1996	73.5	78.3	69.1	65.4	71.6	69.1	65.1	72.3	69.1
1997	72.4	75.2	69.9	65.3	73.2	70.6	65.0	72.1	69.7
1998	49.9	43.0	58.7	52.7	62.7	59.6	53.0	63.7	57.0
2000	55.3	48.6	62.7	56.6	66.5	67.4	56.1	67.8	59.4
2002	59.3	48.0	71.1	67.1	73.5	83.8	62.5	69.3	65.5

자료: 한국은행, 『지역금융통계』(1990~2002).

그러면 예금으로 조달한 자금 중에서 대출로 운용하는 비율, 즉 예대율 (대출/예금)이 지역별로 어떤 차이를 보이고 있는가를 검토해 보자. 앞서 검토한 바와 같이 1997년 금융위기를 계기로 전국적으로 금융기관이 대출을 기피하고 증권투자를 선호함에 따라 <표 2-7>에서 보는 바와 같이, 예대율이 급격히 낮아졌다. 지역별로 보면, 1997년 이전에는 서울 의 예대율이 지방의 예대율보다 높았지만 1998년부터는 지방의 예대율 이 서울의 예대율보다 높다. 그것은 서울의 예대율은 금융위기를 거치면 서 30% 정도 떨어졌지만 지방의 예대율은 10% 정도밖에 떨어지지 않았 기 때문이다.

이러한 현상은 각 지역의 금융기관이 그 지역에서 대출되던 자금을 증권투자로 돌렸기 때문에 나타났다. 거의 모든 금융기관이 기업에 대한 위험이 높아지자 위험이 낮은 국공채 등에 대한 투자를 확대했는데 그 과정에서 서울을 비롯한 전국 각 지역의 자금이 증권인수에 집중됨에 따라 예대율은 낮아질 수밖에 없었던 것이다. 서울의 금융기관은 지방의 금융기관에 비해 대출을 증권투자로 더 많이 빨리 전환했기 때문에 <표 2-7>에서 보듯이, 1998년 이후 서울의 예대율이 지방의 예대율에 비해 더 급격하게 떨어지고 있다.

각 지방의 금융기관 본점은 서울의 본점에 비해 증권투자를 급격히 확대시키지는 않았지만 이전에 비해서는 대출에 적극적이지 않았기 때문에 예대율은 평균적으로 낮아졌다. 이러한 현상은 각 도보다는 광역시에서 심했고, 권역별로 보면 충청권과 영남권에서 뚜렷했다. 이 예대율의 하락은 (그 지방의 예수금 증가 폭과 비교한) 그 지방에서의 대출 증가 폭의 상대적 감소를 의미할 뿐이다. 하지만 대출의 상대적 감소가 증권투자의 상대적 증가를 의미하고 증권시장이 서울에 집중되어 있다는 점을 고려하면, 예대율의 감소는 지방에서 조성된 자금의 서울로의 이동, 이른바 '지방자금의 역외유출'과 관련되어 있을 수도 있다. 증권시장에서 조성된 자금이 채권과 주식의 인수를 매개로 지역별로 어떻게 배분되는가를 알려주는 자료는 없지만, 증권시장에서 조성된 자금이 대출보다 더 서울에 집중되고 있다는 점을 고려한다면 — 서울에서는 예대율의 하락이 문제가 되지 않지만 — 증권시장 자금의 지방으로의 역류가 없는 상황에서 예대율의 하락은 증권시장으로의 자금집중에 따른 지방금융의 경색을 초래할 것이라는 우려를 낳게 한다.

3) 금융기관 예수금의 지역 간 격차

금융기관은 예금을 포함한 예수금 형태로 각 지역에서 자금을 동원하고 있는데, 그것은 지역별 예수금 집계액으로 나타난다. <그림 2-2>는 모든 금융기관이 예수금으로 조달한 자금의 잔액을 지역별로 집계하여 비율을 표시한 것이다. 이 그림에 의하면, 시기에 따라 차이는 있지만, 서울에 소재한 금융기관은 이 자금의 48~56% 정도를 동원하고 있는 반면에 서울을 제외한 모든 지역, 즉 지방에 소재한 금융기관은 이 자금의 44~52%를 집중하고 있다. 지방 중에서 영남권, 인천·경기, 호남권, 충청

<그림 2-2> 금융기관의 예수금의 지역별 집중비율

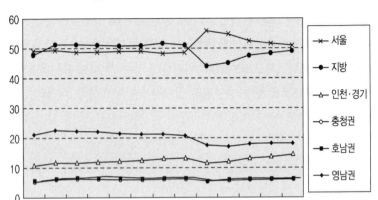

자료: 한국은행, 『지역금융통계』, 『경제통계연보』(1990~2002); 통계청, KOSIS(통계정보
     시스템).

권 순서로 자금을 동원하고 있다. 서울은 인구로 보면 1/4이지만 서울의
금융기관은 전국 자금의 1/2을 취급할 만큼 자금동원력에서 절대적인
우위에 있다. 예수금의 서울 집중 현상은 외환·금융위기 이후에 강화되었
다가 점차 해소되고 있음을 <그림 2-2>에서 확인할 수 있다.

   각 지역에서 금융기관의 자금동원 규모는 그 지역의 경제규모에 따라
달라질 수 있기 때문에 경제규모에 대비한 예금시장의 지역별 집중도를
예수금/지역총생산으로 측정해 볼 수 있다. 각 지역의 예수금을 각 지역의
명목 GRP(지역총생산)로 나눈 값, 즉 예수금 연관비율이 <표 2-8>에
제시되어 있다. 이 표를 보면, GRP가 소득을 분배보다는 생산 측면에서
파악한 지표이고 생산시설의 대부분이 지방에 배치되어 있다는 점을 고
려하더라도, 서울의 예금시장이 지방의 예금시장에 비해 훨씬 더 확장되
어 있다. 지방의 예금시장 중에서 각 광역시보다 각 도가 더 낙후되어
있다고 할 수 있다. 지방을 권역별로 보면 지방 간 차이는 적으며, 예상과
는 달리 수도권 지역에 속하는 인천·경기가 가장 낙후되어 있다. 이러한

<표 2-8> 지역별 예수금 연관비율(예수금/GRP) 추이

	전국	서울	지방			지방(권역별)			
			소계	광역시	각 도	인천·경기	충청권	호남권	영남권
1990	1.09	2.08	0.75	1.05	0.55	0.55	0.70	0.62	0.80
1992	1.12	2.13	0.77	1.18	0.62	0.60	0.76	0.69	0.90
1994	1.29	2.49	0.88	1.34	0.71	0.71	0.82	0.80	1.02
1996	1.40	2.78	0.95	1.43	0.78	0.82	0.86	0.83	1.09
1998	1.86	4.35	1.07	1.37	0.94	0.98	1.01	0.91	1.15
2000	1.59	3.48	0.99	1.23	0.89	0.91	0.92	0.89	1.05
2002	1.61	3.34	1.05	1.27	0.94	0.98	0.96	0.93	1.09

주: 금융기관의 신탁도 포함.
자료: 한국은행, 『지역금융통계』(1990~2002); 통계청, KOSIS(통계정보시스템).

<표 2-9> 각 지역별 1인당 예수금 추이

(단위: 백만 원/인)

	전국	서울	지방			지방(권역별)			
			소계	광역시	각 도	인천·경기	충청권	호남권	영남권
1990	4.9	9.8	3.1	4.0	2.7	2.9	2.9	2.3	3.6
1992	6.8	13.8	4.6	5.6	4.1	4.0	4.4	3.8	5.3
1994	10.1	21.3	6.7	7.8	6.1	5.8	6.4	6.0	7.6
1996	14.1	30.4	9.4	10.7	8.7	8.2	9.0	8.7	10.6
1998	19.2	49.6	10.8	12.7	9.8	9.4	10.9	10.2	12.0
2000	19.6	47.0	11.8	13.2	11.1	10.7	11.9	11.5	12.7
2002	23.2	56.0	14.4	16.1	13.5	13.1	14.3	14.4	15.5

자료: 한국은행, 『지역금융통계』(1990~2002); 통계청, KOSIS(통계정보시스템).

점은 금융기관 시설이 가장 미비한 지역이 바로 인천·경기이라는 것과 맥락을 같이하고 있다.

전국적으로 예금액이 지역총생산에 비해 더 빠르게 계속 증가하고 있는 것에서 보듯이, 예금시장이 실물경제에 비해 더 빠르게 성장하고 있고, 그 결과로 예수금의 축적은 심화되고 있다. 예금시장은 전국 평균으로 점차 심화되고 있으나 지역별로 매우 불균등하게 진행되고 있다. 예금시장의 집중도 차이는 지방 간에 작아지고 있으나 서울과 지방 간에는 도리어 더 커지고 있다. 이는 각 지역의 자금이 서울의 금융기관으로 집중되는 현상이 갈수록 심화되고 있음을 시사한다.

서울 금융기관의 1인당 예금액이 다른 어떤 지역보다 높기 때문에 당연히 다른 지역의 금융기관보다 더 많은 자금을 동원할 수 있다. <표 2-9>를 보면, 지방 간에는 1인당 예금액 차이가 거의 없지만 서울은 다른 지역에 비해 1990년대 초반에는 3배, 1990년대 말에는 4배 정도의 1인당 예금을 기록하고 있다.

4) 금융기관 대출금의 지역 간 격차

우리나라의 금융기관은 예금 형식으로 조달하거나 증권을 발행하여 조달한 자금을 유가증권 인수에도 이용할 수 있지만 주로 대출을 통해 운용한다. <그림 2-3>은 전체 금융기관이 대출한 잔액을 지역별로 집계하여 비율을 표시한 것으로 대출금의 지역별 집중도를 제시하고 있다. 이 그림에 의하면 시기에 따라 차이는 있지만 서울에 소재한 금융기관은 대출금의 51%에서 42% 정도를 취급하고 있는 반면에 서울을 제외한 지역, 즉 지방에 소재한 금융기관은 이 자금의 49%에서 58%를 취급하고 있었다. 이것은 예금보다 약간 높은 비율이다. 지방 중에서 영남권, 인천·경기, 호남권, 충청권 순서로 대출금을 이용하고 있다. 서울은 인구로 보면 1/4이지만 서울의 금융기관은 전국 대출금의 1/2을 취급할 만큼 자금공급에서 절대적인 우위에 있다.

각 지역에서 금융기관의 대출 규모는 그 지역의 경제규모에 따라 달라질 수 있기 때문에 경제규모에 대비한 대출의 지역별 집중도를 대출/지역총생산으로 측정해 볼 수 있다. 각 지역별 대출금의 상대적 집중도를 보여주는 값이 <표 2-10>에서 제시되어 있다. 이 표를 보면, 서울의

<그림 2-3> 금융기관 대출금의 지역별 집중 비율

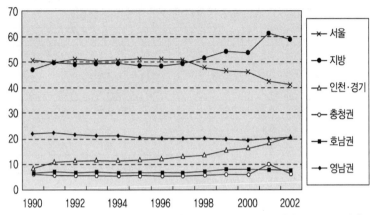

자료: 한국은행, 『지역금융통계』, 『경제통계연보』(1990~2002); 통계청, KOSIS(통계정보
시스템).

<표 2-10> 지역별 대출연관비율(대출금/GRP)

	전국	서울	지방			지방(권역별)			
			소계	광역시	각 도	인천·경기	충청권	호남권	영남권
1990	0.80	1.59	0.53	0.72	0.41	0.33	0.51	0.51	0.61
1992	0.87	1.74	0.57	0.80	0.48	0.45	0.54	0.54	0.67
1994	0.96	1.90	0.64	0.93	0.54	0.52	0.57	0.60	0.75
1996	1.03	2.18	0.66	0.94	0.56	0.56	0.56	0.60	0.75
1998	0.93	1.87	0.63	0.72	0.59	0.58	0.54	0.58	0.66
2000	0.88	1.69	0.62	0.70	0.59	0.61	0.51	0.60	0.62
2002	0.95	1.60	0.74	0.85	0.69	0.82	0.60	0.64	0.71

자료: 한국은행, 『지역금융통계』(1990~2002); 통계청, KOSIS(통계정보시스템).

대출시장이 지방의 대출시장에 비해 훨씬 더 확장되어 있다. 지방 간
차이를 보면, 광역시의 대출이 각 도의 대출에 비해 더 집중되어 있으며,
서울을 제외한 각 지방의 경우 권역별로 큰 차이를 보이지 않으나 영남권
이 다소 높은 편이다. 따라서 우리나라 대출시장의 두드러진 특징은 예금

<표 2-11> 각 지역별 1인당 금융기관 대출액

(백만 원 / 인)

	전국	서울	지방			지방(권역별)			
			소계	광역시	각 도	인천·경기	충청권	호남권	영남권
1990	3.6	7.5	2.3	2.8	2.0	1.7	2.1	2.0	2.8
1992	5.3	11.3	3.4	3.8	3.2	3.1	3.1	3.0	3.9
1994	7.5	16.3	4.9	5.4	4.6	4.3	4.4	4.5	5.5
1996	10.4	23.8	6.5	7.0	6.2	5.6	5.8	6.3	7.3
1998	9.6	21.3	6.4	6.7	6.2	5.6	5.8	6.5	6.9
2000	10.8	23.2	7.4	7.5	7.4	7.2	6.7	7.8	7.6
2002	13.7	26.9	10.2	10.8	9.9	11.0	9.0	10.0	10.2

자료: 한국은행, 『지역금융통계』(1990~2002).

시장과 마찬가지로 각 지방 간의 차이는 거의 없지만 서울과 지방 간에 큰 격차가 존재한다는 것이라고 할 수 있다.

<표 2-10>을 보면, 대출금의 지역별 집중도(대출금/GRP)는 전국 평균으로 1996년까지 증가하고 있지만 1998년부터는 도리어 감소하고 있다. 전국적으로 금융기관의 대출금 증가가 지역총생산 증가에 못 미쳤던 결과이다. 금융기관은 외환·금융위기가 발발한 후 금융구조조정에 대한 대응으로 주요 대출대상이었던 기업에 대한 대출을 기피하면서 국채를 비롯한 유가증권에 대한 투자를 늘려 건전성을 높이려고 했기 때문에 대출이 일시 감소했다가 미미하게 증가했다. 이러한 결과로 대출금 집중도는 낮아지고 있었다. 증권시장은 서울에만 형성되어 있기 때문에 서울의 금융기관이 지방의 금융기관보다 증권투자에 더 적극적인 결과로 해석된다. 그럼에도 불구하고 서울의 금융기관 대출이 지방의 금융기관 대출보다 경제규모와 비교해 3배 이상 높은 수준인 것에서 알 수 있듯이 대출의 서울 집중 문제는 별로 완화되지 못하고 있다고 할 수 있다.

각 지역의 금융기관 대출은 그 지역의 경제규모뿐만 아니라 인구에 따라 달라질 수 있다. 개인이든 기업이든 누구나 접근 가능한 대출의

시장접근성은 1인당 대출액을 통해 살펴볼 수 있으므로 1인당 대출액을 지역별로 비교해 보는 것도 필요하다. 1인당 대출액은 1997년까지 지속적으로 증가하다 외환·금융위기의 충격으로 일시 급감했다가 다시 증가하고 있다. 그런데 1인당 대출액을 비교해 보면, 서울은 지방의 3~4배 정도가 되며 그 차이도 거의 줄어들고 있지 않다. 이는 서울과 지방 간의 대출시장의 접근성에서 큰 격차가 있음을 말해주고 있다. 지방 간 차이를 보면, 대도시가 포함된 광역시가 그렇지 않은 각 도에 비해 접근성에서 낮지만 그 차이는 미미하다. 지방 간 차이를 권역별로 보면, 대출시장 접근성이 영남권, 호남권이 인천·경기권이나 충청권에 비해 다소 나은 것으로 보이나 그 차이도 매우 미미하다.

4. 지역별 격차의 원인

1) 금융시장의 주변으로서 지방

우리나라의 금융은 서울에 본점을 둔 전국형 금융기관이 주로 담당하고 있으며, 지방에 본점을 둔 지역형 금융기관이 보완하고 있다. 금융기관의 본점이 집중되어 있는 서울은 말할 것도 없이 우리나라의 금융 중심지로서 증권시장이 형성되어 있을 뿐만 아니라 각 지점의 자금을 본점으로 집중하여 각 지역으로 배분하는 전국형 금융기관이 집중되어 있는 곳이다. 반면에 지방은 독자적인 증권시장을 가지고 있지 않으며 지역의 자금을 전국형 금융기관으로 집중하고 이를 통해 배분하는 지점이 배치되어 있는 곳이다. 우리나라 금융의 중추기관으로 되어있는 전국형 금융기관의 본점이 서울에 집중됨으로써 각 지방의 금융시장은 서울의 금융시장에 통합되어 금융시장의 주변으로서 존재하고 있다.

앞에서 우리나라 금융시장을 지역별 금융기관의 유형과 비중, 지역별 금융방식의 차이, 예수금과 대출금의 지역별 격차를 통해 검토했는데, 지방 간의 격차는 미미한 반면에 서울과 다른 지역, 즉 서울과 지방 간의 격차는 거의 모든 측면에서 뚜렷한 것으로 나타났다.

첫째, 전국형 금융기관은 모두 서울에 본점을 두고 있었고, 지역형 금융기관은 전국적으로 본점이 분산되어 있었지만 그 본점을 서울에 두는 경우가 많았다.

둘째, 1998년부터 진행된 금융부문 구조조정은 금융기관 수나 점포의 감소를 가져왔지만, 특히 지방의 금융기관 수를 더 줄이는 결과를 초래했다. 지역형 금융기관 중에서 중심적인 역할을 수행했던 지방은행은 그 수가 줄어듦에 따라 그 비중도 점차 낮아지고 있다. 종합금융회사도 정리되는 과정에서 지방에 본점을 둔 종합금융회사가 거의 사라지게 되는 등 지역형 금융기관의 비중 자체가 낮아졌다. 그리고 금융기관의 점포가 정리되는 과정에서도 지방의 점포가 상대적으로 더 많이 줄어들고 있다.

셋째, 서울에만 존재하는 증권시장의 발전은 지방에서 신탁 예수금의 비중을 높이는 반면에 지방에서 대출을 위축시키는 요인으로 작용하고, 전국적으로 예대율의 하락을 초래하는 동시에 증권시장을 매개로 서울로의 자금 집중과 배분을 강화하고 있었다.

넷째, 금융기관의 각종 예수금은 인구 기준으로 보든 경제규모 기준으로 보든 전국적으로 격차를 보였는데, 그 격차는 지방 간에는 크지 않은 반면에 서울과 지방 간에는 매우 컸다.

다섯째, 금융기관의 각종 대출도 인구기준으로 보든 경제규모 기준으로 보든 지역 간에 격차를 보였는데 그 격차는 예수금보다는 작았다. 하지만 예수금과 마찬가지로 그 격차는 지방 간에는 크지 않았던 반면에 서울과 지방 간에는 매우 컸다.

금융시장에서 서울과 지방은 완전히 구분되는 두 시장이다. 서울의 금융시장은 그 자체로 발전할 수 있고, 지방의 금융시장은 서울의 금융시장 발전에 따라 발전할 수밖에 없는 종속적인 구조를 가지고 있는데, 그 격차는 금융구조조정으로 더욱 심화되었다.

2) 각종 사업체 본점의 서울 집중

사업체는 일반적으로 단독, 본사·본점, 공장·지사로 구분할 수 있다. 다음 <표 2-12>를 보면, 단독사업체는 3/4 이상이 지방에 분포되어 있다. 단독사업체 수나 종업원 수의 비율이 각 지역의 GRP 비율과 거의 비슷한 것에서 알 수 있듯이, 단독사업체는 중소규모로 각 지방에 잘 분산되어 있다.

이러한 단독사업체와는 달리 여러 사업체를 가지고 있는 대규모 사업체는 대부분 본사와 공장 또는 본점과 지점으로 양분된다. 한 회사가 여러 사업체나 공장을 가지게 되는데 이것이 지역적으로 분산 배치된다. <표 2-12>를 보면, 공장이나 지점은 2/3 이상이 지방에 배치되어 있지만 본사나 본점은 1/2 이상이 서울에 집중되어 있음을 알 수 있다. 우리나라에서 전국적인 지점망을 가지고 있거나 여러 공장을 가지고 있는 대규모 사업체는 반 이상이 서울에 본사 또는 본점을 두고 있다는 것이다.

어떤 사업체든 재무관리나 금융은 그 기업의 핵심부서에 해당하기 때문에 대부분 본사나 본점에서 이루어진다. 그리고 거래에서 물자나 서비스의 이동은 공장이나 지점 간에 이루어진다고 하더라도 자금의 이동은 본사나 본점 간에 이루어지는 경우가 대부분이다. 따라서 공장이나 지점이 있는 지역보다 본사나 본점이 있는 지역에서 금융거래가 활발할 뿐만 아니라 그 거래규모도 더 클 수밖에 없다. 금융시장은 본사나 본점이 많이 있는 지역에서 발전할 수밖에 없다.

우리나라의 사업체 중 규모가 큰 사업체는 본사와 공장 또는 본점과

<표 2-12> 총사업체의 본점, 공장 등의 지역별 분포(2000년)

		서울	지방	광역시	도	인천·경기	충청권	호남권	영남권
단독	사업체	23.7	76.3	26.9	49.4	21.0	10.0	11.4	29.0
	종사자	24.9	75.1	26.1	49.0	22.9	9.4	10.5	27.9
공장 지사	사업체	24.3	76.7	27.2	48.5	19.8	11.2	12.3	27.3
	종사자	22.3	77.7	25.9	51.8	22.6	11.2	10.6	29.5
본사 본점	사업체	51.9	48.1	21.0	27.1	15.0	7.6	5.6	17.7
	종사자	52.7	47.3	17.5	29.8	19.9	5.8	3.1	17.2
합계	사업체	23.9	76.1	26.9	49.2	20.9	10.0	11.4	28.9
	종사자	26.3	73.7	25.5	48.2	22.7	9.4	10.1	27.5
명목 GRP 비율		21.7	68.3	23.5	54.8	25.5	10.7	10.7	27.9

자료: 통계청, KOSIS(2002).

지점으로 양분되었고, 공장과 지점 상당 부분이 지방에 배치되었지만 본사와 본점은 대부분 서울에 그대로 있다. 서울의 금융기관은 이러한 본사와 본점을 대상으로 거액의 금융거래를 쉽게 확대할 수 있었던 반면에, 이로부터 소외된 지방의 금융기관은 거액 거래선을 찾기가 쉽지 않기 때문에 서울에 비해 소규모의 예금이나 대출만을 취급할 수밖에 없다. 따라서 지역에 있는 사업체라도 대규모 사업체의 경우 지방의 금융기관과 직접 금융거래를 하지 않은 경우가 많았고, 거래를 하는 경우에도 본점과 거래하는 금융기관의 지점과 거래하는 것이 일반적이었다.

3) 서울과 지방 간의 경제력 및 산업구조 차이

지방에서 금융시장이 서울에 비해 상대적으로 작은 것은 경제규모의 차이에서 비롯된다고 생각할 수 있다. 각 지역 간의 경제력 차이를 알 수 있는 지표로는 지역총생산(GRP)밖에 없다. 이 자료를 이용하여 구한 1인당 GRP가 <표 2-13>에 제시되어 있다. <표 2-13>에서 1인당 GRP는 서울이 지방보다 조금 높으나 거의 차이가 나지 않으며, 그 차이마저

<표 2-13> 서울과 지방 간의 경제력 격차

	1인당 GRP (백만 원/인)		1인당 예금 (백만 원/인)		1인당 대출액 (백만 원/인)		금융산업 입지계수	
	서울	지방	서울	지방	서울	지방	서울	지방
1990	4.3	4.1	9.8	3.1	7.5	2.3	2.19	0.58
1992	5.8	5.5	13.8	4.6	11.3	3.4	1.99	0.67
1994	7.3	6.8	21.3	6.7	16.3	4.9	1.99	0.67
1996	9.1	8.6	30.3	9.4	23.8	6.5	2.05	0.66
1998	9.4	9.1	49.9	10.8	21.3	6.4	2.33	0.59
2000	10.8	10.7	47.9	11.8	23.2	7.4	2.22	0.62

자료: 통계청, 『지역경제연보』(각 년도).

점차 줄어들고 있다. 그렇지만 이 자료만으로는 서울과 지방의 평균소득 수준 차이를 알 수 없다.

GRP는 생산 측면에서 추계한 지역총생산액으로, 분배 측면에서 본 주민의 1인당 소득과는 차이가 있다. 생산은 지점, 지사가 있는 지방에서 이루어지고 분배나 지출이 본점, 본사가 많은 서울에서 이루어지면, 1인당 GRP는 지방의 경우 1인당 평균소득보다 높고 서울의 경우 1인당 평균소득보다 낮다. 따라서 생산 측면에서는 서울과 지방 간의 경제력 격차가 거의 없지만 분배나 지출이 서울에 집중되면 서울의 1인당 예금 및 대출이 다른 지방에 비해 매우 많을 것이다. 따라서 서울과 지방의 금융격차는 서울과 지방 간의 생산력 차이와도 관련되어 있지만, 그에 비례하는 것은 아닐 것이다.

1인당 예금을 보면, 서울과 지방의 차이는 매우 크며 그 차이도 커지고 있다. 물론 서울 지역의 1인당 예금액이 지방보다 3~4배 정도 높은 것은 각 지역의 1인당 개인소득의 차이에서 비롯된 것이기는 하지만 개인 이외에도 정부, 공공기관, 기업 등이 자산의 대부분을 본점이나 본사가 있는 서울에서 예치하여 운용하고 있기 때문에 비롯된 것이라고도 할 수 있다.

서울은 서비스 산업에 더 특화되어 있다. 서울의 서비스 산업 종사자의 비중은 2000년 현재 80%를 넘어서고 있는데, 지방의 서비스 산업 종사자 비중은 65% 정도에 그치고 있다. 그런데 이 서비스 산업 중에는 금융보험업이 포함되어 있는데, 이 산업의 종사자는 서울이 1995년 42.3%, 2000년 32.5%를 차지하고 있다. 서울은 금융 중심지이기 때문에 금융산업의 종사자는 물론이고 생산액에서 그 비중이 높아 <표 2-13>에서 보듯이 금융보험업의 입지계수가 2.0을 넘어서고 있고 이 값도 증가하고 있다. 따라서 금융보험업은 서울을 중심으로 성장하고 있기 때문에 지방의 금융산업은 상대적으로 위축될 수밖에 없다.

4) 기업의 재무구조 지역별 격차

금융기관은 일반적으로 기업의 재무구조 상태에 따라 대출 여부는 물론이고 대출규모나 이자율을 달리하고 있다. 그런데 금융기관이 각 지역 기업의 평균적인 재무상태에 따라 지역별 대출의 규모나 금리를 달리할 수도 있을 것이다. 금융기관은 특정 지역 기업의 재무상태가 다른 지역 기업의 재무상태보다 나빠서 부도율이 높아진다면 그 지역에서 대출을 상대적으로 기피할 것이고 그에 따라 대출이 상대적으로 제한될 수 있다.

기업의 재무상태는 장기적으로 이윤율에 따라 결정되겠지만, 단기적으로는 판매부진, 판매대금 회수지연, 금융기관 차입곤란, 어음할인 기피, 원자재 가격상승 등에 의해 악화될 수 있다. 중소기업실태조사에 의하면, 그중에서 중요한 요인으로 판매부진, 대금 회수지연 등을 지적하고 있다. 그런데 금융기관이 재무구조 악화를 이유로 대출을 제한하게 되면, 나쁜 재무구조와 대출시장 경색은 서로 악순환 관계에 있게 된다. 반대로 대출시장의 완화는 재무구조의 개선을 초래하여 어느 정도 선순환 효과를 거둘 수도 있다.

<그림 2-4>에서 각 지역의 어음부도율을 보면, 서울의 부도율은

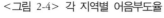

<그림 2-4> 각 지역별 어음부도율

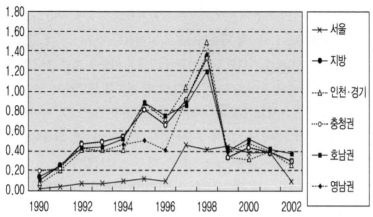

주: 권역별 자료는 단순 평균.
자료: 『경제통계연보』(각 년도).

1999년만 제외하면 다른 지방의 평균 어음부도율보다 비교할 수 없을
정도로 낮다. 지방의 어음부도율을 권역별로 비교해 보면, 큰 차이가 없으
나 영남권이 다소 낮은 것으로 나타난다. 이처럼 지방의 기업은 평균적으
로 서울 지역의 기업에 비해 재무구조가 열악하여 부도율이 매우 높은
것으로 나타나고 있다. 그에 따라 금융기관이 지방에 있는 기업은 서울에
있는 기업에 비해 대출에서 더 많은 제약을 받을 수 있을 것이다. 따라서
지방 기업의 나쁜 재무구조로 인한 높은 부도율은 지방 금융시장의 발전
을 저해하는 한 요인이 되고 있다고 할 수 있다.

5. 맺음말

우리나라 금융기관은 금융 중심지에 본점을 두고 지점을 통해 전국적
시장을 대상으로 영업하는 전국형 금융기관과 특정 지역에 본점을 두고

한정된 지역시장을 대상으로 영업하는 지역형 금융기관으로 구분된다. 우리나라에서 금융기관의 영업지역은 금융기관의 종류에 따라 다른데, 지역형 금융기관이 전국형 금융기관으로 발전하는 경우는 거의 없었다.

전국형 금융기관과 지역형 금융기관의 상대적 비중을 보면, 전국형 금융기관이 예금에서나 대출에서나 대략 70% 정도를 담당하고 있다. 그 비중은 계속 높아지고 있으며 특히 금융구조조정으로 더욱 높아졌다. 이와 같이 우리나라에서 지역형 금융기관의 역할은 갈수록 위축되고 있으며, 이러한 문제는 금융구조조정으로 더욱 심화되었다.

인구당 금융기관의 밀도는 금융위기 전까지는 금융기관의 활발한 설립으로 높아져 왔으나, 금융위기를 거치면서 금융기관의 정리 결과로 급격히 낮아졌다. 금융기관 점포의 지방분산은 전국형보다는 지역형에서 더 진전되었고, 민간기관보다는 정부기관에서 더 진전되었으며, 증권 관련 기관일수록 덜 진전되고 있었다. 따라서 금융의 균형적 발전을 위해서는 무엇보다 지역형 금융기관의 성장이 매우 중요하다고 할 수 있다.

우리나라의 금융시장은 실물부문에 비해 빠르게 성장하여 전국적으로 금융심화가 이루어지고 있으나 금융발전지표상으로 지역 간 격차가 작지 않음을 여러 측면에서 확인할 수 있었는데, 그 격차는 공통적으로 지방 간에는 작았던 반면 서울과 지방 간에는 매우 큰 것으로 나타났다.

첫째, 금융기관의 본점이 전국형인 경우에는 대부분 서울에 집중되어 있고, 지역형인 경우에는 금융구조조정의 결과로 지방에 본점을 둔 금융기관이 더욱 많이 줄어듦에 따라 서울 집중 현상은 더 심화되고 있었다.

둘째, 증권시장은 서울에 집중되어 있는 가운데 금융기관의 증권투자 비중이 높아짐에 따라 금융기관의 예대율이 낮아지고 있었다. 이러한 현상은 서울은 물론이고 지방에서도 일어나고 있었다. 증권거래의 증가에 따른 예대율 하락은 결국 증권시장이 있는 서울로의 자금집중 또는 지방으로부터의 자금유출을 촉진하는 것이므로 증권시장 발전은 금융의 서울 집중구조를 더욱 강화하였다고 할 수 있다.

셋째, 각 지역의 금융기관 예수금이 각 지역의 GRP 증가에 비해 더 증가하고 있는 것에서 알 수 있듯이, 전국적으로 금융기관에 의한 금융자산 축적은 더 심화되고 있었다. 이러한 과정에서 서울과 지방 간의 격차는 크지만 지방 간 격차는 매우 작았다. 예수금이 서울에 집중되고 있는 것은 1인당 예수금이 지역별로 큰 격차를 보이는 것에서 비롯되고 있다. 1인당 예수금의 지역별 격차는 1인당 개인소득 차이와 관련되지만 대규모 거래선인 기업과 공공기관의 지역별 분포와도 관련된다.

넷째, 각 지역의 금융기관 대출금이 각 지역의 GRP 증가에 비해 더 증가하고 있는 것에서 알 수 있듯이, 전국적으로 대출시장은 실물경제보다 더 빠르게 성장하며 심화되고 있었다. 그리고 1인당 대출금 격차는 대출시장 접근에서 지역별 격차를 초래할 수 있다. 대출연관비율이나 1인당 대출금 모두에서 지방 간 격차는 작으나 서울과 지방 간의 격차는 매우 큰 상태가 지속되고 있다. 따라서 서울과 지방 간의 대출시장 접근성에서 큰 격차가 상존하고 있다고 할 수 있다.

이와 같이 우리나라에서 금융시장은 실물경제에 비해 더 빠르게 성장하고 있지만, 금융발전은 지방 간에 큰 격차를 보이지 않는 반면에 서울과 지방 간에는 큰 격차를 보였다. 즉, 지방의 금융시장은 서울의 금융시장에 비해 그 성장이 지체되고 있다는 것이다. 이처럼 지방의 금융발전을 지체시키는 현실적인 조건은 많으나 주요 사항만 제시하면 다음과 같다.

첫째, 서울에는 전국형 금융기관의 본점이 집중되어 있고 지방에는 없는 증권시장이 존재하고 있다. 지방에서 예금과 대출은 지역형 금융기관의 경우 독자적으로 취급할 수 있으나 전국형 금융기관의 경우는 본점을 경유하거나 이의 통제를 받고, 증권거래는 지금까지 서울에 집중되어 있다. 따라서 지방의 금융시장은 서울의 금융시장의 외연으로 존재하고 있기 때문에 지방의 금융발전은 서울의 금융발전에 의존하는 반면에 서울의 금융발전은 반드시 국내에 의존할 필요도 없고 국내에서도 특정한 지방에 의존할 필요가 없다.

둘째, 금융기관은 개인보다 사업체와 더 거액의 거래를 할 수 있기 때문에 사업체의 지역적 분포는 금융의 지역적 발전에 매우 중요하다. 특히 대규모 사업체와의 거래는 금융기관 성장에 결정적인 영향을 미칠 수 있고, 그중에서 본점이나 본사와의 거래는 그 사업체 금융거래 전체에 영향을 미칠 수 있다. 우리나라는 대규모 사업체 1/2 이상이 서울에 본사나 본점을 두고 지방에 공장(지사)이나 지점을 두고 있다. 따라서 지방의 금융기관은 지점이나 공장을 대상으로 금융거래를 확대하기가 매우 어려울 것이다.

셋째, 금융의 발전은 실물경제의 성장과 연계되어 있기 때문에 각 지역의 경제력 격차가 바로 금융발전에 영향을 미칠 수 있다. 따라서 지방의 금융발전 지체는 서울과 지방 간의 경제력 격차에서 비롯된 것일 수 있다. 그러나 서울과 지방 간에는 1인당 GRP에서 큰 차이를 보이지 않고 있다. 다만 산업구조에서 서울이 상대적으로 금융산업에 특화되어 있다는 차이는 있다. 따라서 지방의 금융발전이 지체되는 것은 단순히 경제력 격차에서 비롯된 것은 아니라고 할 수 있다.

마지막으로, 지방의 금융이 발전할 수 없는 주요 원인으로 지방기업의 부실한 재무구조로 인해 지방에서 대출이나 증권인수가 어렵다는 주장이 있을 수 있다. 기업의 재무구조를 지역별로 직접 비교하기는 어렵지만 각 지역의 어음부도율을 통해 재무구조를 추론해 보면, 서울에 있는 기업이 지방에 있는 기업에 비해 재무구조가 훨씬 양호한 것이 사실이다. 따라서 지방의 금융발전이 지체되는 한 이유로, 지방기업의 재무구조의 상대적인 악화를 지적할 수 있으나, 재무구조에서 큰 차이가 없더라도 지방금융의 취약성으로 부도율이 높아질 수 있다는 주장도 가능하다.

우리나라에서 금융은 금융기관의 분포, 금융시장의 상대적 규모 등 어느 것을 기준으로 하여 분석해도 시·도나 각 지역경제권 간의 격차에서 가장 두드러진 것은 서울과 지방 간의 격차이다. 서울을 제외한 지역, 이른바 지방 간에서도 격차가 없는 것은 아니나 서울과 지방 간의 차이에 비하면 매우 미미한 것에 불과하다. 이러한 금융의 지역 간 격차는 지역형 금융기관의 육성과 성장에 의해 해소될 수는 있지만, 경제 행정의 본부, 본사, 본점이 지금과 같이 서울에 계속 집중된다면 이러한 격차는 지속될 수밖에 없을 것이다.

참고문헌

구재운. 1996. 「금융과 성장: 지역 간 연구」. ≪지역연구≫, 제12권, 제1호.

박원석. 1998. 「지역금융의 활성화와 지역경제」. 『전환기의 지역경제정책』. 삼성경제연구소.

박원석. 1997. 「한국 금융시장의 지역적 차별성에 관한 연구: 지역금융시장의 존재 여부에 대한 검토」. 서울대학교 지리학과 박사학위 논문.

배영목. 2002. 「충북의 금융, 산업 및 기술 발전을 위한 금융제도의 개편」. ≪사회과학연구≫, 제19권, 제1호.

전창완. 1998. 「한국금융시장의 지역 간 분단화에 관한 실증 연구 - 10대 지방은 행을 중심으로」. ≪사회경제평론≫, 제11호.

한국은행 대구지점. 1993. 『대구지역 경제발전을 위한 지역금융의 활성화 방안』.

한국은행 부산지점. 1992. 『부산지역 경제발전을 위한 지역정책과 지방금융의 발전』.

한국은행 창원지점. 1991. 『지방화시대의 지역금융 활성화 방안』.

한국은행 청주지점. 1994. 「지역금융 활성화 방안 논의에 대한 검토」.

_____. 2000. 「충북지역밀착형 금융기관의 현황과 발전방향」.

Amos, Orley M. and John R. Wingender. 1993. "A model of the interaction between regional financial market and regional growth." *Regional Science and Urban Economics*, 23(March).

Bias, Peter V. 1992. "Regional Financial Segmentation in United States." *Journal of Regional Science*, Vol.32, No.3.

Patrick, H. T. 1966. "Financial Development and Economic Growth In Underdeveloped Countries." *Economic Development and Cultural Change*, Vol.9, No.4.

Rose, Peter S. 1996. "The Diversification and Cost Effects of Interstate Banking." *The Financial Review*, Vol.31, No.2(May).

Samolyk, Katherine A. 1994. "Banking condition and regional economic performance evidence of a regional credit channel." *Journal of Monetary Economics*, Vol 34(October).

제2부   노동시장

제3장

노동시장 양극화 추세와 정책과제

윤진호 (인하대학교 경제학부)

1. 서론

최근 우리 사회에서 사회 양극화 현상이 심각해지고 있다는 사실은 여러 가지 자료에서 확인되고 있다. IMF 경제위기 이후 수출부문/내수부문, 대기업/중소기업, 고소득층/저소득층 간의 격차가 확대되어 왔으며, 이는 다시 노동시장에도 영향을 미쳐 정규직/비정규직, 대기업 노동자/중소기업 노동자, 전문직/단순노무직 등 다양한 노동자층 간에 격차가 확대되고 있다.

이러한 경기 양극화, 산업 양극화, 소득 양극화, 노동시장 양극화 등의 현상은 결국 중소기업, 영세자영업, 비정규직 노동자, 농어민 등 우리 사회 낙후계층의 고통을 가중시키는 요인으로 작용하고 있다. 사회 양극화는 빈곤과 실업 및 고용불안정 등에 따른 직접적인 경제적 고통 외에도 이혼, 청소년 문제, 질병, 범죄, 자살 등 각종 사회문제를 심각하게 만드는 요인으로 작용할 뿐만 아니라 나아가 계층 간 대립과 갈등을 높임으로써 정치적 불안과 사회 해체를 가져올 위험마저 내포하고 있다는 점에서 우리 사회가 해결해야 할 심각한 과제라고 할 수 있다.[1]

---

[1] 사실 소득불평등과 구별되는 의미에서의 양극화에 대한 관심은 그 자체가 사회

　이처럼 사회 양극화 문제가 심각해짐에 따라 정부는 물론이고 사회 각계각층에서 그 해결책을 모색하는 움직임이 나타나고 있다. 노무현 대통령은 2006년 1월 신년연설 및 신년기자회견을 통해 앞으로 '양극화 문제 해소'를 국정운영의 중심과제로 삼겠다고 밝힌 바 있으며, 그 구체적 방안으로서 서비스 산업 육성과 공공부문 확대를 통한 일자리 창출, 사회 안전망 확충 및 이를 뒷받침하기 위한 재원 확보, 노사관계의 선진화와 대타협 등을 제시하였다. 정부 각 부처에서도 양극화 해소를 위한 각종 정책방안들이 쏟아져 나오고 있으며, 2006년 1월 말 사회 각계 인사가 참여한 가운데 출범한 '저출산·고령화 연석회의'에서도 일자리 창출이나 양극화 해소 등을 역점사업의 하나로 추진할 계획이다. 정부뿐만 아니라 기업 측에서도 양극화 문제의 심각성에 대해 종전보다 다소 인식이 바뀌고 있는 것으로 보인다.[2]

　그러나 이처럼 우리 사회에서 양극화 현상이 심각해지면서 양극화 문제를 해결하기 위한 각종 논의가 무성해지고 있는데도 불구하고 양극화의 개념, 문제의 심각성, 원인, 대응방향 등을 둘러싸고 많은 혼란과 대립이 나타나고 있는 것도 사실이다. 양극화 현상이 단순히 단기적이고 경기적인 현상이 아니라 우리 경제의 구조적이고 장기적인 문제에 뿌리를 둔 현상임을 생각할 때 이에 대한 올바른 해결책을 제시하기 위해서는 현상적·단기적 이해가 아니라 보다 구조적이고 장기적인 요인에 대한

　그룹 간의 긴장 및 사회적 항의행동과 관련된 것으로서, '양극화'라는 개념은 처음부터 정치적·사회적 의미를 지니고 있다고 보아야 할 것이다(Alesina and Rodrick, 1991)

2) 양준호, 「일본의 소득양극화 현황과 시사점」, ≪SERI 경제 포커스≫, 제74호(삼성경제연구소, 2006.9.1). 이 보고서는 "소득 양극화에 따른 사회적 불안정성의 팽배는 극단적 이념의 등장을 조장"하기 때문에 비정규직 노동자 문제의 해결과 중산층 복원을 위해 경제정책뿐만 아니라 제반 사회정책이 동시에 추진되어야 한다고 주장하고 있다.

이해가 선행되어야 할 것이다.

이 글은 우리 사회에서 나타나고 있는 사회 양극화 문제 가운데 특히 노동시장 양극화 문제의 현상과 원인을 살펴보고 그 올바른 해결방향을 제시하는 데 목적이 있다. 글의 순서는 제2절에서 양극화 개념에 대해 논하고, 제3절에서는 노동시장 양극화 추세를 살펴본 뒤, 제4절에서는 노동시장 양극화의 결정요인을 로짓(logit) 분석을 통해 분석하며, 제5절에서는 노동시장 양극화 해소정책에 대한 평가와 바람직한 정책방향을 제안하고, 마지막으로 제6절에서는 요약과 결론을 제시한다.

2. 양극화 개념의 이해

양극화(bi-polarization)는 사전적 의미로는 "중간 부분이 해체되면서 양극단으로 모이는 현상"이라고 풀이할 수 있다. 이는 원래 정치학, 사회학 등에서 많이 사용되어 온 개념으로서, 내부적 동질성을 가진 상호 이질적 집단(예컨대 흑인/백인) 간의 격리거리가 증대되어 양극단으로 몰리는 현상(투표행위, 사회적 행태 등) 및 그에 따른 정치·사회적 문제의 심각화를 말하는 것이었다.

에스테반(Esteban, 2005)은 원래 양극화 테제가 마르크스(Marx)에 의해 제기된 것이라 한다. 즉, 자본주의 사회가 프롤레타리아와 부르주아지 계급으로 나뉘면서 한편으로는 자본축적의 진행, 다른 한편으로는 빈곤화의 진행이 나타나 결국 자본주의 붕괴로 귀결된다는 것이다. 그러나 사회가 고도의 사회적 갈등을 잠재적으로 갖고 있는 두 개 이상의 집단으로 분열된다는 견해는 새로운 견해도 아니고 반드시 마르크스주의자(Marxist)에 한정된 견해도 아니다. 여러 사회학자(Simmel, 1955; Coser, 1956)나 정치학자(Gurr, 1970, 1980; Tilly, 1978) 등에 의해 양극화가 사회

갈등과 사회불안, 혁명 등으로 연결될 가능성에 대한 문제제기가 있었다.
그러나 경제학에서 소득분배의 불평등과 구별되는 의미에서의 양극화
문제가 본격적으로 제기된 것은 그다지 오래된 일은 아니다.

소득분배의 불평등은 지니계수나 로렌츠곡선 또는 10분위 분배율 등
의 지표를 가지고 쉽게 측정할 수 있는 데 비해 양극화는 개념이 불명확하
고 측정이 쉽지 않은 까닭에 경제학에서는 그다지 사용되지 않는 개념이
었다. 그러나 1980년대 중반 이후 미국 등에서 경제 전체의 높은 성장에
도 불구하고 소득분배가 악화되고 빈곤이 오히려 증대되는 현상이 나타
나면서 경제학에서도 양극화에 대한 관심이 커지기 시작했다.[3]

'양극화'는 주로 중산층 소멸현상과 빈곤의 증대에 대한 관심으로부터
출발한 개념으로서 종전의 일반적인 소득분배의 불평등 심화현상과는
상당히 다른 개념과 문제의식을 가지며 측정수단 및 과제도 다르다.[4]
즉, 소득분배의 불평등이 전체 인구의 소득분포를 대상으로 한 개념이라
면, 양극화는 인구의 특정 계층(예컨대 양극단)에서 나타나는 소득분포밀
도의 집중현상(local density)에 더 초점을 맞춘 것이다. 따라서 소득분배의
불평등화와 양극화가 반드시 같은 방향으로 움직이는 것은 아니다.

예컨대 다음 <그림 3-1>을 살펴보기로 하자(Wolfson, 1997). 이 그림
은 두 개의 가상적인 소득분포를 표시하고 있다. 첫 번째 소득분포(점선)
는 소득 0.25에서 1.75까지 0.25씩 증가하는 소득구간마다 인구밀도 분포
가 동일한 경우로서 이른바 동일 밀도(uniform density) 또는 직사각형
밀도(rectangular density)를 가지고 있다. 이제 소득구간 0.25~0.50 사이
의 인구 일부와 소득구간 0.75~1.00 사이의 인구 일부(동일한 수)가 소득
구간 0.50~0.75로 이동하고, 동시에 소득구간 1.00~1.25 사이의 인구

---

3) 대표적으로 Esteban and Ray(1991, 1994), Foster and Wolfson(1992), Wolfson(1997)
   등의 연구가 1990년대 들어 나타났다. 그러나 이미 그 이전에 중산층 몰락에
   대한 연구로서 Kuttner(1983), Thurow(1984) 등이 있다.
4) Zhang and Kanbur(2001), Duclos, Esteban, and Ray(2004), Wolfson(1997).

<그림 3-1> 양극화와 소득불평등 간의 관계

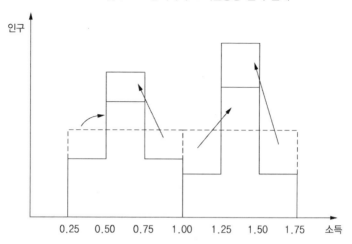

자료: Wolfson(1997).

일부와 소득구간 1.50~1.75 사이의 인구 일부(동일한 수)가 소득구간 1.25~1.50 사이로 이동했다고 하재즉, 평균값을 유지한 이동(mean-preserving transfer)이다]. 이제 새로운 소득분포함수(실선)는 분명히 종전에 비해 양극화되었으며, 중간층(0.75~1.25)의 인구 비율은 줄어들어 이른바 '중산층 붕괴현상'이 나타났음을 알 수 있다.

그러나 로렌츠곡선의 기준을 만족시키는 어떤 불평등 척도에 의해서든지 새로운 소득분포는 종전에 비해 분명히 더 '평등'한 것으로 나타날 것이다. 다시 말해서 새로운 로렌츠곡선은 종전보다 45도 대각선에 더 가까워질 것이다. 즉, 양극화와 소득분배의 평준화가 동시에 일어난 것이다.

이와 같은 소득불평등과 양극화 간의 관계를 에스테반과 레이(Esteban and Ray, 1994)는 이질화/동질화(alienation/identification) 간의 관계로 설명한다. 즉, 일반적으로 보면 소득의 양극화는 밀집된 극으로 모인 소득계층 내부에서의 동질화와 양극단 소득계층 간의 외부적 이질화를 동시에 포함하고 있으며, 따라서 소득분배의 평등화와 불평등화를 동시에 포함

하고 있다. 만약 내부적 동질화가 외부적 이질화보다 더 강력한 경우에는
양극화에도 불구하고 전체 소득분배는 더 평준화된 것으로 나타날 것이다.
이처럼 소득분배는 전체 소득계층의 분배문제인 데 비해 양극화는 중산층
몰락과 양극단으로의 이동문제이므로 동일한 개념으로 볼 수 없다.

　에스테반과 레이는 이러한 이질화/동질화 개념을 이용하여 양극화를
측정할 수 있는 지표(ER 지표)를 만들었다. 밀집된 집단 내부의 동질화
정도(이는 주로 집단 내의 밀집도로 표시된다)와 집단 간의 이질화 정도(소득
격차 등)를 이용한 것이다. 한편 울프슨(Wolfson, 1997)은 로렌츠곡선을
토대로 한 독자적인 양극화 지표를 만들었는데,[5] 나중에 에스테반 등
(Esteban, Gradin, and Ray, 1999)은 자신들의 모델을 확장하여 울프슨
지표가 ER 지표의 특수한 경우에 해당함을 보인 바 있다. 또 추이와
왕(Tusi and Wang, 2000)은 ER 지표를 사용할 경우 양극에 몰린 집단과
나머지 소득계층 간에 불연속선이 발생함으로써 현실의 소득분배 분포와
는 매우 다르게 나타나 현실성이 낮다는 점을 지적하고, 이를 개선하여
양극화가 점점 증가하는 경우와 평준화가 점점 증가하는 경우처럼 연속
성을 가진 양극화를 측정할 수 있는 새로운 지표를 내놓기도 했다.

　이후 여러 연구자들은 여러 나라의 실제 소득분포 자료를 이용하여
과연 소득불평등과 양극화 사이에 어떠한 관계가 있는지를 연구했는데,[6]

---

5) 울프슨의 양극화 지표는 다음과 같다. P=2(2T-Gini)/mtan. 이때 P는 양극화
　지표, T는 로렌츠곡선 그림에서 45도 대각선과 양 축 사이의 삼각형 면적, Gini는
　대각선과 로렌츠곡선 사이의 면적, mtan은 중앙값(median)에서의 로렌츠곡선과
　45도 대각선 사이의 수직거리를 말한다.
6) 양극화 지표를 이용하여 각국의 불평등과 양극화를 계측한 예로는 OECD 회원
　국 비교연구(Duclos et al., 2004; Duclos and Echevin, 2005; Esteban and Ray,
　1994; Esteban et al., 1999), 캐나다와 미국의 비교연구(Foster and Wolfson,
　1992), 스페인(Gradin, 2000), 캐나다(Kuhn, 1995), 중국(Zhang and Kanbur,
　2001), 이탈리아(D'Ambrasio, 2001), 한국(신동균, 2006) 등이 있다.

대체로 소득불평등과 양극화는 같은 방향을 취하는 경우가 많지만 그
정도 면에서는 상당한 차이가 있는 것으로 나타나고 있다.

　양극화 지표는 단지 소득뿐만 아니라 다양한 분야에 응용되고 있다.
즉, '고용의 양극화'(Goos and Manning, 2003; Dawkins, Gregg, and Scutella,
2002), '자산의 양극화'(D'Ambrosio and Wolff, 2001), '노동시장의 양극
화'(Kuhn, 1995; Autor, Katz, and Kearney, 2006), '지역 간 양극화'(Magrini,
1999), '세계경제의 양극화'(Seshanna and Decornez, 2003; Anderson, 2004a)
등에 관한 연구가 그것이다.

　양극화는 그 단어가 함축하는 바와 같이 '추세'를 문제 삼고 있다는
점에서 주로 '상태'를 문제 삼는 소득분배의 문제의식과 다르다. 다시
말해서 양극화는 중산층이 몰락하면서 전체 인구 집단이 양극단으로 멀
어져 가는 '추세' 자체(이른바 '부익부 빈익빈')를 문제로 파악하고 있으며,
따라서 현재 소득분배가 얼마나 불평등한 '상태'에 있는가는 1차적 관심
사가 아니다. 소득분배가 매우 평등한 나라에서도 양극화는 일어날 수
있으며, 반면 소득분배가 매우 불평등한 나라에서도 양극화는 일어나지
않을 수 있기 때문이다.

　또한 정책과제 면에서 양극화는 주로 소득의 양극단, 특히 최빈곤층의
소득을 향상시키는 데 관심을 가지고 있는데 이것이 반드시 소득분배의
평준화를 위한 정책과 일치한다는 보장은 없으며, 경우에 따라서는 양
정책은 양립 불가능하다는 주장도 나오고 있다(Rodriguez et al., 2004).

3. 노동시장의 양극화 추세

　노동시장의 양극화는 전반적인 사회적 양극화 현상 가운데 가장 뚜렷
하게 드러나고 있는 현상 중 하나이다. 즉, 대기업과 중소기업, 정규직과

비정규직, 조직노동자와 미조직노동자 등 사이에 나타나고 있는 임금, 고용 안정성, 근로조건, 사회안전망 등의 차이는 우리 사회에서 소득 양극화를 가져오는 중요한 요인 중 하나로 작용하고 있는 것이다. 이하에서는 자료 분석을 통해 이러한 노동시장 양극화 현상을 살펴보고자 한다.

1) 임금의 양극화 추이

양극화를 측정하는 지표 자체가 불명확하기 때문에 어떤 사회에서 양극화 현상이 얼마나 심각하게 일어나고 있는가에 대한 판단 자체도 객관적으로 명백하게 말하기 어렵다는 문제가 발생한다. 실제로 한국 사회에서도 그동안 양극화가 매우 심하다는 이야기는 많이 있었지만 이를 어떠한 지표로 측정할 것인가에 대한 논의는 별로 없었다. 최근에 발표된 신동균(2006)의 연구는 이러한 점에서 주목할 만하다. 그는 ER 지표를 사용하여 한국노동연구원이 작성한 '한국노동패널(KLIPS)' 데이터를 분석한 결과 1997년 이후 소득의 양극화가 진행되어 왔으며 이는 지니계수로 측정한 소득불평등 악화 속도보다 훨씬 더 강력하다고 보고했다. 반면 근로소득의 경우에는 양극화 경향을 발견할 수 없다고 한다. 즉, 한국의 양극화는 근로소득보다는 비근로소득의 양극화에 의해 주도되었다는 것이 그의 결론이다.

신동균의 연구는 ER 지표를 사용하는 까닭에 ER 지표가 지닌 약점을 공유하고 있다. 즉, ER 지표에서는 밀집된 집단 내부의 동질화 정도를 표시하는 민감도(α)의 크기에 따라 양극화 정도가 다르게 나타나는데 민감도는 객관적 기준이 없으므로 일정 범위 내의 임의의 숫자를 취하게 된다. 이는 연구자의 주관적 판단에 따라 양극화 정도가 상당히 달라질 수 있음을 뜻한다. 또 ER 지표를 사용한 연구에서는 극의 개수가 몇 개인지를 결정할 수 있는 방법이 없으며, 양극화된 부분과 그렇지 않은

<표 3-1> 도시근로자 가계의 소득원천별 소득분포

(단위: 천 원)

		1998년	2005년	증가율(%)	기여도(%)
평균					
	경상소득	1,994	3,092	55.1	100.0
	근로소득	1,816	2,802	54.3	89.8
	사업소득	78	114	46.2	3.3
	재산소득	43	44	2.3	0.1
	이전소득	58	133	129.3	6.8
1분위					
	경상소득	539	807	49.7	100.0
	근로소득	486	700	44.0	79.8
	사업소득	19	12	-36.8	-2.6
	재산소득	8	11	37.5	1.1
	이전소득	26	84	223.1	21.7
10분위					
	경상소득	4,433	6,956	56.9	100.0
	근로소득	3,861	6,091	57.8	88.5
	사업소득	213	391	83.6	7.1
	재산소득	170	152	-10.6	-0.7
	이전소득	189	322	70.4	5.3
배율(10분위/1분위)					
	경상소득	8.2	8.6	4.9	-
	근로소득	7.9	8.7	10.1	-
	사업소득	11.2	32.6	191.1	-
	재산소득	21.3	13.8	-35.2	-
	이전소득	7.3	3.8	-47.9	-

자료: 통계청, KOSIS(각 년도).

부분 간의 차이가 지나치게 과장되어 나타난다는 문제점도 갖고 있다.

이와 같은 연구의 한계에도 불구하고 신동균의 연구에서 특히 주목되는 점은 전체소득의 양극화 추세에 비해 근로소득의 양극화가 뚜렷하게 나타나지 않고 있다는 점이다. 즉, 재산소득, 사업소득 등 비근로소득이 소득 양극화를 주도하고 있음을 뜻하며, 다시 말해서 '노동시장의 양극화'라는 용어 자체가 일정한 문제를 가지고 있음을 시사하고 있다.

<표 3-1>에서 도시근로자 가구의 소득원천별 소득액 추이를 비교해 보기로 하자. 이 표에서 보는 바와 같이, 1998년부터 2005년 사이에 최하

위 10% 소득층과 최상위 10% 소득층 간의 경상소득 격차가 8.2배에서
8.6배로 벌어짐으로써 다소 약한 소득 양극화 현상을 관찰할 수 있다.
그러나 소득원천별로 보면 이 기간 중 근로소득의 격차는 7.9배에서 8.7
배로 약 10% 증가한 데 비해, 사업소득의 격차는 11.2배에서 32.6배로
무려 190% 이상 증가함으로써 소득 양극화를 주도했음을 알 수 있다.
실제로 소득증가에 대한 기여도 측면에서도 하위 10% 소득층의 경우
근로소득(79.8%) 다음으로 이전소득(21.7%)의 기여도가 높은 데 비해,
상위 10% 소득층의 경우 근로소득(88.5%) 다음으로 사업소득(7.1%)의
기여도가 높다는 것을 알 수 있다. 더욱이 이 통계가 도시근로자 가계만을
대상으로 한 것임을 감안할 때 사업소득 및 재산소득의 비중이 훨씬 높은
경영자, 자영업자 가구 등을 포함시키면 근로소득과 사업소득 간의 소득
배율 격차는 더욱 확대될 것이 확실하다.

그러나 이러한 한계에도 불구하고 '노동시장의 양극화'라는 개념이
전혀 유용하지 않은 것은 아니다. 표에서 보았듯이 근로소득의 경우에도
최상위층과 취하위층 사이에는 사업소득만큼은 아니라 하더라도 그 격차
가 확대되고 있기 때문이다.

이제 한국노동연구원이 작성한 '한국노동패널' 자료[7]를 이용하여 노
동시장 양극화 문제를 더욱 세밀하게 살펴보기로 하자. 다음 <표 3-2>
에서 보는 바와 같이 소득 10분위별 임금과 전체 평균임금의 괴리도를
구해보면 최하위 1~6분위까지의 임금은 1999~2004년의 기간 중 평균
으로부터의 하방괴리도가 커진 반면, 8~10분위까지의 임금은 같은 기간
중 평균으로부터의 상방괴리도가 커졌으며 7분위의 임금은 평균으로부터
의 괴리도에 큰 변화가 없었다. 즉, 전체적으로 볼 때 하위임금층과 상위임
금층 간에 임금격차가 확대되었음을 알 수 있다. 특히 임금괴리도가 큰

---

7) '한국노동패널' 자료는 1998년 이래 매년 한국노동연구원의 조사에 의해 구축
   된 패널자료로서 약 5,000가구를 추적 관찰하고 있다.

<표 3-2> 소득분위별 시간당 임금의 괴리도

(단위: %)

구분	1999년	2000년	2001년	2002년	2003년	2004년	99~01년 차이	01~04년 차이	99~04년 차이
1분위	-70.3	-67.7	-71.1	-68.7	-72.0	-71.9	-0.8	-0.8	-1.6
2분위	-54.5	-53.8	-57.6	-56.4	-59.5	-58.7	-3.1	-1.1	-4.2
3분위	-45.0	-45.0	-48.7	-47.7	-50.5	-49.9	-3.7	-1.2	-4.9
4분위	-36.5	-35.4	-39.8	-38.9	-40.5	-39.9	-3.3	-0.1	-3.4
5분위	-26.3	-23.7	-30.6	-28.1	-29.9	-28.3	-4.3	2.3	-2.0
6분위	-13.4	-12.3	-19.5	-15.4	-17.9	-14.5	-6.1	5.0	-1.1
7분위	2.0	2.4	-5.1	-0.2	-2.2	2.2	-7.1	7.3	0.2
8분위	22.2	23.1	15.2	19.6	17.8	24.2	-7.0	9.0	2.0
9분위	54.3	52.8	49.3	52.1	50.5	59.1	-5.0	9.8	4.8
10분위	168.9	158.4	208.8	184.2	205.0	178.3	39.9	-30.9	9.0

주: 시간당 임금의 괴리도=(i번째 소득분위 시간당 평균임금 - 전체 시간당 평균임금)/전체 시간당 평균임금.
자료: 한국노동연구원, KLIPS(각 년도).

<그림 3-2> 소득분위별 시간당 임금의 괴리도 변화(1999~2004)

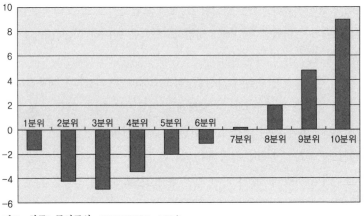

자료: 한국노동연구원, KLIPS(1999~2004).

계층은 2~4분위와 9~10분위로서, 최하위 소득층 바로 위층에서 임금의 상대적 하방이동의 폭이 컸으며 최상위 소득층에서도 상당한 상방이동이 일어났다. 시기별로 보면 1999~2001년의 기간에는 최상위 10%를 제외

<표 3-3> 소득계층별 직종분포(2004년)

(단위: %)

직업별	관리직	전문직	기술직	사무직	서비스직	판매직	농림어업숙련직	기능직	조립공	단순노무직
1분위	0.1	1.7	3.5	6.1	19.7	6.6	2.1	9.2	12.7	38.4
2분위	-	3.7	5.2	12.9	17.4	8.2	1.2	13.6	15.1	22.7
3분위	0.4	4.7	8.3	13.0	11.0	15.1	0.6	15.7	12.8	18.4
4분위	0.2	9.7	13.5	15.0	10.2	8.1	0.2	15.7	14.1	13.3
5분위	0.2	9.0	11.8	21.4	4.6	7.7	0.6	19.8	13.6	11.2
6분위	0.1	11.1	13.3	21.9	3.2	6.3	0.4	20.1	13.6	10.0
7분위	0.8	10.7	17.2	22.9	4.8	5.8	0.6	19.9	9.7	7.7
8분위	1.7	19.1	24.8	21.7	2.4	1.9	0.2	16.1	8.0	4.1
9분위	2.7	19.7	23.7	23.0	3.4	4.8	0.4	14.3	5.6	2.4
10분위	3.9	30.0	32.0	15.8	3.9	3.6	-	4.8	4.6	1.4

자료: 한국노동연구원, KLIPS(2004).

한 나머지 전체 소득계층에서 평균임금 대비 괴리도가 하방이동했던 반면, 2001~2004년의 기간에는 5~9분위의 상대적 지위는 상승한 반면 10분위 소득층의 상대임금이 많이 떨어짐으로써 상위 소득층 간에 소득격차가 축소되었음을 알 수 있다.

다만 <표 3-3>에서 보는 바와 같이 최상위 10%에 해당하는 층은 대부분 전문직, 기술직, 고급사무직 등으로 구성되어 있어 사실상 '근로자'로 보기에는 어려운 사람들이 다수 포함되어 있다. 따라서 앞에서 본대로 이러한 소득계층 간의 상대임금 괴리 양극화 현상을 '노동시장의 양극화'로 규정하는 데 있어서는 이러한 최고소득층의 성격에 대한 고려가 필요하다고 하겠다.

이상에서 살펴본 노동시장의 양극화 현상이 혹시 자료상의 문제로 나타난 결과일 수도 있다. 따라서 다음 <표 3-4>에서는 통계청이 발표하는 '도시근로자가계조사' 자료를 이용하여 소득 10분위별 근로소득의 평균소득으로부터의 괴리도를 계산해 보았다. 단, 이 자료는 시간당 임금이 아니라 월평균 근로소득이며 가구주의 근로소득에 한정된 자료라는

<표 3-4> 소득 10분위별 근로소득 괴리도 추이

(단위: %)

구분	1998년	1999년	2000년	2001년	2002년	2003년	2004년	2005년	1998~2005년 차이
1분위	-70.1	-68.6	-67.2	-65.8	-64.2	-70.5	-72.2	-71.3	-1.2
2분위	-45.9	-46.9	-45.1	-45.6	-45.1	-46.8	-47.8	-48.5	-2.6
3분위	-30.7	-31.7	-33.6	-33.7	-33.8	-32.3	-34.2	-35.0	-4.3
4분위	-20.0	-21.1	-21.6	-24.6	-23.2	-21.8	-25.4	-24.4	-4.4
5분위	-11.9	-14.4	-11.6	-14.7	-14.9	-13.5	-13.8	-13.8	-1.9
6분위	-2.3	-4.0	-4.7	-4.9	-6.0	-5.6	-4.1	-4.0	-1.7
7분위	11.0	9.0	7.5	8.8	7.2	8.9	8.9	9.9	-1.1
8분위	26.1	27.2	25.3	26.3	24.7	27.4	27.2	28.1	2.0
9분위	49.4	49.8	47.7	49.7	52.5	48.7	52.9	53.2	3.8
10분위	94.2	100.5	103.1	104.4	102.6	105.4	108.4	105.6	11.4

자료: 통계청, KOSIS(각 년도).

<그림 3-3> 소득 10분위별 근로소득 괴리도 추이(1998~2005)

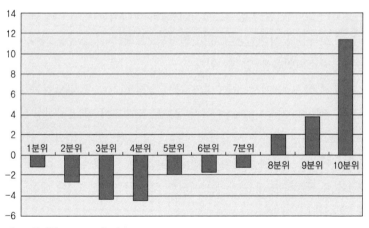

자료: 통계청, KOSIS(각 년도).

점에서 앞의 '한국노동패널' 자료와는 약간 성격이 다르다. 그러나 이
자료로부터 계산한 평균소득으로부터의 괴리도 추이 역시 놀랄 만큼 앞
의 <표 3-2>의 결과와 비슷하다. 역시 소득 1~7분위에서는 상대소득의

저하현상이, 8~10분위에서는 상대소득의 상승현상이 나타났으며, 하위 소득층 가운데는 3~4분위의 상대소득 저하가 가장 뚜렷했고, 상위 소득 층 가운데는 10분위 소득층의 상대소득 상승이 뚜렷하게 나타났는데 이 는 앞의 분석과 매우 흡사한 결과라 하겠다.

2) 고용의 양극화 추이

임금의 양극화와 더불어 최근 큰 주목을 모으고 있는 것 중 하나가 바로 고용의 양극화(job polarization) 문제이다. 급속한 기술진보와 글로벌 리제이션에 따른 경쟁격화 등의 영향으로 고숙련·고기술을 가진 노동자 에 대한 수요는 증가하는 반면, 일반적 숙련·중간 정도의 기술을 가진 노동자에 대한 수요는 감소함으로써 중간층 일자리의 소멸현상이 일어난 다는 것이다. 저숙련·저기술 직종의 경우 기술진보와 경쟁격화의 영향을 상대적으로 덜 받기 때문에 노동수요가 늘어남으로써 결국 저숙련 직종 과 고숙련 직종 일자리는 늘어나는 반면, 중간숙련 직종 일자리는 줄어드 는 고용의 양극화 현상이 발생한다고 한다(Goos and Manning, 2003).

1980년대 말 일부 학자들(Bulestone and Harrison, 1988)에 의해 미국에 서 저임금 직종 일자리가 늘어나는 반면, 중산층이 붕괴되고 있다는 주장 이 제기되자 다른 학자들(Kosters and Ross, 1988; Burtless, 1990)은 저숙련 노동자들의 문제는 일자리 증가가 아니라 오히려 일자리가 줄어드는 데 있다고 비판했다. 이후 미국에서는 일자리 양극화를 둘러싼 논쟁이 벌어 져 많은 연구자들이 이에 가세했다(Costrell, 1990; Howell and Wolff, 1991; Levy and Murnane, 1992; Juhn, Murphy, and Pierce, 1993; Murphy and Welch, 1993; Gittleman and Howell, 1995; Ilg, 1996; Farber, 1997; Acemoglu, 1999; Juhn, 1999; Ilg and Haugen, 2000; Wright and Dwyer, 2003). 이들의 연구결과는 다소 달랐지만 대체로 볼 때 지난 30년간 고임

금 직종의 일자리가 크게 늘어났으며, 저임금 직종의 일자리도 (다소) 늘어나 전체적으로 일자리 양극화가 이루어지고 있다는 데 의견이 모아 지고 있다(Goos and Manning, 2003).

이 과정에서 과연 '좋은 일자리'가 무엇이고 '나쁜 일자리'가 무엇인가 에 대한 개념 논쟁도 나타났는데 특히 클린턴 행정부 아래서 대통령 경제 자문위원장을 지냈던 스티글리츠(Stiglitz)는 인구센서스(Current Popula-tion Survey) 자료를 이용하여 직종과 산업 매트릭스를 구성하고 각 매트 릭스 단위의 평균소득을 기준으로 좋은 일자리와 나쁜 일자리를 구분했 다. 그는 이러한 방식에 의해 일자리의 성격을 분류해 본 결과, 1990년대 미국 경제의 호황과정에서 좋은 일자리의 수가 급속하게 늘어났다고 주 장했다(Council of Economic Advisors, 1996). 이후 이러한 직종/산업 분류 방식은 다른 연구에서도 많이 사용되고 있다.[8] 한국의 경우에도 동일한 방식으로 일자리 양극화를 살펴본 전병유(2005)의 연구가 있는데, 이에 의하면 직종/산업을 기준으로 일자리 10분위를 만들어 고용증감을 관찰 한 결과 상위분위와 하위분위의 일자리는 늘어난 반면 중위분위의 일자 리가 줄어들어 일자리 양극화가 뚜렷이 나타나고 있다고 한다.[9]

다음에서는 한국노동연구원의 노동패널 자료를 이용하여 일자리 양극 화 현상을 살펴보고자 한다. 일자리의 질을 나타내는 가장 중요한 대리변 수는 소득이라고 할 수 있다. 대체로 저숙련·저기술의 나쁜 일자리는 소득도 낮을 것이며 고숙련·고기술의 좋은 일자리는 소득도 높을 것으로 기대되기 때문이다. <표 3-5>는 1999년도 한국노동패널 표본에서 중위 임금(median wage)을 기준으로 하여 그 50% 미만, 50~100% 미만, 100~150% 미만, 150% 이상으로 일자리를 분류한 다음, 각 그룹에 속하

---

8) 스티글리츠 방식을 이용한 일자리 양극화 분석으로는 Goos and Manning(2003), Milkman and Dwyer(2002), Wright and Dywer(2003), Autor et al.(2006) 등이 있다.
9) 이 표는 대통령 신년연설에서도 그대로 인용되었다.

<표 3-5> 소득계층별 고용 비중 추이

(단위: %)

	1999년	2000년	2001년	2002년	2003년	2004년
저임금층	10.0	9.7	10.1	10.7	11.9	12.6
중하임금층	40.0	40.3	39.9	39.2	36.4	37.4
중상임금층	24.3	25.1	23.7	24.6	24.4	22.2
고임금층	25.7	24.9	26.3	25.5	27.3	27.8

주: 저임금층=중위임금의 50% 미만, 중하임금층=중위임금의 50% 이상 100% 미만,
　　중상임금층=중위임금의 100% 이상 150% 미만, 고임금층=중위임금의 150% 이상.
자료: 한국노동연구원, KLIPS(각 년도).

<그림 3-4> 소득계층별 고용비중 변화(1999~2004)

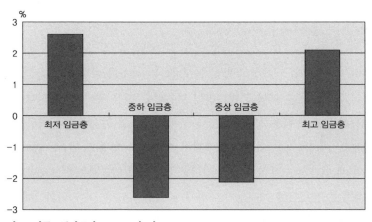

자료: 한국노동연구원, KLIPS(각 년도).

는 고용의 비중이 2004년까지 어떻게 변화했는지를 보여주고 있다. 이
표에서 보는 바와 같이, 저임금층의 일자리 비중은 1999년 10.0%에서
2004년에는 12.6%로 늘어났으며, 고임금층의 일자리 비중도 1999년
25.7%에서 2004년에는 27.8%로 늘어난 반면, 중간층의 일자리 비중은
줄어들었음을 알 수 있다. 즉, 이 자료를 통해 우리는 외환위기 이후
한국에서도 일자리 양극화가 이루어져 왔음을 확인할 수 있다. 즉, 중간
임금계층의 일자리가 하위와 상위 임금계층 일자리로 바뀌고 있다는 것

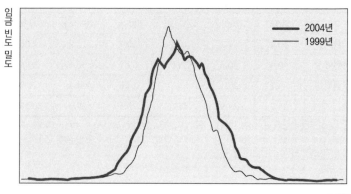

<그림 3-5> 소득분포의 양극화(1999~2004)

자료: 한국노동연구원, KLIPS(각 년도).

이다. 특히 고임금 직종이 많이 늘어났다는 미국의 연구결과와는 달리, 한국의 경우에는 저임금 일자리의 고용비중 증가 폭이 고임금 일자리 고용비중 증가 폭을 상회함으로써 전체적으로 일자리의 질이 저하되는 쪽으로 비대칭적인 고용의 양극화가 일어나고 있음을 알 수 있다.

이제 임금과 고용의 변화를 감안한 전체적인 임금계층별 고용밀도를 보여주는 분포도를 그려보기로 하자. <그림 3-5>는 1999년과 2004년 의 '한국노동패널' 자료를 이용, 로그로 환산하여 표준화한 임금계층별 밀도(income frequency density)를 나타낸 커넬 밀도 분포(kernel density distribution)도이다.10)

이 그림을 살펴보면, 1999년부터 2004년 사이에 노동시장에서 소득분 포의 양극화 현상이 뚜렷하게 나타나고 있음을 알 수 있다. 즉, 중간소득

10) 커넬 밀도 접근방법은 소득계층에 따른 빈도수의 밀도를 보여주는 그림이다. 소득분포의 밀도 분포를 더 잘 보여주기 위해 밀도가 높은 곳은 소득구간을 좁게, 밀도가 낮은 곳은 소득구간을 넓게 잡음으로써 봉우리가 뚜렷하게 나타나 는 것이 특징이다(Jenkins, 1995 참조).

층 부분의 봉우리가 무너지면서 중간 부분이 평평해지고 그 대신 양쪽 산등성 부분의 밀도가 증가하고 있다. 양 부분의 밀도 증가는 거의 비슷하게 나타나고 있다. 더욱이 왼쪽 부분에서는 제2의 봉우리가 나타나고 있어 또 하나의 극이 형성되고 있음을 알 수 있다. 최하위층과 취상위층 양극단 부분도 밀도 증가가 보이지만 커넬 밀도함수의 특성상 뚜렷하게 나타나지는 않고 있다.

이상에서 살펴본 대로 한국에서는 1997년의 외환위기 이후 최상위층과 최하위층의 비중이 증가하고 중산층 비중이 줄어드는 등 많은 선진국에서 볼 수 있는 '중산층 붕괴'와 '양극화 현상'이 나타나고 있는 것으로 볼 수 있다.

4. 노동시장 양극화의 결정요인

1980년대 중반 이후 미국에서는 고도성장에도 불구하고 노동시장의 양극화 현상이 심화되면서 그 원인을 설명하기 위해 많은 이론들이 쏟아져 나왔는데 이는 대체로 노동수요설, 노동공급설, 제도적 요인설 등 세 가지로 나눌 수 있다.[11]

먼저 노동수요설에서는 1980년대 이후 노동수요에 결정적 영향을 미친 글로벌리제이션과 급속한 기술진보 등 두 가지 요인이 노동시장의 양극화를 가져온 주된 요인이라고 주장하고 있다. 먼저 글로벌리제이션의 진전에 따른 무역과 투자의 국제화는 국제적인 자본 간의 경쟁을 격화시켰고, 그 결과 경쟁력 있는 부문, 산업, 기업과 그렇지 못한 부문, 산업,

---

11) 이 부분의 설명은 윤진호(2005)에 크게 의존했음. 노동시장 양극화의 다양한 원인들에 대한 종합적 분석으로는 Gottschalk and Smeeding(1997), Kuhn(1995) 등 참조.

기업 간에 우승열패의 법칙이 작용함으로써 국제간은 물론 일국 내에서
도 양극화 현상이 발생하게 된다(Wood, 1994, 1995; Autor et al., 1999).
글로벌리제이션 추세에 맞추어 경쟁에 승리한 산업과 기업에서는 이에
적합한 숙련 노동자, 지식 노동자의 수요가 증대하고 임금이 올라가는
반면, 그렇지 못한 내수산업, 중소기업, 사양산업 등에서는 미숙련 노동자
에 대한 수요가 감소하고 임금이 내려가게 된다. 그 결과, 노동시장 전체
에 양극화 현상이 발생한다는 것이다.

한편 IT 기술을 비롯한 지식집약산업을 중심으로 전개되고 있는 급속
한 기술진보 역시 노동수요에 큰 영향을 미치고 있다(Bound and Johnson,
1992; Autor et al., 1999; Berman, Bound, and Machin, 1998). 오늘날 진행
되고 있는 기술진보는 과거와는 상당히 다른 성격을 가진다. 즉, 과거의
대량생산방식하에서는 대량의 미숙련, 반숙련 노동자가 필요했지만 오늘
날의 IT 산업을 중심으로 한 기술진보하에서는 소규모의 숙련 노동자,
지식 노동자에 대한 수요는 증가되는 반면, 보다 많은 반숙련 노동자에
대한 수요는 감소한다. 그러나 IT 기술에 의한 고용대체효과가 거의 없는
미숙련 노동자에 대한 수요는 오히려 증가한다. 그 결과, 노동시장의 양극
화를 가져온다는 것이다.

노동력 수요변화를 야기한 요인 가운데 무역, 투자 등이 더 중요한
요인인가, 아니면 기술진보가 더 중요한 요인인가에 관해서는 수요설
내에서도 논쟁이 있지만 어쨌든 1980년대 후반 이후 거의 모든 선진국에
서 노동시장 양극화 현상이 나타난 것은 이처럼 전 세계적으로 동시에
나타나고 있는 글로벌리제이션과 기술진보라는 수요 측 요인 때문이라고
이들은 주장하고 있다.

노동시장 수요설로는 이 두 가지 요인 외에도 산업구조가 제조업 중심
에서 서비스 산업 중심으로 변화하는 데 따른 '탈산업화' 가설이 있다.
이에 따르면 제조업은 비교적 임금수준이 표준적인 반면 서비스 산업은

고임금 직종과 저임금 직종이 혼재되어 있기 때문에 탈산업화로 인한
고용구조의 변화는 중간 수준의 임금 소득자 비중을 줄이면서 대량의
저임금 직종을 낳는 결과를 가져온다는 것이다(Bluestone and Harrison,
1988; Levy and Murnane, 1992).

한편 노동공급설은 노동시장 양극화를 가져온 주된 요인으로서 노동수
요보다는 노동공급 측의 변화를 더욱 중시하고 있다(Levy and Murnane,
1992). 이들은 노동시장 양극화를 가져온 노동공급 측의 변화요인으로서
노동력의 교육수준 변화, 경제활동참가율의 증대, 이주노동자의 증대 등
세 가지 요인을 주로 들고 있다. 먼저 교육수준별 노동력 공급의 변화에
따른 상대임금의 변화가 노동력 양극화의 한 원인으로 지적되고 있다.
미국, 캐나다 등에서는 1970년대부터 대졸자 공급이 늘어남에 따라 대졸
자의 임금이 상대적으로 감소해 왔는데 이것이 1980년대 들어 대졸 진학
률을 떨어뜨리는 요인으로 작용했다. 그 결과 1980년대 중반 이후에는
대졸자 신규공급의 증가율이 둔화됨으로써 대졸자에 대한 임금 프리미엄
을 높이는 요인으로 작용했고, 이것이 고학력자(고임금)와 저학력자(저임
금) 간에 소득 양극화를 가져오게 되었다는 것이다. 이는 특히 미국에서
뚜렷이 관찰되는 현상이라고 한다(Freeman and Needels, 1993; Abraham
and Houseman, 1995). 그러나 다른 일부 선진국에서는 1980년대 이후에
도 대졸자 공급이 계속 증가하는 반면, 학력 간 임금격차는 확대되고 있어
이 설에 대한 의문이 제기되고 있다(Kuhn, 1995).

일반적으로 소득 양극화는 남성보다는 여성 노동력에서 더 뚜렷이 나
타나고 있다. 이를 근거로 하여 여성의 경제활동참가율 증대가 소득 양극
화를 가져온 주된 요인이라는 주장이 제기되고 있다(Kuhn and Robb,
1995; Blau and Kahn, 1994). 이에 따르면 1980년대 이후 노동시장에
여성 노동력이 대거 진입하면서 주로 저임금 직종에 종사하게 되었고,
이에 따라 저임금 직종에서의 노동자 간 경쟁으로 임금이 하락하면서

노동시장 전체에 양극화 현상을 야기했다는 것이다.

마지막으로 특히 미국 등에서는 대규모의 저숙련 외국인 노동력의 유입으로 인해 저임금 직종에서 경쟁이 증가하면서 노동시장 양극화가 가속되었다는 분석도 나오고 있다(Borjas, Freeman, and Katz, 1994; Topel, 1994). 그러나 이에 대해서는 비록 이주노동자의 유입이 저임금 직종의 임금에 나쁜 영향을 미친 것은 사실이지만 그 효과는 매우 미미한 크기에 불과하므로 이것이 노동시장 전체의 양극화를 가져온 요인은 아니라는 반론도 제기되고 있다(LaLonde and Topel, 1991; Friedberg and Hunt, 1995).

한편 제도적 요인설에서는 노동시장에서의 수요, 공급이라는 시장적 요인 외에도 다양한 제도적 요인들이 각국의 임금구조 및 그 변화에 영향을 미치고 있음을 주목하고 있다. 여기서는 정부의 경제·사회정책, 기업의 인사·노무정책, 노동조합의 조직률 및 단체교섭구조 등 다양한 요인들로부터 노동시장 양극화의 원인을 끌어내고 있다.

먼저 정부의 다양한 경제, 사회, 노동, 복지정책은 노동시장의 결과에 영향을 미친다. 정부정책 가운데 특히 많은 연구의 대상이 되었던 것은 최저임금제로서, 미국에서는 레이건-부시 대통령의 공화당 행정부하에서 무려 10여 년간이나 명목 최저임금 수준이 동결되었고 이것이 노동시장 양극화에 큰 영향을 미쳤다고 한다(Blackburn, Bloom, and Freeman, 1990; DiNardo, Fortin, and Lemieux, 1995). 그 밖에도 무역, 투자 등 외부적 충격에 대한 규제 정도, 대기업과 중소기업에 대한 정책, 복지정책, 노사관계정책, 실업정책 등 많은 정부정책들이 노동시장 결과에 영향을 미친다. 그런데 1980년대 이후 글로벌리제이션 과정에서 영국, 미국을 비롯한 많은 선진국 정부가 신자유주의 정책을 채택하여 조세감면, 복지 축소, 노동조합에 대한 규제 강화 등을 추진해 왔으며 이것이 노동시장 양극화를 가져오는 요인으로 작용했다는 것이다(Borland, 2000).

한편 기업 역시 경쟁의 격화와 급속한 기술진보 등 경영환경의 변화 속에서 인건비 절감, 고용조정, 비정규직 확대, 능력주의 인사·임금정책 채택 등을 추진해 왔는데 이러한 기업의 정책은 곧 고임금 계층과 저임금 계층으로 노동력을 양분화시키고 그 차이를 확대시키는 데 기여했다는 것이다(Gottschalk and Moffitt, 1994).

마지막으로 노동시장 양극화를 가져오는 데 있어 노동조합 및 단체교섭이 행한 역할 역시 많은 연구의 대상이 되어왔다. 이들 연구에 따르면, 1980년대 이후 많은 선진국에서 노동조합의 조직률이 하락함에 따라 노조의 세력이 쇠퇴되었고, 이것이 노동조합의 평등주의적 임금정책의 붕괴를 가져오는 요인으로 작용함으로써 노동시장 양극화를 가져오는 한 요인이 되었다고 한다(Freeman, 1991; DiNardo, Fortin, and Lemieux, 1995; Lemieux, 1993). 또 단체교섭의 형태에서도 역시 대부분의 선진국, 특히 유럽 국가들에서 종전의 중앙집중적 단체교섭체제가 이완되면서 분산적 단체교섭체제가 나타났고, 이것이 부문 간, 산업 간, 기업 간 임금격차가 커지는 원인이 되었다는 점도 지적되고 있다(Hibbs, 1990; Edin and Holmlund, 1995).

이상의 양극화를 가져오는 요인들 가운데 어떠한 요인이 얼마만큼 영향을 미쳤는가를 실증한다는 것은 사실 쉬운 일이 아니다. 이들 요인 가운데는 수량화하기 힘든 요인들도 있으며, 또 노동시장 양극화를 가져오는 요인들이 독립적으로 존재하는 것이 아니라 서로 밀접한 연관관계를 맺으면서 존재하고 있기 때문에 인과관계를 정확히 밝히는 것이 어려운 경우도 많다. 예컨대 노동조합의 조직률 하락은 글로벌리제이션과 기술혁신에 따른 산업구조 및 고용구조의 변화에 기인한 것이다. 따라서 각 요인은 전체 구조 속에서 일정한 연관관계를 맺으면서 존재하고 있는 것으로 이해되어야 할 것이다.

이러한 실증분석상의 한계에도 불구하고 가능한 자료를 이용하여 양극

<표 3-6> 소득 10분위별 표본 특성의 비교(2004)

	1분위	2분위	3분위	4분위	5분위	6분위	7분위	8분위	9분위	10분위
남성 비율(%)	38.1	29.3	39.5	51.8	63.5	69.8	73.8	73.8	76.1	79.8
평균 연령(세)	46.0	39.0	38.6	36.0	35.3	37.0	37.7	37.6	39.7	43.4
교육연수(년)	9.5	11.0	11.0	12.1	12.4	12.7	13.0	14.0	14.5	15.2
근속연수(년)	2.2	2.0	2.6	2.7	3.2	4.0	4.3	6.1	8.9	12.3
전문·기술직(%)	5.2	8.9	13.0	23.2	20.8	24.4	27.9	43.9	43.4	62.0
서비스직(%)	19.7	17.4	11.0	10.2	4.6	3.2	4.8	2.4	3.4	3.9
단순노무직(%)	38.4	22.7	18.4	13.3	11.2	10.0	7.7	4.1	2.4	1.4
근로시간(시간/주)	62.6	54.6	51.9	51.1	51.2	50.4	48.3	45.4	44.6	39.5
비정규직비중(%)	40.8	33.9	27.9	24.4	19.9	22.8	16.6	14.1	10.8	8.7
고용보험 가입(%)	23.5	43.5	41.4	51.9	59.6	63.1	67.5	67.0	67.2	70.5
직업훈련 경험(%)	4.4	3.7	5.3	7.5	7.9	10.4	16.6	15.4	23.7	24.8
노조 가입(%)	2.6	2.1	2.7	6.5	6.9	10.5	13.3	14.6	25.2	20.3

자료: 한국노동연구원, KLIPS(2004).

화를 가져오는 각 요인들의 영향력을 실증해 보는 것은 나름대로 의미가 있을 것이다. 먼저 <표 3-6>에서는 '한국노동패널'의 2004년도 자료를 사용하여 소득 10분위별로 다양한 노동력 특성 및 근로조건의 차이를 비교해 보았다.12)

이 표에서 보는 바와 같이 노동력의 성격과 일자리의 성격 및 근로조건 등은 소득 10분위별로 상당히 다르게 나타나고 있다. 먼저 성별 구성을 살펴보면 최하 10% 소득층에서는 여성 노동자의 비중이 60%를 넘는 반면, 최상위 10%에서는 20% 정도에 불과하다. 하위 소득층으로 갈수록 여성 노동자의 비중이 높아지고 있다. 연령별로는 최하위 소득층과 취상위 소득층에서 평균 연령이 40세가 넘는 반면, 중간 소득층에서 평균

---

12) 이하의 분석은 최하 소득층과 최상 소득층의 성격을 비교하고 있기 때문에 엄밀하게 말해서 '양극화'의 결정요인에 대한 분석이라고는 할 수 없다. 이는 자료상의 제약 때문인데 여기서는 본 연구의 한계로 지적해 두는 데 그치고자 한다.

연령이 가장 젊은 것으로 나타났다. 학력 면에서는 예상대로 하위 소득층으로 갈수록 평균 교육연수가 떨어지고 있는데 대체로 최하 1분위는 중졸, 4~6분위는 고졸, 8~9분위는 전문대졸, 10분위는 대졸 정도의 평균 학력을 나타내고 있다. 근속연수 면에서는 역시 하위 소득층으로 갈수록 근속연수가 떨어지고 있는데 앞의 연령 분포를 함께 고려해 볼때, 이들의 근속연수가 낮은 것은 고용불안정으로 한 기업에서 오래 근무하지 못하기 때문이다. 반면 10분위의 평균 근속연수는 12.3년으로서 장기근속자가 많음을 알 수 있다.

일자리 특성 가운데 직종별로는 상위 소득층에서 전문·기술직의 비중이 높은 반면, 하위 소득층에서는 서비스직이나 단순노무직의 비중이 높은 것으로 나타났다. 최상위 10% 소득층의 경우 전문·기술직의 비중이 60%를 넘는 반면, 최하위 소득층에서는 이 비율이 5%에 불과하다. 특히 전문·기술직 비중은 9분위에서는 절반 이하로 떨어지고 있어 최상위 10% 소득층의 성격이 다른 일반 근로자와는 확연히 구별되는 집단임을 알 수 있다. 반면 최하위 10% 소득층의 경우 단순노무직의 비중이 38.4%, 서비스직의 비중이 19.7%로 이 두 직종을 합하면 60%에 가깝다.

근로시간의 경우, 최하위 10% 소득층은 평균 주 62.6시간의 장시간 노동을 하고 있는 것으로 나타났다. 반면 최상위 10% 소득층의 평균 근로시간은 39.5시간에 불과하다. 즉, 최하위 10%는 최상위 10%에 비해 50% 이상 근로시간이 더 길다. 고용불안정성의 지표로 볼 수 있는 비정규직 비중의 경우 하위 소득층으로 내려갈수록 그 비중은 높아지고 있는데 최하위 10% 소득층에서는 비정규직의 비중이 40% 이상인 반면, 최상위 10% 소득층에서는 이 비중이 8.7%에 불과하다. 고용보험 가입률을 살펴보면 하위 소득층일수록 가입률이 낮은 것을 알 수 있다. 최하위 10% 소득층의 고용보험 가입률은 23.5%로서 최상위 10% 소득층의 가입률 70.5%에 비하면 1/3 수준에 불과하다.

직업훈련 유경험률을 살펴보면 전반적으로 그 비율이 낮은 가운데서도 하위 소득층과 상위 소득층 간의 차이가 뚜렷하게 나타나고 있다. 하위 소득층의 경우 직업훈련 유경험률이 5% 미만으로서 거의 직업훈련을 받지 못하고 있는 것으로 나타났다. 반면 최상위 10%의 직업훈련 유경험률은 24.8%로서 상대적으로 높은 수치를 보이고 있다. 하위 소득층은 열악한 임금과 근로조건하에서 일하고 있으면서도 노동조합의 보호를 받지 못하고 있다. 하위 1~3분위의 노조 가입률은 2%대로서 미미한 편이다. 반면 상위 9~10분위의 노조 가입률은 20% 이상이다.

이하에서는 '한국노동패널' 자료(2004년도 조사)를 이용하여 양극화를 가져오는 여러 결정요인들의 상대적 영향력을 실증해 보고자 했다. 즉, 어떤 특정 노동자가 하위 20% 소득계층에 속할 확률과 상위 20% 소득계층에 속할 확률이 어떠한 요인에 의해 결정되는지를 로짓 분석을 통해 살펴보았다. 독립변수로는 먼저 노동력 특성변수들로서 성별, 가구주 여부, 배우자 여부, 연령, 근속연수, 학력수준 등 개인의 특성을, 노동수요 특성변수들로서 산업, 직업, 사업체 규모, 공공기관 여부, 임시·일용직 여부 등의 사업체 및 일자리 특성을, 그리고 제도적 요인으로서 직업훈련 여부, 노동조합 가입 여부 등을 선택했다. <표 3-7>과 <표 3-8>은 그 결과를 보여주고 있다.

먼저 <표 3-7>에서 특정 노동자가 하위 20% 소득계층에 속할 확률을 결정하는 요인을 살펴보기로 하자. 노동력의 특성만을 독립변수로 넣은 모델 I의 경우 모든 변수가 통계적으로 유의한 영향력을 가진 것으로 나타났다. 남성, 가구주, 유배우자, 고학력일수록 하위 20% 소득계층에 속할 확률이 낮았으며, 연령과 근속연수가 높을수록 하위 20% 소득계층에 속할 확률은 낮았지만 비선형 형태를 취하는 것으로 나타났다.

모델 II에서는 산업, 직종, 사업체 규모, 공공기관 여부, 임시·일용직 여부 등 노동력의 수요를 결정하는 변수들을 독립변수로 넣었다. 그 결과,

<표 3-7> 하위 20% 소득계층의 결정요인

(종속변수: 하위 20% 소득계층 확률)

구분	모델 I		모델 II		모델 III	
	추정계수	p-값	추정계수	p-값	추정계수	p-값
남성	-0.8701	0.0000	-0.9808	0.0000	-0.9502	0.0000
가구주	-0.8763	0.0000	-0.7078	0.0000	-0.7081	0.0000
무배우자	0.2485	0.0390	0.3153	0.0140	0.3128	0.0150
연령	-0.1040	0.0000	-0.1410	0.0000	-0.1425	0.0000
연령제곱	0.0018	0.0000	0.0021	0.0000	0.0021	0.0000
근속연수	-0.2082	0.0000	-0.1720	0.0000	-0.1554	0.0000
근속연수제곱	0.0031	0.0020	0.0029	0.0070	0.0025	0.0190
학력수준	-0.1855	0.0000	-0.0973	0.0000	-0.0939	0.0000
농림어업, 광업			-0.6005	0.4010	-0.7580	0.2930
건설업			-2.0291	0.0000	-2.0590	0.0000
도소매숙박업			-0.0575	0.7420	-0.0555	0.7520
운수통신업			0.1828	0.4170	0.4254	0.0690
금융보험업			-1.1474	0.0030	-1.0398	0.0070
부동산임대서비스업			0.1758	0.3520	0.1802	0.3410
기타 공공서비스업			-0.5830	0.0090	-0.5892	0.0090
기타 민간서비스업			-0.4478	0.0390	-0.4616	0.0340
관리전문직			-1.9751	0.0000	-1.9589	0.0000
기술직			-1.8240	0.0000	-1.8280	0.0000
사무직			-1.4048	0.0000	-1.4165	0.0000
서비스직			0.0199	0.9170	0.0106	0.9550
판매직			-1.1123	0.0000	-1.1031	0.0000
농림어업 숙련직			-0.4157	0.5890	-0.2508	0.7480
기능직			-0.6154	0.0010	-0.6226	0.0010
조립공			-0.2138	0.2680	-0.1409	0.4700
10~100인 미만			0.0858	0.5900	0.0975	0.5430
100~300인 미만			-0.3656	0.2650	-0.1762	0.5950
300~500인 미만			-1.0796	0.1530	-0.7582	0.3250
500~1000인 미만			-0.8899	0.1890	-0.7445	0.2910
1000인 이상			-2.2545	0.0040	-1.6280	0.0360
공공기관			-0.2562	0.2100	-0.1256	0.5450
임시·일용직			0.3669	0.0030	0.3504	0.0040
직업훈련 여부					-0.1370	0.4840
노조 유무					-0.9236	0.0000
상수항	3.1367	0.0000	3.8557	0.0000	3.8575	0.0000
로그우도함수값		-1497.75		-1328.18		-1316.76
사례 수		3985		3957		3957

주: 산업더미는 제조업이 기준변수이며, 직업더미는 단순노무직, 사업체 규모는 10인 미만이 기준변수임.

<표 3-8> 상위 20% 소득계층의 결정요인

(종속변수: 상위 20% 소득계층 확률)

	모델 I		모델 II		모델 III	
	추정계수	p-값	추정계수	p-값	추정계수	p-값
남성	0.2411	0.1090	0.5601	0.0010	0.5681	0.0010
가구주	0.2979	0.0500	0.3358	0.0330	0.3381	0.0340
무배우자	-0.4055	0.0050	-0.4084	0.0060	-0.3327	0.0270
연령	0.1251	0.0040	0.1481	0.0010	0.1616	0.0000
연령제곱	-0.0012	0.0190	-0.0014	0.0070	-0.0015	0.0040
근속연수	0.1724	0.0000	0.1793	0.0000	0.1488	0.0000
근속연수제곱	-0.0016	0.0600	-0.0021	0.0160	-0.0012	0.1580
학력수준	0.4627	0.0000	0.3544	0.0000	0.3420	0.0000
농림어업, 광업			-0.9771	0.4330	-0.6728	0.5890
전기가스수도업			0.9193	0.0650	0.9367	0.0630
건설업			-0.0278	0.9010	0.1387	0.5440
도소매숙박업			-0.1063	0.6210	-0.0042	0.9850
운수통신업			0.0619	0.7980	-0.0817	0.7400
금융보험업			1.6418	0.0000	1.6195	0.0000
부동산임대서비스업			0.0567	0.7840	0.2243	0.2920
기타 공공서비스업			0.1748	0.3820	0.3630	0.0760
기타 민간서비스업			-0.2505	0.3760	-0.0106	0.9700
관리전문직			1.7090	0.0000	1.7250	0.0000
기술직			1.4734	0.0000	1.4911	0.0000
사무직			0.7507	0.0090	0.8006	0.0060
서비스직			0.3909	0.2890	0.4968	0.1770
판매직			1.0112	0.0040	1.0931	0.0020
농림어업 숙련직			0.4760	0.6430	0.4178	0.6780
기능직			0.5562	0.0550	0.5820	0.0470
조립공			0.1599	0.6120	0.0695	0.8280
10~100인 미만			-0.0941	0.6050	-0.0699	0.7030
100~300인 미만			0.1338	0.6220	-0.0743	0.7880
300~500인 미만			0.2170	0.5750	-0.0124	0.9740
500~1000인 미만			1.1990	0.0020	0.8669	0.0350
1000인 이상			1.2332	0.0000	0.8392	0.0050
공공기관			0.0933	0.5510	-0.0918	0.5670
임시·일용직			-0.623106	0.0000	-0.6713	0.0000
직업훈련 여부					0.3621	0.0050
노조 유무					0.8091	0.0000
상수항	-11.8354	0.0000	-12.3556	0.0000	-12.7962	0.0000
로그우도함수값		-1497.75		-1328.18		-1316.76
사례 수		3985		3957		3957

자료: 한국노동연구원, KLIPS(2004).

노동력 특성변수는 여전히 유의한 것으로 나타났다. 노동력 수요변수
가운데서는 산업에서 건설업, 공공 및 민간 서비스업 등이 제조업에 비해
저소득층에 속할 확률이 낮았으며, 직종 면에서는 관리전문직, 기술직,
사무직, 판매직, 기능직 등 대부분의 직종에서 단순노무직에 비해 저소득
층에 속할 확률이 낮았다. 또 사업체 규모 면에서는 종업원 1,000인 이상
의 대규모 사업체만 10인 미만 사업체에 비해 저소득층 소속확률이 낮았
으며 임시·일용직은 정규직에 비해 저소득층에 속할 확률이 높았다.

모델 Ⅲ에서는 앞의 변수에다 직업훈련 경험 여부와 노조 가입 여부
등 제도변수들을 더하여 보았다. 그 결과, 노동조합 가입자일수록 저소득
층 소속확률이 낮은 것으로 나타났다.

한편 <표 3-8>에서는 상위 20% 소득계층에 속할 확률을 종속변수로
하여 동일한 로짓 분석을 실시했다. 그 결과, 노동력 특성만을 반영한
모델 Ⅰ에서는 대부분의 변수가 통계적으로 유의한 영향력을 가진 것으로
나타났다. 즉, 남성, 가구주, 유배우자, 고연령, 장기근속자, 고학력자일수
록 상위 20% 소득계층에 속할 확률이 높았다. 다만 연령과 근속연수는
비선형인 것으로 나타났다.

노동력 수요특성 변수를 고려한 모델 Ⅱ에서는 산업 면에서 금융보험
업이 제조업에 비해 고소득층에 속할 확률이 높았으며, 직종 면에서는
관리전문직, 기술직, 사무직, 판매직 등이 단순노무직에 비해 고소득층에
속할 확률이 높았다. 사업체 규모 면에서는 500~1,000인 미만과 1,000
인 이상 규모의 사업체에서 고소득층에 속할 확률이 높았으며, 임시·일용
직은 정규직에 비해 고소득층에 속할 확률이 낮았다.

제도적 변수들을 고려한 모델 Ⅲ에서는 직업훈련 유경험자와 노조원이
면 고소득층에 속할 확률이 높았다.

이상의 분석에서 본대로 노동력 특성 변수의 대부분과 일부 노동력
수요변수, 그리고 제도변수(특히 노조원 여부)가 노동시장 양극화의 결정
요인인 것으로 나타났다.

5. 노동시장 양극화 해소정책의 평가와 정책과제

사회 양극화 문제가 심각해짐에 따라 정부도 그 해결을 위해 적극적으로 나서고 있다. 노무현 대통령이 2006년 1월 신년연설 및 신년기자회견을 통해 앞으로 '양극화 문제 해소'를 국정운영의 중심과제로 삼겠다고 밝힌 후, 양극화 해소를 위한 재원 마련을 위한 중장기 조세개혁방안(재경부), 저소득층에 대한 자산형성 지원사업 및 근로소득지원세제 시행 추진(재경부), 교육 양극화 해소를 위한 방안(교육인적자원부), 일자리 창출 지원사업의 대폭 확대(노동부, 기획예산처) 등 정부 각 부처의 대책이 쏟아져 나오고 있다.

그동안 양극화 문제가 심각해져 왔는데도 불구하고 정부가 이에 대해 소극적으로 대처해 온 것이 사실이다. 실제로 주류경제학자들이나 경제관료들 사이에서는 "양극화는 세계화 시대의 대세"라는 대세론, "양극화는 일시적 현상에 불과하며 경기회복과 더불어 자동적으로 완화될 것"이라는 일시적 현상론, "양극화 해소정책은 자원의 효율적 배분을 저해하며 경제성장을 해칠 것"이라는 적극적 반대론 등이 유력한 견해로 자리 잡고 있는데, 이것이 양극화 해소정책에 대한 정부의 소극적 자세의 배경이 되어왔다(윤진호, 2005).

그러나 양극화 해소정책에 대한 이러한 소극적 견해들은 양극화가 가져올 수 있는 잠재적 위험을 지나치게 경시하고 있는 것으로 생각된다. 최근의 여러 연구들은 양극화가 가져올 수 있는 위험에 대해 경고하고 있다. 예컨대 우(Woo, 2003, 2005)는 양극화가 심한 사회에서는 재정 불안정과 이에 따른 산출량 감소, 경제성장의 붕괴가 나타날 위험이 있음을 증명하고 있으며, 키퍼와 낵(Keeper and Knack, 2002)은 사회 양극화가 심한 사회에서는 재산권 및 계약권의 안정이 저해됨으로써 결국 경제성장을 저해한다는 것을 국제비교연구를 통해 실증하고 있다. 그 밖에도 양극화가 심한 사회에서는 소득분배를 둘러싼 분단이나 갈등으로 인해 성장을 저해한다는 연구가 다수 나오고 있다(Rodrik, 1999; Eastery and Levine, 1997; Alesina and Rodrick, 1994). 비단 양극화에 따른 경제적 악영향뿐만 아니라 범죄, 사회불안 등 사회적 문제의 발생(Kuhn, 1995)과 궁극적으로 계층 간 갈등, 이에 따른 사회통합의 저해 및 정치적 불안 등으로 연결될 것이라는 경고(Woo, 2005; Kuhn, 1995)는 귀담아들어야 할 것이다.

이렇게 볼 때 정부가 양극화 문제를 사회적 의제로 등장시키고 그 해소를 위한 정책방안을 내놓겠다고 약속한 것은 늦기는 했지만 다행스러운 일이라 하겠다. 그러나 아직 종합적이고 구체적인 양극화 해소정책이 나오지 않고 있는 것은 물론이고 지금까지 정부가 밝힌 정책 가운데도 여러 가지 문제점이 있다는 것은 지적되어야 할 것이다.

먼저 사회 양극화와 노동시장 양극화를 가져오는 근본원인인 글로벌리제이션, 기술진보, 경제 및 산업구조의 2중화 등에 대한 인식과 대안이 미흡하다는 점이 지적되어야 할 것이다. 앞의 실증분석에서도 드러났듯이, 노동시장 양극화를 가져오는 근본원인은 세계화나 기술혁신 등 외부적 요인과 더불어 경제 및 산업의 2중 구조화 등 노동시장의 수요 측면에서 발생하는 양극화 촉진요인들이다. 따라서 노동시장 양극화 문제는 노동정책이나 복지정책만으로는 해결이 불가능하다. 보다 근본적인 원인에 대한 진단과 대책이 필요하며 양극화 해소를 위해서는 경제·산업정책과 노동·복지정책 간의 유기적 결합이 불가결하다고 할 수 있다. 그러나 정부는 경제정책 면에서는 여전히 효율, 개방, 경쟁, 시장기능 등을 핵심으로 하는 영미형 정책을 충실히 답습하고 있다. 실제로 미국과의 자유무역협정(FTA) 추진, 외국인 투자 촉진, 재벌의 투자 촉진 등 대외개방과 시장기능의 활성화를 통한 경쟁력 제고정책의 대부분은 사회 양극화와 노동시장 양극화를 오히려 촉진하는 효과를 갖는다. 따라서 FTA 추진이나 외국인 투자 촉진 등에 따라 피해가 예상되는 국내산업의 보호대책, 중소기업 보호 및 하도급 고리를 통한 재벌의 중소기업 약탈 방지정책, 재벌의 소유구조 및 지배구조 개선정책 등 양극화를 해소할 수 있는 경제·산업정책이 사회정책과 유기적 관계를 가지면서 추진되어야 비로소 양극화 대책의 효과가 발생할 수 있을 것이다. 어떤 사람들은 이러한 정책들이 글로벌 시대의 대세를 거스르는 것이며 경제성장을 저해할 우려가 있다고 반대하기도 한다. 그러나 글로벌화에 따른 국내산업에 대한 부정적 영향을 완화시키기 위해 임시적 보호조치를 취하는 것은 너무도 당연한 일이다. 무역, 투자의 자유화는 세계화 시대에 추진될 수밖에 없는 것이라 하더라도 그 속도를 조절하고 국내 경제·산업정책을 통해 적절한 국내산업의 구조조정을 꾀하는 것은 모든 나라가 취하고 있는 정책이기도 하다. 오늘날 모든 나라는 거의 동일한 글로벌 경쟁과 기술변화의 압력하에 놓여있다. 그러나 각국의 양극화 추세는 동일하지 않다. 즉, 보다 강력한 산업정책과 무역정책을 추구하는 나라, 보다 강력한 노조와 전국적 임금 연대협약을 가진 나라, 보다 너그러운 사회복지제도를 가진 나라일수록 양극화의 부정적 영향은 약하다(Bluestone, 1995). 이와 관련하여 정부는 과거에 '동반성장 모델'을 추진하겠다고 밝힌 바 있지만 지금까지 근본적인 경제성장 모델의 변화는 전혀 보이지 않고 있다. 양극화 해소를 위해서는 경제정책에 대한 모델의 근본적 전환이 필요하다.

둘째, 노동시장정책면에서 정부의 양극화 해소정책은 '일자리 창출' 정책에 초점이 모아지고 있다. 양극화 해소를 위한 재원조달 방안 및 증세 문제를 둘러싸고 극단적으로 대립하고 있는 여야 정당도 '일자리 창출'이 최선의 양극화 대책이라는 점에 대해선 똑같은 목소리를 내고 있다. 그러나 양극화 해소에 대해 '일자리 창출'로 접근하는 방식은 사실 파악이나 정책 내용 면에서 커다란 문제점이 있다는 사실을 앞에서의 실증분석이 시사하고 있다. <표 3-5>와 <그림 3-4>에서 살펴보았듯

이, 사실 고용의 양적 측면만 본다면 노동시장의 최하위 계층의 성적이
중간계층에 비해 나쁘지 않다. 문제는 일자리의 '양'이 아니라 일자리의
'질'에 있다. 노동시장 최하위층이 종사하는 일자리는 대부분 저임금,
저숙련, 비정규의 불안정한 일자리들이다. 반면 노동시장 중간계층이 종
사해 왔던 '괜찮은 일자리(decent jobs)'는 고용증가가 제대로 이루어지지
않고 있는 것이다. 그럼에도 불구하고 정부는 '일자리 창출'을 명분으로
하여 정부 지원하에 저임금의 단기고용을 특징으로 하는 일자리를 대규
모로 창출한다는 계획인데, 이는 노동시장 양극화를 해소하기는커녕 오
히려 양극화를 더 촉진할 가능성이 크다. 따라서 단순한 일자리의 양
뿐만 아니라 일자리의 질도 고려한 '괜찮은 일자리'의 창출로 노동시장정
책의 기본방향이 바뀌어야 할 것이다. 이와 관련하여 노동시장 양극화를
가져오는 핵심 요인 중 하나인 비정규직 문제의 해결에 대한 정부의 의지
가 극히 미약하다는 점도 지적되어야 할 것이다. 정부는 지금까지 불완전
한 내용의 비정규직 입법안만 제출했을 뿐 비정규직 노동자의 처지를
실제로 개선해 줄 수 있는 종합적 정책은 발표하지 않고 있다. 비정규직
문제가 단순한 법률만으로 해결될 수 있는 것은 아니며 경제, 산업, 기업,
노동, 복지정책이 종합적으로 추진될 때 비로소 효과를 볼 수 있다는
점을 감안할 때 시급하게 '비정규직 종합대책'이 수립·시행되어야 할
것이다.

셋째, 노동시장 양극화를 가져오는 가장 중요한 요인은 임금 및 근로조
건의 양극화임에도 불구하고 이에 대한 대책이 전혀 나오지 않고 있는
것도 문제이다. 노동시장 양극화를 가져오는 강력한 외부적 힘에 대항하
여 노동시장에 대한 직접적 규제를 통해 그 부정적 영향을 완화시킬 필요
가 있다. 예컨대 최저임금의 인상, 생활임금제(living wage)나 공정임금제
(fair wage), 연대임금제 등 임금 측면에서 양극화를 줄이는 정책들은 물론
이고, 근로시간, 산업재해 및 직업병, 퇴직금 및 기업복지 등의 격차를

줄이기 위한 연대복지제도의 추진이 필요하다.

넷째, 정부가 추진하고 있는 노동시장 양극화 해소정책의 또 하나의 중요 요소는 교육 및 직업훈련 측면에서의 양극화 해소이다. 정부는 실업고에 대한 지원 강화 등 교육 측면에서의 양극화 해소와 고용지원 서비스의 선진화, 직업능력개발체제 구축 등을 통한 직업훈련 측면에서의 양극화 완화를 통해 노동시장 취약계층의 '취업가능성(employability)'을 높인다는 계획이다. 이는 주로 보수적 경제학자들이 강조하고 있는 인적자본론에 토대를 둔 정책이라 할 수 있다. 즉, 인적자본투자의 증대 → 생산성 증대 → 소득증가라는 메커니즘을 통해 저소득층의 소득을 높임으로써 노동시장의 양극화를 해소한다는 것이다. 그러나 블루스톤(Bluestone, 1995)이 지적한 바와 같이, 직업훈련을 통해 양극화를 해소하려는 정책은 그 성공 가능성이 매우 낮은 것으로 보인다. 현재 나타나고 있는 세계화와 기술변화의 속도가 매우 빠르고 내용이 복잡하다는 점을 감안할 때, 이들 요인이 양극화에 미치는 효과를 직업훈련을 통해 따라잡는 데는 한계가 있기 때문이다. 더욱이 한국의 직업훈련이 거의 고용보험제도에 토대를 두고 있는 반면, 앞의 실증분석에서 본 대로 저임금층의 대부분이 고용보험 미가입자라는 사실을 감안할 때 문제는 한층 더 어려워진다. 교육을 통한 양극화 해소정책 역시 문제를 가지고 있다. 일반적인 상식과는 달리 교육의 평준화가 반드시 소득의 평준화를 가져오는 것은 아니다. 실제로 지난 수십 년간 교육은 더 평준화되어 왔으며 저임금층의 교육수준도 크게 높아져 왔다. 그러나 이러한 전반적인 교육수준 상승에 따라 학력 인플레이션이 일어나면서 종전에 저학력자가 담당하던 직무를 더 상위의 학력자가 담당하게 되었다. 이와 동시에 고학력자 내부에서 다시 분화와 (일류대/이류대 식의) 스크리닝이 일어남으로써 교육의 평준화 효과를 상쇄해 왔던 것이다. 따라서 사교육비의 양극화에 기초한 동일 학력집단 내의 분화와 스크리닝 효과를 제거하지 못하는 한 '실업고 지원 확대' 식의

정책만으로 인적자본투자 증대에 따른 양극화 해소를 노리는 데는 한계
가 있다 할 것이다.

다섯째, 노동시장의 양극화 해소와 밀접한 관련이 있는 노조 조직률
상승, 산별 노조/산별 교섭체제, 단체교섭 효력의 일반적 확장방안 등
노사관계에 대한 정책이 없는 점도 문제점으로 지적할 수 있다. 미국,
일본, 한국 등 양극화가 심한 나라에 비해 독일, 스웨덴 등 유럽 국가들이
양극화 문제를 거의 겪지 않고 있는 이유 중 주요한 한 요인이 바로
이들 국가에서 노조 조직률이 높고 산별 노조/산별 교섭체제를 취하고
있으며 단체교섭 효력의 일반적 확장이 이루어지고 있어 노동자 계층
내부에서 양극화 현상이 크게 나타나지 않고 있기 때문이다(Bluestone,
1995). 이렇게 볼 때 참여정부 초기에 제시했던 사회통합적 노사관계와
중층적 교섭체제(기업별 교섭체제로부터 산별/지역별 교섭체제로의 전환)가
슬그머니 노동정책 목표에서 사라진 점은 매우 아쉬운 일이며 지금부터
라도 다시 추진되어야 할 것으로 생각한다.

마지막으로 앞에서 보았듯이 경제정책 면에서는 양극화를 촉진시키는
정책기조가 그대로 지속되고 있고, 노동정책 역시 기본적으로 '노동시장
의 유연화' 정책기조를 버리지 않고 있어 양극화 해소에는 한계가 있는
상황에서 사회 양극화 해소를 위한 책임의 대부분은 사회복지정책이 지고
있다. 이는 분명 사회복지정책에 과중한 짐을 지우는 것이라 하겠다.[13]
그뿐만 아니라 앞의 실증분석에서도 보았듯이, 하위 소득층의 상당수가
사회보험 미가입자들이며, 특히 최하위 10%를 제외한 2~3분위 소득층에
대해서는 거의 아무런 정책적 수단도 제공되지 못함으로써 사회복지정책
의 사각지대로 남아있는 실정을 생각할 때 현행 사회복지정책의 양극화

---

13) 한국의 사회복지지출에 대한 부담 자체는 선진국에 비해 여전히 매우 낮다.
여기서 지적하려는 것은 양극화 해소를 위한 정책방안이 사회복지정책에만 집
중됨으로써 사회복지정책이 과도한 책임을 지고 있다는 점이다.

해소효과는 크게 제한될 수밖에 없다. 따라서 조속히 사회보험 가입률을 높이고, 특히 이른바 차상위층에 해당하는 준빈곤층에 대한 대책이 수립·시행됨으로써 사각지대를 없애는 것이 사회복지정책의 과제라 할 것이다.

6. 맺음말

이 글에서는 날로 심화되고 있는 사회 양극화의 중요 요소로서 노동시장 양극화 추세와 결정요인 및 정책방향을 살펴보았다. 한국노동연구원의 '한국노동패널' 자료 분석을 통해 다음과 같은 사실을 확인할 수 있었다.

첫째, 1999~2004년에 노동시장에서 최하임금계층과 최고임금계층 사이의 임금격차가 확대되었음을 확인할 수 있었다. 특히 상대임금의 저하 폭이 컸던 것은 최저임금층보다는 2~3분위의 차상위 임금계층이었으며 상대임금의 상승 폭이 컸던 것은 최고임금층이었다. 이러한 임금 양극화 현상은 '도시근로자가계조사'를 통한 분석에서도 거의 비슷하게 나타났다.

둘째, 1999~2004년에 최저임금층과 최고임금층의 고용비중은 증가한 반면, 중간임금계층의 고용비중은 감소함으로써 고용의 양극화 현상이 나타난 사실도 확인할 수 있었다. 특히 고임금 일자리 증가 폭보다는 저임금 일자리 증가 폭이 더 커서 전체적으로 일자리의 질이 저하되는 쪽으로 비대칭적인 고용의 양극화가 일어나고 있음을 확인할 수 있었다.

셋째, 커넬 밀도 분포도를 통해 임금계층별 고용밀도의 변화를 관찰한 결과, 1999년에서 2004년 사이에 중간임금계층의 밀도가 줄어들면서 하위 임금층과 상위 임금층의 밀도가 증가하는 방향으로 변화가 일어났음을 알 수 있었다. 이는 선진국에서 볼 수 있는 '중산층 붕괴'와 '양극화' 현상이 한국에서도 나타났음을 말해준다.

다섯째, 소득 10분위별로 표본의 특성을 비교해 본 결과, 소득 10분위별로 다양한 노동력 특성 및 근로조건의 차이를 확인할 수 있었다. 대체로 최하소득층은 여성, 고연령, 저학력, 저근속연수 등의 노동력 특성을 가지는 반면 최고소득층은 그 정반대의 특성을 가지는 것으로 나타났다. 또 일자리 특성 면에서도 최하소득층에서는 서비스직이나 단순노무직의 비중이 높고 비정규직의 비중도 높았으며, 직업훈련이나 노조조직률 등 제도적 보호도 거의 받지 못하고 있는 것으로 나타났다.

여섯째, 양극화를 결정하는 요인을 확인하기 위해 로짓 분석을 실시한 결과, 다양한 노동력 특성변수와 일부 노동 수요변수, 제도적 변수 등이 모두 양극화에 유의한 영향을 미친 것으로 나타났다.

이상의 분석으로부터 몇 가지 정책적 시사점을 얻을 수 있었다. 즉, 정부가 제안한 사회 양극화 해소정책은 기본적으로는 올바른 방향이지만 몇 가지 점에서 한계를 가지고 있다. 무엇보다도 양극화를 가져오는 근본원인인 경제 및 산업 측면에서 신자유주의적 정책이 지속되고 있어 사회정책과의 모순을 낳고 있다. 노동시장정책 면에서는 일자리의 양적 증가에만 치중함으로써 '괜찮은 일자리'로 대표되는 일자리의 질에 대한 고려가 미흡하며, 특히 비정규직 노동자에 대한 종합정책이 시급히 요구된다. 또 임금 및 근로조건의 양극화를 직접적으로 해소할 수 있는 구체적 방안들— 최저임금인상, 생활임금제, 연대임금제 등 — 에 대한 정책도 미흡하다. 교육 및 직업훈련 측면에서의 양극화 해소정책은 글로벌화와 기술혁신, 그리고 사교육비의 양극화 등을 따라잡기에는 한계가 있는 것으로 평가된다. 한편 노동시장의 양극화 해소와 밀접한 관련이 있는 노사관계 개선책 — 즉, 노조 조직률 향상, 산별 교섭체제, 단체교섭 효력의 확장 등 — 에 대한 대안이 제시되지 않고 있는 것도 문제이다. 마지막으로 사회복지정책의 경우 사회보험 가입률을 높이고 차상위층에 대한 대책을 확대함으로써 사회복지정책의 사각지대를 줄이는 것이 과제라 하겠다.

참고문헌

신동균. 2006. 「소득분포와 양극화: 개념과 실태」. ≪월간 노동리뷰≫, 제13호.
　　한국노동연구원.
양준호. 2006. "일본의 소득양극화 현황과 시사점". ≪SERI 경제 포커스≫,
　　제74호(2006.9.1). 삼성경제연구소.
윤진호. 2005. 「소득 양극화의 원인과 정책대응 방향」. 서울사회경제연구소 엮
　　음. 『한국경제: 세계화, 구조조정, 양극화를 넘어』. 한울.
전병유. 2005. 『노동시장의 양극화와 정책과제: 고용양극화를 중심으로』. 한국
　　노동연구원.

Abraham, K. G. and S. N. Houseman. 1995. "Earnings Inequality in Germany."
　　in R. Freeman and L. Katz(eds.). *Differences and Changes in Wage
　　Structures*. University of Chicago Press.
Acemoglu, D. 1999. "Changes in Unemployment and Wage Inequality: An
　　Alternative Theory and Some Evidence." *American Economic Review*, 89.
Alesina, A. and D. Rodrick. 1991. "Distributive Politics and Economic Growth."
　　National Bureau of Economic Research Working Paper, No.3668(March).
　　_____. 1994. "Distributive Politics and Economic Growth." *Quarterly Journal
　　of Economics*, 109.
Anderson, G. 2004a. "Making Inferences about the Polarization, Welfare and
　　Poverty of Nations: A Study of 101 Countries 1970-1995." *Journal
　　of Applied Econometrics*, 19.
　　_____. 2004b. "Toward an Empirical Analysis of Polarization." *Journal of
　　Econometrics*, 122.
Autor, D. H., L. F. Katz, and M. S. Kearney. 2006. "The Polarization of the
　　U.S. Labor Market." *NBER Working Paper*, January.
Autor, D. H., L. F. Katz, and A. Krueger. 1999. "Computing Inequality: Have
　　Computers Changed the Labor Market?" *Quarterly Journal of Economics*,

113.

Berman, E., J. Bound, and S. Machin. 1998. "Implications of Skill-based Technological Change: International Evidence." *Quarterly Journal of Economics*, 113.

Blackburn, M. D., D. Bloom, and R. Freeman. 1990. "The Declining Economic Position of Less-Skilled American Males." in G. Burtless(ed.). *A Future of Lousy Jobs?: The Changing Structure of U.S. Wages.* The Brookings Institution.

Blau, F. and L. Kahn. 1994. "International Differences in Male Wage Inequality: Institutions versus Market Forces." *NBER Working Paper*, No.4678.

Bluestone, B. 1995. *The Polarization of American Society: Victims, Suspects, and Mysteries to Unravel.* Twentieth Century Fund Press.

Bluestone, B. and B. Harrison. 1988. "The Growth of Low-Wage Employment: 1963-86." *American Economic Review*, 78.

Borjas, G., R. Freeman, and L. Katz. 1994. "On the Labour Market Effects of Immigration and Trade." in G. Borjas and R. Freeman(eds.). *Immigration and the Work Force: Economic Consequences for the United States and Source Areas.* University of Chicago Press.

Borland, J. 2000. "Economic Explanations of Earnings Distribution Trends in the International Literature and Application to New Zealand." New Zealand Treasury Working Paper.

Bound, J. and G. Johnson. 1992. "Changes in the Structure of Wages in the 1980s': An Evaluation of Alternative Explanations." *American Economic Review*, Vol.82, No.3.

Burtless, G(ed.). 1990. *A Future of Lousy Jobs? The Changing Structure of US Wages.* Brookings Institution Press.

Coser, L. A. 1956. *The Functions of Social Conflict.* The Free Press.

Costrell, R. M. 1990. "Methodology in the 'Job Quality' Debate." *Industrial Relations*, 29.

Council of Economic Advisors. 1996. "Job Creation and Employment Opportunities: The United States Labor Market, 1993-1996." Office of the Chief Economist.

D'Ambrosio, C. 2001. "Household Characteristics and the Distribution of Income in Italy: An Application of Social Distance Measures." *Review of Income and Wealth*, 47-1(March).

D'Ambrosio, C. and E. Wolff. 2001. "Is Wealth Becoming More Polarized in the United States?" The Levy Economics Institute. *Economics Working Paper Archive*, No.330.

Dawkins, P, P. Gregg, and R. Scutella. 2002. "Employment Polarisation in Australia." *Melbourne Institute Working Paper*, No.9/02(June).

DiNardo, J., N. Fortin, and T. Lemieux. 1995. "Labor Market Institutions and the Distribution of Wages, 1973-92: A Semiparametric Approach." *NBER Working Paper*, No.5093.

Duclos, J. -Y., J. Esteban, and D. Ray. 2004. "Polarization: Concepts, Measurement, Estimation." *Econometrica*, 72-6(November).

Dusclos, J.-Y. and D. Echevin. 2005. "Bi-Polarization Comparisons." *Economics Letters*, 87.

Eastery, W. and R. Levine. 1997. "Africa's Growth Tragedy: Policies and Ethnic Divisions." *Quarterly Journal of Economics*, 112.

Edin, P. A. and B. Holmlund. 1995. "The Swedish Wage Structure: The Rise and Fall of Solidarity Wage Policy." in R. Freeman and L. Katz(eds.). *Differences and Changes in Wage Structures*. University of Chicago Press.

Esteban, J. 2005. "Income Distribution." Internet Document, Retrieved 2005, from http://www.iae-csic.uab.es/esteban/lectures05.htm.

Esteban, J., C. Gradin, and D. Ray. 1999. "Extensions of a Measure of Polarization with and Application to the Income Distribution of Five OECD Countries." Maxwell School of Citizenship and Public Affairs. Syracuse University. *Working Paper*, No.218(November).

Esteban, J. -M. and D. Ray. 1994. "On the Measurement of Polarisation." *Econometrica*, 62-4.

Farber, H. S. 1997. "Job Creation in the United States: Good Jobs or Bad?" Princeton Industrial Relations Section Working Paper, No.385(July).

Foster, J. E. and M. C. Wolfson. 1992. "Polarization and the Decline of the Middle Class: Canada and the US." mimeo. Vanderbilt University. Department of Economics.

Freeman, R. 1991. "How Much Has De-Unionization Contributed to the Rise in Male Earnings Inequality?" *NBER Working Paper*, No.3826.

Freeman, R. and K. Needels. 1993. "Skill Differentials in Canada in an Era of Rising Labor Market Inequality." in R. Freeman and D. Card(eds.). *Small Differences that Matter: Labor Markets and Income Maintenance in Canada and the United States.* University of Chicago Press.

Friedberg, R. and J. Hunt. 1995. "The Impact of Immigrants on Host Country Wages, Employment and Growth." *Journal of Economic Perspectives*, 9.

Gittleman, M. B. and D. R. Howell. 1995. "Changes in the Structure and Quality of Jobs in the United States: Effects by Race and Gender, 1973-1990." *Industrial and Labor Relations Review*, 48.

Goos, M. and A. Manning. 2003. "Lousy and Lovely Jobs: the Rising of Polarization of Work in Britain." Centre for Economic Performance Discussion Papers. London School of Economics.

Gottschalk, P. and R. Moffitt. 1994. "The Growth of Earnings Instability in the U.S. Labor Market." *Brookings Papers on Economic Activity*, 1994-2.

Gottschalk, P. and T. Smeeding. 1997. "Cross-National Comparisons of Earnings and Income Inequality." *Journal of Economic Literature*, June.

Gradin, C. 2000. "Polarization by Sub-populations in Spain, 1973-91." *Review of Income and Wealth*, 46.

Gurr, T. R. 1970. *Why Men Rebel.* Princeton University Press.

_____(ed.). 1980. *Handbook of Political Conflict: Theory and Research.* The Free

Press.

Hibbs, D. 1990. "Wage Dispersion and Trade Union Action in Sweden." in I. Persson(ed.). *Generating Equality in the Welfare State: The Swedish Experience.* Oxford University Press.

Howell, D. R. and E. N. Wolff. 1991. "Trends in the Growth and Distribution of Skills in the U.S. Workplace, 1960-1985." *Industrial and Labor Relations Review*, 44.

Ilg, R. E. 1996. "The Nature of Employment Growth, 1989-1995." *Monthly Labor Review*, 119.

Ilg, R. E. and S. E. Haugen. 2000. "Earnings and Employment Trends in the 1990s." *Monthly Labor Review*, March.

Jenkins, S. P. 1995. "Did the Middle Class Shrink during the 1980s? UK Evidence from Kernel Density Estimates." *Economics Letters*, 49.

Juhn, C. 1999. "Wage Inequality and Demand for Skill: Evidence from Five Decades." *Industrial and Labor Relations Review*, 52.

Juhn, C., K. M. Murphy, and B. Pierce. 1993. "Wage Inequality and the Rise in Returns to Skill." *Journal of Political Economy*, 101.

Keefer, P. and S. Knack. 2002. "Social Polarization, Political Institutions, and Country Creditworthiness." The World Bank Policy Research Working Paper Series.

Kosters, M. H. and M. N. Ross. 1988. "A Shrinking Middle Class?" *Public Interest,* 90.

Kuhn, P. 1995. "Labour Market Polarization: Canada in International Perspective." McMaster University, Department of Economics. December.

Kuhn, P. and A. L. Robb. 1995. "Unemployment, Skill, and Labour Supply: Evidence from Canadian Microdata: 1971-1991." *Working Paper*, No.95-11. McMaster University, Department of Economics.

Kuttner, B. 1983. "The Declining Middle." *Atlantic Monthly*, 252.

Lalonde, R. J. and R. Topel. 1991. "Labor Market Adjustments to Increased

Immigration." in J. Abowd and R. Freeman(eds.). *Immigration, Trade, and the Labor Market.* University of Chicago Press.

Lemieux, T. 1993. "Unions and Wage Inequality in Canada and the United States." in R. Freeman and D. Card(eds.). *Small Differences that Matter: Labor Markets and Income Maintenance in Canada and the United States.* University of Chicago Press.

Levy, F. and R. J. Murnane. 1992. "U.S. Earnings Levels and Earnings Inequality: A Review of Recent Trends and Proposed Explanations." *Journal of Economic Literature,* September.

Magrini, S. 1999. "The Evolution of Income Disparities Among the Regions of the European Union." *Regional Science and Urban Economics,* 59.

Milkman, R. and R. E. Dwyer. 2002. "Growing Apart: The 'New Economy' and Job Polarization in California, 1992-2000." in University of California Institute for Labor and Employment, The State of California Labor.

Murphy, K. M. and F. Welch. 1993. "Occupational Change and the Demand for Skill, 1940-1990." *American Economic Review,* 83.

Rodriguez, J. P., J. G. Rodriguez, and R. Salas. 2004. "Interactions Inequality-Polarization: An Impossibility Result." Fundacion Centro de Estudios Andaluces Working Paper Serie Economia E2004/64.

Rodrik, D. 1996. "Understanding Economic Policy Reform." *Journal of Economic Literature,* 34.

Seshanna, S. and S. Decornez. 2003. "Income Polarization and Inequality Across Countries: An Empirical Study." *Journal of Policy Modelling,* 25.

Simmel, G. 1955. *Conflict.* The Free Press.

Thurow, L. 1984. "The Disappearance of the Middle Class." *New York Times,* February 5.

Tilly, C. 1978. *From Mobilization to Revolution.* Random House.

Topel, R. 1994. "Time Series Evidence on the Sources of Trends in Wage

Inequality." *American Economic Review*, 84.

Tsui, K. Y. and Y. Q. Wang. 2000. "Polarization Orderings and the New Classes of Polarization Indices." *Journal of Public Economic Theory*, 2-3(July).

Wolfson, M. C. 1997. "Divergent Inequalities: Theory and Empirical Results." *Review of Income and Wealth*, 43-4(December).

_____. 1994. "When Inequalities Diverse." *American Economic Review*, 84-2.

Woo, J. 2003. "Social Polarization, Industrialization, and Fiscal Instability: Theory and Evidence." *Journal of Development Economics*, 72.

_____. 2005. "Social Polarization, Fiscal Instability and Growth." *European Economic Review*, 49.

Wood, A. 1994. *North-South Trade, Employment and Inequality: Changing Fortunes in a Skill-Driven World*. Clarendon Press.

_____. 1995. "How Trade Hurt Unskilled Workers." *Journal of Economic Perspectives*, 9.

Wright, E. O. and R. Dwyer. 2003. "The Patterns of Job Expansions in the United States: A Comparison of the 1960s and 1990s." *Socio-Economic Review*, 2003.1.

Zhang, X. and R. Kanbur. 2001. "What Difference Do Polarisation Measures Make? An Application to China." *Journal of Development Studies*, 37-3(February).

제4장

자영업 부문의 소득기회와 선택성*

류재우 (국민대학교 경제학부)

1. 서론

우리나라 취업자의 종사상 지위별 구성상의 한 특징은 자영부문 취업자의 비중이 대단히 크다는 점이다. 비농부문 취업자 중에서 4명 중 1명 꼴로 자영업에 종사하고 있으며, 여기에 무급가족종사자까지 합하면 비농부문에서 일자리를 가진 사람들의 1/3 정도가 자영업에 생계를 의지하고 있는 것이 된다. 이는 비농부문의 자영업주 취업비중이 7.5%(1994년)에 불과한 미국이나 11.2%(1996년)인 일본과 비교할 때 매우 높다. 자영근로자의 비율은 1인당 GDP와 분명한 역관계를 갖고 있는데, 우리나라의 자영업 비중은 현재의 발전단계에서 기대되는 수준보다 매우 높은 수준인 것이다(류재우·최호영, 1999).

시간상으로 취업자 중에서 자영업주가 차지하는 비중은 뚜렷한 감소추세에 있었으나 1990년을 기점으로 하여 증가추세로 역전이 되었다. 다른 나라에 비해 이미 상당히 높은 자영업주 비율을 가지고 있던 우리나라에서 다시 그 비율이 증가하게 된 현상은 노동시장 연구자에게 비상한 관심

---

* 이 글은 ≪경제학연구≫ 52권 2호(한국경제학회)에 실린 같은 제목의 논문을 부분 수정한 것임.

의 대상이 되지 않을 수 없다.

한편, 외환위기가 발생하기 직전인 1997년 10월을 기준으로 하여 1년 사이에 비농 취업자 수는 129만 명이 감소한 반면, 자영업 부문 남자의 경우 고용주를 제외한 순수 자영업자는 11.6만 명이나 증가했다. 이는 자영업 부문이 불황기에 실업의 완충 기능을 하고 있음을 보여준다. 자영업에서 새 취업 기회를 찾은 이들의 다수는 임금부문에서 밀려난 사람들로서 자영부문에서 기회가 없었더라면 어떤 형태로든 사회안전망의 보호를 필요로 했을 사람들일 것이라는 점에 비추어, 그러한 사실은 자영부문이 실직과 관련한 사회적인 부담을 줄이는 데 일정 부분 긍정적인 기능을 하고 있음도 보여주는 것이라 하겠다. 이처럼 자영업 부문은 경제적·사회 정책적인 관점에서 볼 때 매우 중요한 위치를 차지하고 있다.

국외에서는 자영업 부문에 대한 연구가 오래전부터 활발하게 진행되어 왔다. 어떤 특성을 가진 사람이 자영업주가 되는가에 관해서는 두 가지 견해 또는 이론이 존재한다. 그 하나는 능력에 있어 우위에 있는 자들이 자영업을 선택한다는 것으로서, 루카스(Lucas, 1978)가 이론적 원형을 제시한 이래 블로(Blau, 1987)가 경험적으로 그 같은 이론을 뒷받침했다. 에반스와 조바노빅(Evans and Jovanovic, 1989), 블랜치플라워와 오스왈드(Blanchflower and Oswald, 1998) 등은 비슷한 전통에 서서 자영업 선택에 있어 높은 기업가적인 능력이 필요조건임을 인정하지만 그 외에 초기자본 투하를 감당할 수 있는가의 여부, 즉 유동성의 확보 여부가 실제적으로 중요한 기능을 한다고 강조하고 있다. 반면 보하스와 브로나스(Borjas and Bronars, 1989), 무어(Moore, 1983), 에반스와 레이튼(Evans and Leighton, 1989) 등은 자영업은 임금노동자들에 비해 능력이 떨어지는 자들이 불가피하게 선택할 수밖에 없는 부문으로 본다. 이들 모형은 노동자들의 능력이 위계적으로 분포되어 있다고 하는 가정에 입각하고 있는데, 이와 달리 류재우(Ryoo, 1994)는 노동자들이 비교우위에 입각하여 자영부문을 선택하는 경우를 상정하고 있다.

우리나라에서 자영업 부문은 근래까지 학문적인 관심의 대상이 되지 못했다. 최근에야 이 부문에 대한 연구가 시작되었는데, 그중 류재우·최호영(1999)은 미국·일본 등과의 자영업주 비율의 차이가 산업별 취업자 및 자영업주 분포상의 차이에 기인하는 것은 아니라는 점을 보였다. 그리고 1990년과 1997년 사이에 증가한 자영업주 비율은 그 절반 정도가 산업별 취업자의 구성 변화에 기인하며 나머지 절반 정도는 노동자들이 자영업을 선택하는 성향 자체의 증가에 기인한다는 점도 보였다. 류재우·최호영(2000)은 자영업 부문을 중심으로 한 노동력의 유동을 분석하여 실업·비경활과 자영업 간의 노동력 유동이 한계적인 노동자들에게 집중되어 있다는 점과 근래의 자영업 비중의 변화가 자영업 지속기간의 증가와도 관련이 있음을 보였다.

자영업 종사자의 선택성(selectivity)에 대해서도 연구가 진행되었는데, 김우영(2000)은 임금근로와 자영업 간의 선택성의 존재를 확인했으며, 금재호·조준모(2000)는 능력에 있어서 최상위와 최하위에 분포하는 자들이 자영업을 선택한다는 가설이 지지되고 있음을 보였다. 한편 안주엽·성지미(2003)는 자영업 지속기간에 대한 연구를 통해 도소매·음식·숙박업에 종사하는 자영업주의 진입과 퇴출이 상대적으로 빈번하다는 점과 직업훈련이 지속성에 긍정적인 효과를 갖고 있다는 점을 확인했다.

그러나 이 같은 연구들에도 불구하고 우리나라의 자영업 부문에 대한 우리의 지식은 아직 제한적이다. 예컨대, 근래의 자영업 비중의 증가는 이 부문의 소득기회 등으로 측정되는 점의 매력이 증대되어 왔기 때문인가, 그렇다면 자영근로자들의 상대적인 경제적 지위는 상승했는가, 그것은 자영근로자의 상대적인 질의 변화와 어떻게 연관되어 있는가, 근래에 자영업으로 진입한 자들의 평균적인 '질'은 향상되고 있는가, 자영업 부문 내의 이질성은 증대되어 왔는가 등의 질문에 대해 우리는 아직 확정적인 답을 할 만한 연구결과를 갖고 있지 않다.

본 연구는 이 같은 질문들에 대한 직·간접적인 답을 마련하는 데 목적이 있다. 그중에서도 궁극적인 관심은 근래에 자영업 비중이 증가하는 원인은 무엇인가에 있다. 그리하여 본 연구는 "자영부문 취업 비중 증가의 원인은 이 부문에서의 (상대적인) 소득기회의 증가에 있으며, 이와 함께 자영부문을 선택한 자들의 능력(또는 숙련)의 평균수준도 높아졌다"는 가설을 세우고 이를 검정하고자 한다. 이를 위해 소득수준과 분포의 변화, 임금결정요인의 변화, 신규 진입자의 특성에 대한 분석을 수행한다.

본 연구에서 다루는 주제, 즉 어떤 사람들이 자영업을 선택하며 근래에 이 부문을 선택하는 자의 비중이 왜 증가하는가 하는 것은 류재우·최호영 (1999, 2000)에서도 중요한 관심사 중 하나였다. 그러나 이들 연구에서는 자영업과 관련한 고용특성 및 그것의 시간상의 변화에만 관심이 있었으며, 그 같은 비율 변화가 임금부문에서의 기회축소에 의한 것인가 아니면 자영부문에서의 기회확대에 의한 것인가에 대해서는 답을 제공하지 못했다. 한편 자영업 부문의 선택성에 대해서는 이미 김우영(2000)과 금재호·조준모(2000)가 분석을 수행한 바 있다. 여기서는 선택성에 있어서 시간상의 변화를 보다 중요한 분석과제로 삼고자 한다.

본 연구는 다음과 같이 구성되어 있다. 다음 절에서는 본 연구에서 사용되는 자료에 대해 설명하며, 3절에서는 자영업 부문 종사자의 인적 특성 및 고용상의 특성에 대해 서술적인 분석을 한다. 4절에서는 자영부문의 소득수준 및 그 변화에 대해 분석하며, 5절에서는 자영부문 종사자의 숙련과 관련된 선택성의 규모 및 근래의 변화에 대한 분석을 한다. 마지막 절에서는 요약과 결론을 제시한다.

2. 자료 및 용어

본 연구에서 사용된 자료는 KLIPS의 1～4차년도(1998～2001년)이다. 먼저 KLIPS의 각 년도 횡단면 자료는 주어진 시점에서 종사상 지위가 서로 다른 노동자 간의 특성과 소득을 비교함으로써 자영업 부문이 제공하고 있는 소득기회 및 그 변화를 분석하는 데 사용된다. 그 다음, 패널화된 자료는 각 개인의 이전 직업경력과 현재 상태 간의 연관성 및 그 변화를 분석하는 데 사용된다.

본 연구는 경제발전에 따라 필연적으로 나타나는 농업-비농업 간의 취업구성 및 남녀 간의 취업구성에 있어서의 변화효과를 제거한 후에도 존재하는 자영업 부문의 상대적 지위 변화에 관심을 가지며, 따라서 분석대상을 비농가-남자 집단에 한정하고자 한다. 또한 노동시장 정착도(attachment)가 낮지만 일시적으로 임금노동 또는 자영노동에 종사하는 사람들을 배제하기 위해 주당 노동시간(정상근로＋초과근로)이 35시간 미만인 노동자를 표본에서 제외했다. 65세 초과자들도 역시 제외했다. 다시 말해, 본 연구의 분석대상은 비농업 부문에 종사하며 16～65세이고 전일제(full-time)로 일하는 남자 임금노동자 또는 자영업주 집단이다.

자영업주는 유급종업원이 1명 이상인 경우에는 고용주로, 0인 경우에는 자영업자로 분류된다. 사실 양자의 구분은 유급종업원의 수가 수명에 불과할 때에는 별다른 의미가 없을 수 있다. 예컨대 자영업자가 계절적인 이유로 유급종업원을 일시적으로 고용하는 경우 노동력 상태는 고용주로 바뀌지만 사업의 성격은 기본적으로 변함이 없을 것이다. 그러나 예컨대 소규모 잡화상을 운영하는 자영업자와 간호원 등의 유급근로자를 고용하고 있는 개업의 같은 전문직 종사자는 노동력의 질(숙련)과 경영하는 사업의 특성 면에서 매우 이질적인 집단이다. 본 연구에서는 이 두 집단을 구분해서 살펴보는데, 혼란을 피하기 위해 '자영업자'는 '자영자'(또는

'순수 자영업자')로 부르기로 한다. 자영부문에는 그 밖에도 '무급가족종사자'가 있는데, 이들은 자영업과 임금노동 간의 경계영역에 있는 자들로 간주될 수 있다. 본 연구는 이들을 분석대상에서 제외했다.[1]

자영업주의 소득은 '주된 일자리'가 자영업인 사람의 자영소득으로 파악했다. 자영업을 포함하여 두 개 이상의 소득원을 갖고 있으면서 임금노동을 하는 직장이 주된 일자리라고 답한 사람은 자영소득이 없는 임금근로자로 간주했다.

KLIPS를 이용하면서 직면하는 문제 중 하나는 서베이가 3~4개월에 걸쳐 시행되었기 때문에 관측치들 간의 응답시점이 서로 다르다는 점이다. 원자료에 서베이 대상자를 면접한 시점이 기록되어 있기는 하나 그 같은 기록도 완전하지는 않다. 본 연구에서는 편의상 서베이가 모두 9월에 행해진 것으로 간주했다. 그리하여 한 자영업주가 현재의 사업을 시작한 이래 현재까지 지속되어 온 '사업 지속기간'과 임금근로자가 현재의 직장에서 계속 일한 '근속기간'은 모두 서베이 연도의 9월에서 현 사업 또는 현 직장의 시작 연월을 빼서 구했다. '경력연수'는 나이에서 교육연수 더하기 6을 뺀 것으로 정의했다.

3. 자영업주에 대한 기초분석

1) 자영업주의 특성과 그 변화

<표 4-1>에는 경제활동인구조사(이하 '경활') 자료로부터 계산된 비농부문의 자영업 고용비중 추이가 제시되어 있다. 남자에 한정해서 보면, 취업자 중에서 자영업주가 차지하는 비중은 적어도 1980년대를 통틀어

---

[1] 본 연구의 표본에서는 취업자 중 무급가족종사자의 비중은 0.74%에 불과하다.

<표 4-1> 취업자 중에서 자영업주가 차지하는 비중의 변화(비농·남자)

(단위: %)

		1980	1985	1990	1995	1998	1999	2000	2001
경활	전체	27.2	26.9	24.9	27.1	29.1	29.1	29.2	29.8
KLIPS	전체	-	-	-	-	28.2	28.7	27.9	26.0
	고용주	-	-	-	-	11.1	12.3	11.7	10.9
	자영자	-	-	-	-	17.1	16.4	16.3	15.1

주: KLIPS 통계의 경우, 65세 이하로 전일제 근로자만 포함됨.
자료: 경제활동인구연보, 경제활동인구조사 원테이프, KLIPS 1~4차년도.

꾸준히 감소하여·왔다. 1980년에는 27.2%이었던 자영업주 비중은 비율이 1990년에는 24.9%까지로 떨어진 것이다. 그러나 이 같은 추세는 1990년을 기점으로 반전을 했으며 이후 꾸준히 증가세를 이어오고 있다. '경활' 자료에 의하면 최근에도 비농부문 취업자 10명 중 3명은 자영근로자로 취업되어 있다. 그리고 이들 중 60% 가까이가 순수 자영업자이며 나머지가 고용주이다.[2]

'경활' 자료에서 나타난 바의 추이는 '전통부문' 또는 '전근대적인 부

_____

2) 자영업주의 취업비중 추이와 관련해서는 '경활'과 본 연구에서 사용된 KLIPS 간에는 약간의 괴리가 존재한다. '경활'에서는 자영업 비중이 1999년 이후에도 계속 증가하여 왔으나 KLIPS에서는 그렇지 않은 것이다. 이는 KLIPS에서 서베이를 반복하는 과정에서 표본 탈락이 자영업주에게서 더 빈번하게 일어났을 가능성이 있기 때문이다. 이처럼 KLIPS에서 자영업 비중이 과소평가되었을 가능성과 관련하여 익명의 심사자는 탈락한 표본이 저소득이면서 취업이 불안정한 자영업 계층일 가능성이 있기 때문에 본 연구에서 확인하고 있는 자영업의 소득기회 개선은 실제보다 과대평가된 것일 수 있다는 점을 지적했다. 본 연구자는 그 같은 지적에 충분히 동의하지만 그 효과가 매우 크지는 않을 것이라고 판단한다. 표에서 자영업주 비율이 피크를 이루던 1999년과 2001년을 비교해 볼 때 고용주는 1.4% 포인트 감소했는데, 상대적으로 소득이 낮고 고용이 불안정한 자영자의 경우 감소 폭이 1.3% 포인트로 오히려 작기 때문이다.

문'의 특성을 강하게 가지는 것으로 인식되어 온 자영부문이 축소 추세에서 왜 확대 추세로 반전되었는가 하는 중요한 질문을 던져준다. 특히 현재 자영업 비중이 우리 경제의 발전단계에 비해 상대적으로 높은 것으로 판단되는 상황에서 그러한 추세의 반전은 더 큰 관심의 대상이 될 수밖에 없다.

취업구성이 변화한 이유에 대해서는 노동공급 측의 변화요인과 수요 측의 변화요인으로 구분해서 살펴볼 수 있을 것이다. <부표 1>은 '공급' 측면에서 임금노동자와 비교한 자영업주의 인적 특성과 최근의 변화를 보여준다. 이미 알려진 대로 자영업주와 임금노동자 간에는 인구학적 특성에서 차이가 존재한다. 평균적으로 말하여 자영업주는 임금노동자에 비해 연령이 높고 가구원 수는 많으나 교육수준[3]은 약간 낮다. 소유하고 있는 자산에 대한 통계를 보면, 자가보유자의 비율은 양측에 큰 차이가 없으며 자산소득이 있는 자의 비율은 임금근로자의 경우가 높다. 그러나 자산소득의 규모는 자영업주가 높다.

이처럼 자영업주와 임금근로자 간의 평균적인 특성 차이에서 일관성이 결여된 듯한 현상이 나타나는 것은 자영업주 집단 내의 이질성이 상대적으로 크기 때문이다. 변이계수의 크기로 측정된 자영근로자 집단 내의 이질성은 임금노동자의 그것에 비해 거의 모든 지표에서 매우 크다. 이는 자영업이라는 범주에 원초적인 형태로 자영업주 자신의 노동 서비스를 판매하는 방식인 '생계형'에서부터 전문직종, 첨단직종, '기업형'에 이르기까지 매우 다양한 사업 형태가 모두 포함되어 있다는 점과 관련이 있다. 그리하여 예컨대 교육수준이 높을수록 고용주의 비중은 증가하는 반면 자영자의 비중은 감소한다. 이 같은 점은 자산규모의 경우에도 비슷하게

---

3) 교육연수의 계산에서는 중졸, 고졸, 전문대졸, 대졸 이상자들이 각각 6, 9, 12, 14, 16년의 교육을 받은 것으로, 그리고 각급 학교의 중퇴자들은 그 아래 단계 학교의 교육을 이수한 것으로 간주했다.

적용된다. 자산소득을 가지고 있는 자의 비율은 자영업주의 경우가 낮지
만 자산소득은 고용주에게 집중되어 있다.

'수요' 측면에서 자영업 부문의 특성 및 변화를 요약하여 <부표 2>에
나타냈다. 잘 알려진 바와 같이, 자영업주는 산업별로는 도소매·음식·숙
박업에 집중적으로 분포하고 있다. 자영업주의 45%가량이 이 산업에 종
사하며, 이 산업 종사자의 약 절반이 자영업주이다. 즉, 영세한 판매상이나
음식점 경영자들이 바로 우리나라 비농 자영업주의 거의 절반을 차지하고
있다. 직종별로는 자영업주의 약 40%가 판매직에 종사한다.

자영업주들이 현재의 사업을 지속한 기간의 평균은 별로 변화하지 않
아,[4] 취업안정성에 있어서는 근래에 큰 변화가 없었던 것으로 나타난다.
임금근로자 전체를 비교집단으로 하여 상대적인 취업안정성을 측정해
보아도 결과는 비슷하다. 그러나 상용직 근로자로 한정하여 비교해 보면,
자영업주의 상대적인 평균 사업 지속연수는 분석기간 동안 꾸준히 증가
한 것이 발견된다.[5] 즉, 상용직과 비교하여 자영업 부문의 취업안정성은
상대적으로 증대되어 온 것이다.[6] 이는 자영업 부문에서 소득 불안정성
또는 열악한 소득기회로 인해 사업을 교체하는 빈도가 감소했음을 나타
내는 것이라 할 수 있으며, 그 같은 의미에서 이 부문의 소득기회가 상대
적으로 증가했음을 나타내는 현상으로 볼 수 있을 것이다.[7]

---

4) 자영업주의 현 사업 지속연수 또는 임금노동자의 현 직장 근속연수를 계산할
때, 현 직장 시작 년을 잘 모른다는 응답은 조사일로부터 5년 전에 시작한 것으
로, 그리고 시작 월을 잘 모른다는 응답은 6월에 시작한 것으로 간주했다.
5) 상용직의 현 직장 근속연수는 1998년에 7.52년, 1999년에 7.15년, 2000년에
6.95년, 2001년에 6.12년으로 계속 감소하여 왔다.
6) 류재우(2002), 류재우·박성준(2003)은 상용직의 이 같은 근속연수 하락과 함께
근속에 대한 보상도 하락하여 왔다는 점을 보이고 있다.
7) 반대로 그것은 임금기회의 상대적인 축소로 인해 자영업 부문 취업자 중에서
그 부문에 '잠겨 있는(locked in)' 자의 비중이 증가했음을 반영하는 것일 수 있다.

약간 다른 각도에서, 취업자 중에 현재의 사업장 또는 직장에서 근속한 지 1년 이하인 자의 비율을 보면 자영업주의 경우 1999년에 상당 폭 증가한 다음 지속적으로 감소했다. 임금근로자의 경우도 1999년에 상당히 증가했으나 그 이후의 감소 폭은 상대적으로 작다. 또한 상용직으로 한정할 경우에는 1999년 이후의 감소세가 발견되지 않는다.[8] 이는 외환위기 이후 임금근로의 대안으로 자영부문을 선택하는 자의 비중이 급속히 증가한 다음에 감소하는 과정에 있으나, 상용직의 경우는 외환위기 직후 빈번해진 노동이동이 고착화되고 있음을 보여준다. 요약하면, 자영업의 지속성 및 신규 진입자 비율에 대한 통계를 통해 자영업 부문의 취업안정성이 상대적으로 증대되어 왔음을 알 수 있다.

4. 자영부문의 상대적인 소득기회와 그 변화

1) 소득수준의 변화

자영업주 비중의 증가가 상대적인 소득기회의 변화와 관련되어 있는가를 조망하기 위해 본 절에서는 소득기회의 변화를 소득수준과 소득의 분산이라는 두 가지 측면에서 분석을 행한다. 먼저 평균과 중위치(median)로 측정된 소득수준의 변화로부터 소득기회의 변화를 추론하려고 하는데, 이는 한 직종으로의 잠재적인 진입자에게 있어 그 직업의 매력은 평균(상대)소득이 증대될 경우에 증대된다고 하는 직업선택이론(Ryoo and Rosen, 2004)을 배경으로 한다. 즉, 본 연구에서는 자영업 부문을 하나의 직업으로 파악한 다음, 이 부문의 매력도를 상대소득 수준으로 파악하고

---

8) 상용직 중에서 근속연수가 1년 이하인 자의 비율은 1998년 이후 각 연도별로 15.9%, 20.9%, 21.3%, 21.2%이다.

<표 4-2> 자영업주의 매출규모와 소득범주(비농업-65세 이하-전일제-남자)

	로그 매출액(만 원)			전 도시 소비자 물가지수	소득 < 0인 자영업주 비율		
	전체(변이계수)	고용주	자영자		전체	고용주	자영자
1998	8.05(0.178)	8.87	7.54	100.0	21.4	27.0	17.8
1999	7.94(0.163)	8.60	7.46	100.8	12.3	12.3	12.3
2000	8.07(0.171)	8.77	7.59	103.1	10.4	13.5	8.2
2001	8.37(0.174)	9.04	7.92	107.3	10.3	10.5	10.1

자료: KLIPS 1~4차년도.

자 한다.

자영업주의 소득[9]을 계량적으로 분석할 때 부딪히는 하나의 문제는
다수의 자영업주가 적자를 보고 있지만 정확한 (음의) 소득액은 기록되고
있지 않다는 점이다. 이들 적자 자영업주을 표본에서 제외할 경우에는
표본선택의 문제가, 그리고 그들의 소득을 0으로 취급할 때에는 잠재변수
(latent variable)와 관련한 선택편의의 문제가 발생한다. 본 연구에서는
소득이 음인 자영업주를 제외한 경우와 그들의 소득을 0으로 취급한 경우
의 분석을 가급적 병행하고자 했다.

<표 4-2>의 첫 3행에는 자영업주의 소득과 연관성이 강할 것으로
생각되는 매출액 변수의 규모와 추이가 나타나 있다.[10] 자영업주의 평균
매출규모는 1999년도에 감소한 후 다시 상승하고 있으며, 매출규모 증가

---

9) '자영업주의 소득' 변수는 자영업주에게 비용을 제외한 순수입이 얼마인지를
   묻는 설문에 대한 응답을 기초로 한 것이다. 본 연구에서는 이를 매출액으로부터
   자영사업에 투하된 자본의 기회비용을 뺀 개념으로 파악한다.
10) 여기서 매출액은 각 관측치에 범주별 매출의 중간치를 부여함으로써 계산되
   었다. 예컨대, 매출액이 1,000만 원 이상 3,000만 원 이하라고 응답한 사람의
   경우 매출액이 2,000만 원인 것으로 간주했다. 실제의 매출액을 응답한 사람에
   대해서도 동일한 방식을 적용했다.

율은 소비자물가 상승률을 웃돈다. 평균매출액으로 따진 자영업 규모가 증대하는 현상은 고용주와 자영자로 세분하더라도 비슷하게 나타난다.

매출액의 변이계수(coefficient of variation)로 측정된 자영업주 간의 이질성은 1999년 이래 작지만 착실하게 증가해 온 것으로 관측된다. 한편, 자영업주 중에서 적자를 보고 있는 자의 비율은 외환위기 직후인 1998년에는 매우 높았으나 그 이후 감소한 다음 안정화되고 있다. 이는 외환위기 이후 임금부문에서의 기회축소로 인해 자영업 부문 특수적인 숙련을 갖추지 못한 채 자영업 부문으로 새로 진입한 자가 증가했다가 이후의 경제회복 과정에서 감소한 결과인 것으로 보인다. <표 4-2>는 이처럼 자영업주의 이질성을 측정하는 변수들의 서로 다른 변화 모습을 보여준다. 즉, 1999년 이후 적자 여부로 따진 이질성은 감소한 반면 매출액으로 따진 자영업주 간의 이질성은 증대되어 온 것이다.

직업선택이론의 관점에서 볼 때 잠재적인 자영업 진입자들에게서 진입의 신호 기능을 하는 것은 자영업 부문의 기대소득이다. <표 4-3>의 상단 패널에는 적자 사업자의 소득을 0으로 간주하고 계산한 자영업주 전체의 소득이 임금부문 평균소득과 함께 제시되어 있다. 이 평균소득은 자영사업에서 '실패'하는 경우에는 0의 소득을 갖는 경우의 (상대) 기대소득이 되며, 그것의 상대비율 변화는 적자 사업자들의 적자액이 시간상으로 크게 커지지 않은 한, 자영업 부문의 (상대) 기대소득의 변화로 간주될 수 있다.

표에서는 자영업의 기대소득 — 또는 자영업주의 상대적인 지위 — 이 지속적으로 상승해 왔음이 확인된다. 적자 사업장을 포함하는 전체 자영업주를 대상으로 할 경우 1998년에는 101%에 불과했던 자영업주-임금노동자 소득비율은 그 후 꾸준히 상승하여 3년 후에는 134%까지 증가했다. 상용직 임금에 대비한 자영소득비율로 따져도 1998년에는 96%에 불과했던 것이 2001년에는 129%에 이르고 있다.

<표 4-3> 평균소득, 중위소득(비농업-65세 이하-전일제-남자)

구분	평균소득(만 원)								
	자영업주						임금노동		
	전체			소득 > 0					
	전체	고용주	자영자	전체	고용주	자영자	전체	상용직	임시·일용
1998	135.2(1.01)	179.4	106.9	172.3(1.29)	246.8	130.1	133.6	140.2	89.8
1999	143.7(1.12)	175.7	120.4	163.1(1.28)	199.8	136.5	127.9	136.4	89.4
2000	163.6(1.22)	213.0	128.2	182.5(1.36)	246.3	139.6	134.2	140.6	99.9
2001	197.3(1.34)	260.4	151.9	220.0(1.50)	291.4	169.1	146.8	153.4	110.0

구분	중위소득(만 원)								
	자영업주						임금노동		
	전체			소득 > 0					
	전체	고용주	자영자	전체	고용주	자영자	전체	상용직	임시·일용
1998	100(0.83)	150	100	150(1.25)	200	110	120	128	80
1999	120(1.00)	150	100	150(1.25)	180	110	120	120	80
2000	150(1.25)	200	110	150(1.25)	200	120	120	130	100
2001	150(1.15)	200	150	180(1.38)	200	150	130	130	100

주: 괄호 안은 당해년도 임금노동자(전체)의 소득에 대한 자영업주 소득의 비율임.
자료: KLIPS 1~4차년도.

적자 사업장을 제외한 자영업주의 소득을 계산해 보아도 상대소득의 증가 폭이 작아지기는 하지만 증가세 자체는 여전히 존재하고 있음을 확인할 수 있다. 그리고 이 같은 현상은 고용주와 자영자에게 공통적이다. 적자 사업주의 비중이 대체적으로 하락해 온 것을 함께 고려하면, 표본기간 동안 자영업 부문으로 진입 시에 기대되는 '성공확률'뿐만 아니라 성공시의 (상대) 소득 또한 증가해 왔다고 말할 수 있다. 요컨대, 평균소득 통계로 측정한 자영업주의 상대적인 경제적 지위는 향상되고 있다.

소득분포는 일반적으로 오른쪽으로 치우쳐 있으며(right skewed), 자영소득의 경우 그 같은 현상은 더욱 강하게 나타난다. 이 때문에 극단적인 관측치가 평균치에 미치는 영향은 자영소득의 경우에 상대적으로 크다. 이를 감안하여 표에는 자영소득의 또 다른 지표인 중위치(median) 소득도 함께 제시했다. 중위치 통계와 관련해서는 응답자들이 소득을 어림잡아 보고하기 때문에 생기는 집적문제(heaping problem)가 두드러진다는 문제가 있다. 그로 인해 표에서 보듯 중위치의 통계는 시간상으로 계단식(또는 불연속적)으로 변화한다. 이를 염두에 두고 볼 때 상대적인 중위치가 대체로 상승하고 있는 모습이 확인된다.

요컨대, 상대 평균소득 또는 상대 중위소득으로 측정한 자영업 부문의 소득능력은 분석기간 동안 상승해 왔다. 그것이 자영업주 취업비율의 증가를 동반했다는 사실은 이 부문의 생산물에 대한 (상대적인) 수요가 증대되어 왔다는 점 — 즉, 이 부문에서의 소득기회가 증대되어 왔다는 점 — 을 제시하고 있는 것으로 해석된다.

2) 소득분포의 변화

한 직종에 대한 잠재적인 진입자의 관점에서 그 직업이 가지고 있는 금전적인 매력은 평균소득 등으로 측정되는 소득수준이 높을수록 높아질 뿐만 아니라 그 직업의 소득분산이 커질 때에도 역시 커질 수 있다(Rosen, 1986; Flyer, 1997). 한 직종의 소득분산이 커지면 그 직종에서 높은 소득을 갖게 될 가능성과 낮은 소득을 갖게 될 가능성 모두 커지게 되는데, 그 직종을 시도해 본 후 높은 소득이 실현되면 남고, 낮은 소득이 실현될 경우 곧 이직할 수 있다면 기대소득 계산 시 낮은 소득이 실현될 가능성에는 낮은 가중치를 주어도 되기 때문이다. 물론 이 같은 점은 한 직종을 시도해 보고 실현된 소득이 대안적인 직종에서보다 높은 경우에만 그 직종에 남을 수 있는 선택권(option)이 있다는 사실을 전제로 하며, 따라서 직종 간의 이동에 장벽이 존재하지 않는 경우에 타당성을 갖는다.[11)]

<표 4-4> 자영소득의 변이계수(비농업-65세 이하-전일제-남자)

구 분	변이계수								
	자영업주						임금노동		
	전체			소득 > 0					
	전체	고용주	자영자	전체	고용주	자영자	전체	상용직	임시·일용
1998	1.12(2.26)	1.18	0.76	0.87(1.77)	0.86	0.55	0.49	0.47	0.48
1999	0.97(2.00)	0.75	1.05	0.78(1.79)	0.61	0.92	0.49	0.46	0.47
2000	0.90(1.82)	0.90	0.69	0.79(1.59)	0.75	0.60	0.49	0.48	0.43
2001	1.13(2.01)	1.02	1.15	1.02(1.82)	0.91	1.05	0.56	0.53	0.50

주: 괄호 안은 당해년도 임금소득(전체)의 변이계수에 대한 자영업 소득의 변이계수의 비율임.
자료: KLIPS 1~4차년도.

<표 4-4>는 자영업 소득분포의 한 지표로서 변이계수의 추이를 보여 주고 있다. 예상대로 자영업 소득의 분산은 임금분산의 두 배에 이를 정도로 크다. 시간상으로는 자영소득의 분산은 1999년에 크게 감소했는데, 이는 앞에서 언급한 바와 같이 외환위기 직후인 1998년도에 자영업 특수적인 숙련을 가지지 못한 자들의 진입으로 인해 이 부문 종사자의 '이질성'이 일시적으로 증가했던 점을 반영하는 것으로 보인다. 적자 사업자를 제외한 표본에서는 자영소득의 변이계수는 감소 후 증가하는 모습을 보이나 뚜렷한 추세를 발견하기 힘들다.

<표 4-4>에서 소득의 변이계수는 자연대수를 취하지 않은 원래의 소득에 대한 것이었는데, 이는 적자 사업자들의 소득이 0으로 지정되어 있다는 점을 고려해서였다. 그러나 이 같은 지표는 평균치와 매우 동떨어진 관측치들(outlier)에 크게 영향을 받는다는 문제가 있다. 그 같은 문제를 줄이기 위해 월소득 2,000만 원 이상자를 표본에서 제외하기는 했지만 그러한 표본선택 기준 역시 자의적일 수밖에 없다.

---

11) 1999년의 경우 자영업주가 1개월 내에 임금부문으로 이동할 확률은 1.02%였다(류재우·최호영, 2000).

<표 4-5> 자영소득의 불균등지수(비농업-65세 이하-전일제-남자)

| | 자영업주(전체) | | | | | | | 임금노동 | |
| | 표준편차 | 분위 로그 임금의 격차 | | | | | 관측치수 | 표준편차 | 관측치수 |
		90-25	90-50	75-25	75-50	50-25			
1998	2.14	1.95	1.03	1.61	0.69	0.92	948	0.48	2,345
1999	1.71	1.32	0.92	0.92	0.51	0.41	866	0.47	2,092
2000	1.71	1.20	0.69	0.80	0.29	0.51	818	0.45	2,014
2001	0.83	1.39	0.80	0.92	0.33	0.59	670	0.47	2,009
고용주									
1998	2.45	-	0.98	-	0.51	-	370		
1999	1.77	1.10	0.69	0.79	0.38	0.41	365		
2000	1.99	1.43	0.73	1.10	0.41	0.69	341		
2001	0.69	1.20	0.92	0.69	0.41	0.29	280		
자영자									
1998	1.93	1.39	0.69	1.10	0.41	0.69	578		
1999	1.65	1.12	0.69	0.84	0.40	0.43	501		
2000	1.47	0.92	0.60	0.63	0.31	0.32	477		
2001	0.83	0.92	0.51	0.69	0.29	0.41	390		

자료: KLIPS 1~4차년도.

<표 4-5>는 대안적인 소득불균등지수로서 자연대수를 취한 자영소득의 표준편차 및 분위별 격차를 제시하고 있다. 소득분포의 변화 방향에 대해 두 지표는 약간 다른 모습을 보여준다. 예컨대 로그 자영소득의 표준편차의 경우 시간상으로 크게 감소했는데, 이는 임금소득의 표준편차가 별다른 변화가 없었던 점과 대비된다. 반면 분위별 소득격차는 2000년까지 감소하다가 2001년에 다시 증가한 것으로 나타난다. 또한 상위 소득자와 중간 소득자, 중간 소득자와 하위 소득자 간의 격차도 서로 다른 변화 패턴을 보이고 있다. 예컨대 90분위와 50분위 간의 격차는

<표 4-6> 회귀식 잔차에 기초한 자영업주의 소득불균등 지수
(비농업-65세 이하-전일제-남자)

	자영업주 (전체)						임금노동	
	표준편차	분위 로그 임금의 격차					관측치수	표준편차	관측치수
		90-25	90-50	75-25	75-50	50-25			
1998	2.14	2.24	1.05	1.75	0.55	1.19	940	0.38	2,322
1999	1.70	1.22	0.75	0.83	0.35	0.47	858	0.38	2,071
2000	1.69	1.70	0.88	1.04	0.50	0.54	810	0.37	1,984
2001	0.78	1.09	0.67	0.74	0.31	0.95	662	0.38	1,984

자료: KLIPS 1~4차년도

2000년까지는 감소하다가 2001년에 다시 증가한 데 반해, 50분위와 25분위 간의 격차는 1999년 이후 계속 상승했다. 전반적으로 볼 때 자영소득의 불균등도는 1999~2001년에 약간 상승했으며, 특히 하위 소득자 간의 소득분배가 더욱 불균등해진 것으로 파악된다.

자영업 부문에서의 성공 가능성 또는 소득기회는 노동자의 인적 속성들에 중요하게 의존할 것이다. 본 연구의 목적과 관련해서는 서로 다른 노동자 집단 간의 구성 변화가 소득의 변화에 미치는 효과를 통제한 이후에도 존재하는 소득분포의 변화가 더 큰 관심의 대상이 된다. 자영소득을 결정하는 중요한 특성들로는 학력, 경력, 현 사업 지속기간 등을 들 수 있겠으나, 이 중 '지속기간'은 자영소득에 따라 내생적으로 결정되는 변수라는 특성을 가진다. 이를 고려하여 '구성효과'를 통제할 때 경력, 경력의 제곱, 학력(초졸, 중졸, 고졸, 전문대졸, 대졸) 더미를 설명변수로 포함하는 회귀식을 추정한 다음, 그 잔차를 가지고 소득불균등도를 측정했다.

회귀식 추정에서는 적자 사업장의 존재가 문제로 되는데, 본 연구는 이들에게 0의 (자연로그) 소득을 지정한 다음, 학력 및 경력 등에 의해 결정되는 잠재소득이 일정 수준을 넘어야만 양의 소득이 관찰된다고 하는 고전적인 토빗(Tobit) 모형을 설정했다. 그 결과는 <표 4-6>에 제시되어 있다. 여기서 뚜렷한 패턴을 찾기는 어려우나, <표 4-5>의 첫 번째 패널의 결과와 별반 다르지 않다는 점만은 확인할 수 있다.

지금까지는 적자 자영업주의 소득(의 자연대수 값)을 0으로 취급했는데, 적자 사업장을 표본에서 제외할 경우에는 상당히 다른 패턴이 나타난다. 예컨대 <표 4-5>와 동일하게 표준편차를 계산해 보면, 1998년 이후 각각 0.66, 0.60, 0.64, 0.67로서 1998~1999년만 빼놓고 계속 증가했다. 분위별 소득격차도 비슷한 패턴을 보인다. 예컨대 90분위와 25분위 간의 격차는 1998년에는 0.82였으나 2001년에는 0.92로 증가하였다. <표 4-5>, <표 4-6>과 같은 방식으로 소득불균등도를 측정해 봐도 비슷한 증가 패턴이 나타난다.

요컨대 자영업주의 소득불균등도는 분석기간 동안 적자 사업장을 포함하는 경우에는 감소한 것으로 나타나는 데 반해 제외하는 경우에는 증가한 것으로 나타난다. 즉, 전체 자영업주 간의 소득불균등도는 감소했으나 양의 소득을 얻고 있는 사업자 간의 불균등도는 증가했다. 이는 자영소득의 분포에서 산포도(dispersion)는 증대되면서 아래쪽 꼬리(lower tail)가 잘려나가는 과정을 보여주는 것으로 해석된다. 결국 자영소득의 분포는 하위(또는 적자) 소득이 실현될 확률은 감소하고 생존경쟁에서 살아남은 사업자 간의 소득 산포도는 증가하는 방향으로 변화해 온 것으로 파악할 수 있다.[12] 이는 자영업 부문의 매력이 하나의 직업으로서 분석기간 동안 증대되어 왔음을 보여주는 또 하나의 근거가 된다.

---

12) 이 같은 현상은 외환위기 이후 임금부문의 일자리 감소로 인해 자영업 부문 특수적인 숙련이 없는 상태에서 자영부문에 진입한 자들이 도태되어 가는 과정을 반영하는 것일 수도 있다.

5. 자영업 취업자의 선택성 및 변화

앞 절에서는 자영업 부문에서의 소득창출능력(또는 소득기회)의 변화를
살펴보았는데, 평균소득이나 소득분포의 지표를 통해 자영업이 하나의
'직종'으로서 금전적으로 보다 매력이 있는 것으로 변화하여 왔을 가능성
을 보았다. 이 절에서는 그 같은 소득기회의 변화가 자영업에 종사하는
노동자들의 숙련수준 변화와 어떻게 연관되어 왔는지를 분석한다. 선택
성의 크기 및 변화 방향은 자영업 부문 취업자 구성의 변화, 자영업 취업
자 비중의 변화 등의 원인에 대해 중요한 단서를 제공해 줄 수 있다.

자영부문과 임금부문 간의 선택성(selectivity)과 관련해서는, 실제로 선
택성이 존재하는지, 존재한다면 그 방향은 어느 쪽인지, 노동자들의 능력
분포에서 극단에 위치한 사람들, 즉 임금노동자들에 비해 능력이 현저히
높거나(upper tail) 현저히 낮은 사람들(lower tail)이 자영업을 선택하는
경향이 있는 것은 아닌지가 이슈가 된다. 이미 언급했듯이 선택성에 대해
서는 이미 국내에 선행연구가 있는데(김우영, 2000; 금재호·조준모, 2000),
본 연구는 선택성의 시간상의 변화에 초점을 맞추고자 한다.

선택성의 변화를 분석하는 데 있어서는 간단한 직업(또는 직종)선택
모형을 상정한다. 이 모형에서는 자영부문과 임금부문을 두 개의 '직업'
으로 간주한다. 그리고 노동자는 자신이 가지고 있는 숙련구성(skill mix)
에 기초하여 각 직업에서 기대되는 소득(또는 효용)을 계산한 다음, 보다
높은 소득(또는 효용)을 제공하는 직종으로 진입하기로 결정한다. 이러한
직업선택행동모형을 경험자료에 적용할 때, 윌리스와 로젠(Willis and
Rosen, 1979), 헤크만과 세들라섹(Heckman and Sedlacek, 1985)의 로이
(Roy) 모형을 약간 변용하여 사용한다.

개별 노동자가 가지고 있는 숙련의 양(의 자연대수)의 벡터를 (t^s, t^w)로
표시하자. 여기서 위 첨자 s는 자영부문, w는 임금부문을 가리킨다. 이

숙련 벡터는 인적 속성 X를 갖고 있는 자들 중에서 평균$(X\beta^s, X\beta^w)$을 중심으로 공분산 행렬이 $[\sigma^{jj'}]$, $j, j' = s, w$인 정규분포를 하고 있다. 숙련 단위당 가격(의 자연대수)을 β_o^j로 표시하고, 두 직종에서 얻을 수 있는 잠재소득(의 자연대수)을 W^j, $j = w, s$로 표시하면, 구조적인 소득 방정식은 다음과 같이 쓸 수 있다.

$$W_i^j = \beta_o^j + X_i\beta^j + u_i^j, j = w, s \tag{4-1}$$

여기서 아래 첨자 i는 개별 노동자를 나타내는데, 이하에서는 편의상 생략하도록 한다.

노동자가 부문 j를 선택할 경우 얻는 효용(V)은 $W^j + Z\gamma^j$로 주어진다. Z는 각 직업(취업부문)으로부터 얻는 비금전적 편익에 영향을 미치는 변수(의 벡터)이다. 실제의 경험분석에서는 14세 때 부모가 자영업주였는지 여부, 14세 때 부모의 교육수준, 가족 수 등이 Z의 대리변수로 포함되었다.

노동자는 각 직종으로부터 얻는 효용을 비교해서 큰 쪽을 선택하게 된다. 즉, 자영업 선택에 관한 지표함수(index function)는 다음과 같이 주어진다.

$$I \equiv V^s - V^w = \beta_o^s + X\beta^s + Z\gamma^s + u^s - (\beta_o^w + X\beta^w + Z\gamma^w + u^w) \tag{4-2}$$

이제 $\sigma^* \equiv \sqrt{var(u^s - u^w)}$, $c^s \equiv [\beta_o^s - \beta_o^w + X(\beta^s - \beta^w) + Z(\gamma^s - \gamma^w)]/\sigma^*$ 라 하자. 그러면 인적 속성 (X, Z)를 갖고 있는 잠재적인 노동자가 자영업 부문을 선택할 확률은 다음과 같이 주어진다.

$$\Pr[I(X, Z) \geq 0] = \Phi[c^s(X, Z)] \tag{4-3}$$

여기서 Φ는 표준정규분포의 누적분포함수이다. 자영업 부문에서 관찰된 소득(의 자연대수)의 기대치는 다음과 같이 주어진다.

$$E[W^s|I \geq 0] = \beta_o^s + X\beta^s + \frac{\sigma^{ss} - \sigma^{sw}}{\sigma^*}\lambda(c^s) \qquad (4\text{-}4)$$

여기서 σ^{ss}는 u^s의 분산, 그리고 σ^{sw}는 u^s와 u^w의 공분산을 나타낸다. 그리고 마지막 항 $\lambda(c^s) = \frac{\phi(c^s)}{\Phi(c^s)}(\geq 0)$에서 ϕ는 표준정규분포의 확률밀도함수이다.

(4-4)식의 추정에는 헤크만(Heckman)의 2단계 추정법이 사용되었다. 이 방법은 1단계로 선택식 (4-3)을 프로빗(Probit)으로 추정을 한 다음, 2단계로 거기서 얻어진 $\lambda(c^s)$를 (4-4)식에 대입하고 그 식을 최우추정 (maximum likelihood estimation)하는 것이다.

다음 <표 4-7>은 실제 1단계 추정식에서 사용된 프로빗 대신, 로짓식을 이용한 선택식 추정결과를 보여주고 있다. 여기서 로짓식 추정결과를 제시하는 것은 자영업을 선택할 때 고용주와 자영자의 두 가지 선택지가 있는 경우를 상정하는 다항 로짓(multinomial logit)식의 추정결과와 비교하기가 쉽기 때문이다.

표의 (1)열에는 적자 사업장을 포함하는 전체 자영업주와 임금노동자의 표본에 대한 추정결과가 나타나 있다. 각 변수의 계수들은 거의 대부분 예상대로의 부호를 갖고 있다. 즉, 경력자, 가구주, 가구원 수가 많은 자, 성장기에 부모가 자영업을 경영하고 있던 자의 경우가 자영업주가 될 가능성이 크다.

이들 변수 외에 고려되어야 할 변수들 중 하나가 노동자가 가지고 있는 자산이다. 자영업을 시작하는 데 유동성 제약이 중요하게 작용할 수 있기 때문이다(Evans and Jovanovic, 1989; Evans and Leighton, 1989;

<표 4-7> 자영업 부문 선택식의 추정(비농업-65세 이하-전일제-남자)

표본	적자 자영업주 포함			적자 자영업주 불포함		
추정방법	로짓	다항	로짓	로짓	다항	로짓
종속변수	자영업주=1	고용주=1	자영자=1	자영업주=1	고용주=1	자영자=1
설명변수	(1)	(2)	(3)	(4)	(5)	(6)
경력	0.297	0.310	0.265	0.294	0.303	0.263
	(8.59)	(6.11)	(6.36)	(8.00)	(5.56)	(5.94)
경력의 제곱	-0.0076	-0.0079	-0.0062	-0.0075	-0.0078	-0.0061
	(5.53)	(3.78)	(3.83)	(5.16)	(3.49)	(3.54)
경력의 세제곱	0.000063	0.000060	0.000048	0.000062	0.000060	0.000046
	(3.72)	(2.22)	(2.45)	(3.49)	(2.10)	(2.24)
학력(고졸=0): 초졸 이하	-0.256	-1.272	0.035	-0.239	-1.272	0.029
	(2.19)	(5.76)	(0.28)	(1.97)	(5.38)	(0.22)
중졸	-0.162	-0.534	0.015	-0.159	-0.500	-0.006
	(2.03)	(4.50)	(0.17)	(1.91)	(4.02)	(0.06)
전문대졸	0.160	0.363	-0.028	0.144	0.359	-0.048
	(1.63)	(3.04)	(0.23)	(1.39)	(2.82)	(0.37)
대졸	0.236	0.626	-0.267	0.200	0.601	-0.337
	(2.72)	(6.13)	(2.33)	(2.17)	(5.48)	(2.68)
가구주 아님	-0.452	-0.548	-0.376	-0.540	-0.685	-0.420
	(3.93)	(3.54)	(2.66)	(4.37)	(4.04)	(2.78)
가구원 수	0.097	0.181	0.032	0.095	0.191	0.022
	(3.94)	(5.43)	(1.08)	(3.66)	(5.41)	(0.72)
부모교육(중고졸=0) 초졸 이하	-0.031	-0.210	0.157	-0.023	-0.226	0.186
	(0.46)	(2.49)	(1.87)	(0.32)	(2.53)	(2.08)
초대졸 이상	0.151	-0.130	0.441	-0.127	-0.112	0.375
	(1.29)	(0.89)	(3.03)	(1.02)	(0.73)	(2.36)
14세 때 부모가비자영업	-0.194	-0.216	-0.178	-0.202	-0.228	-0.183
	(3.08)	(2.62)	(2.33)	(3.04)	(2.60)	(2.26)
자가주택 비소유	0.137	-0.029	0.267	0.144	-0.048	0.290
	(2.38)	(0.39)	(3.93)	(2.40)	(0.59)	(4.05)
첫 번째 직장	-0.641	-0.560	-0.709	-0.651	-0.597	-0.693
	(9.59)	(6.50)	(8.32)	(9.18)	(6.45)	(7.66)
거주지(광역시=0) 서울	0.401	0.359	0.418	0.409	0.389	0.408
	(5.91)	(4.07)	(5.15)	(5.74)	(4.14)	(4.77)
비광역시	0.202	0.087	0.273	0.214	0.122	0.268
	(3.20)	(1.04)	(3.64)	(3.23)	(1.37)	(3.40)
연도(1998년=0) 1999년	-0.108	-0.011	-0.171	0.009	0.158	-0.088
	(1.54)	(0.12)	(2.05)	(0.11)	(1.56)	(0.99)
2000년	-0.204	-0.193	-0.211	-0.034	0.016	-0.062

	(2.08)	(1.39)	(1.82)	(0.33)	(0.18)	(0.122)
2001년	-0.329	-0.215	-0.401	-0.078	0.085	-0.182
	(4.35)	(2.14)	(4.47)	(0.99)	(0.81)	(1.94)
상수	-2.161	-3.376	-2.375	-2.333	-3.576	-2.542
	(7.34)	(8.15)	(6.61)	(7.46)	(3.08)	(6.63)
산업더미	Y	Y	Y	Y	Y	Y
직종더미	Y	Y	Y	Y	Y	Y
N	10,461	10,641		10,080	10,082	
R^2	0.273	0.245		0.278	0.253	
χ^2	$\chi^2(32)=$ 3,461	$\chi^2(64)=4,128$		$\chi^2(31)=$ 3,263	$\chi^2(64)=3,884$	
Log Likelihood	-4,614	-6,368		-4,232	-5,746	

주: 1) 괄호 안은 t의 절대값.
   2) 유배우자 여부를 나타내는 더미변수는 회귀식에는 포함되었으나 표에는 제시되지 않았음.
자료: KLIPS 1~4년도.

Blanchflower and Oswald, 1998). <표 4-7>의 추정에서는 소유 자산의 대리변수로서 자가 소유 여부를 더미변수 형태로 설명변수에 포함시켰는데 예상과 달리 자가 소유자일수록 자영업주가 될 확률이 낮게 나타난다.[13] 그 밖에 생애 첫 번째로 직장을 갖는 사람은 그렇지 않은 사람보다 자영업을 선택할 확률이 매우 낮은 것으로, 그리고 서울지역 거주자나 광역시 이외의 지역 거주자들은 광역시 거주자보다 자영업주 비율이 상대적으로 높게 나타난다.[14]

이 같은 로짓 분석의 단점은 교육수준 등과 관련하여 이질적인 고용주와 자영자 집단을 구분하지 않고 있다는 점이다. 이와는 달리 다항 로짓 추정에서는 노동자가 임금노동, 고용주, 자영자 세 개의 상호 독립적인

13) 자산규모의 대리변수로 금융소득과 부동산소득을 추가적인 설명변수로 포함하는 회귀식도 추정하여 보았으나 유의한 결과를 얻지 못했다.
14) <표 4-7>에서 적자 사업주를 표본에 포함하는 경우 연도더미가 음수로 유의한데, 이는 각주 2)에서 언급한 것처럼 취업이 더 불안정적인 자영업주에게서 표본 탈락이 더 많이 일어났다는 점과 관련이 있을 수 있다.

종사상 지위 중 하나를 선택하는 상황을 상정하는데, 무급가족종사자를 제외한 임금노동자를 비교집단으로 설정한 다항 로짓식의 추정결과는 (2)-(3)열에 제시되어 있다. 예상대로 학력이 높을수록 고용주가 될 가능성이 크고 자영자가 될 확률은 낮아지는 것으로 나타난다. 단순 로짓식에서 학력과 자영업주 비율 간에 양의 관계가 나왔던 것은 이처럼 학력과 고용주가 될 확률 간의 양의 관계가 학력과 자영자가 될 확률 간의 음의 관계를 압도했기 때문이다. 나머지 변수들에 대해서는 단순 로짓에서와 매우 유사한 결과가 나왔다.

표의 오른쪽에는 적자 사업자를 자영업주 표본에서 제외한 이후에 로짓식과 다항 로짓식을 추정한 결과가 제시되어 있다. 적자 사업장의 포함 여부는 추정결과에 유의미한 영향을 미치지 않음이 확인된다.

<표 4-7>의 (4)열에서와 동일한 표본, 동일한 변수들을 사용하는 1단계 프로빗 추정에 기초하여 소득결정식 (4-4)를 추정한 결과는 <표 4-8>에 나타나 있다. 먼저 첫 번째 열에서는 자영업주의 소득을 결정하는 가장 중요한 변수 중 하나가 현재 사업의 지속연수라는 점을 볼 수 있다. 자영업 지속기간이 1년 증가할 때마다 소득이 대략 1.5% 정도 상승하는 것이다.[15]

경력변수의 경우 1차항까지만 포함시켰는데, 이는 2차항까지 포함할 경우에는 1차항의 계수값이 유의해지지 않기 때문이다. 경력계수의 추정치는 음의 값을 가지며 사업 지속연수의 증가에 따른 소득증가효과를 거의 상쇄한다. 즉, '근속효과'와 '경력효과' 합은 0에 가깝다. 이는 자영업을 1년 더 지속할 경우에 기대되는 소득증가효과는 거의 없다는 점을 의미한다. 이 같은 사실은 같은 KLIPS의 패널 자료를 이용한 추정에서

---

15) 여기서 사용된 표본에는 자영업 부문에서 '생존'하지 못하고 도태된 관측치들이 제외되어 있으므로, 이 같은 추정치는 진정한 '사업 지속효과'를 과대추정하고 있을 가능성이 있다.

<표 4-8> 자영업주의 소득결정식의 추정(비농업-65세 이하-전일제-남자)

종속변수	자영업 월평균 (명목)소득의 자연대수	
추정방법	헤크만의 2단계 추정	
설명변수	(1)	(2)
현 사업 지속연수	0.015 (3.50)	0.017 (2.72)
현 사업 지속연수 제곱	-0.00035 (2.51)	-0.00030 (1.46)
경력	-0.013 (5.39)	-0.004 (1.42)
학력(고졸=0): 초졸 이하	-0.173 (2.90)	-0.104 (1.33)
중졸	-0.093 (2.20)	-0.066 (1.17)
전문대졸	-0.014 (0.28)	0.026 (0.45)
대졸	0.106 (2.45)	0.133 (2.42)
가구주 아님	0.185 (2.76)	0.109 (1.26)
유배우 아님	-0.051 (1.11)	-0.011 (0.22)
자영자	-0.409 (16.01)	-0.425 (12.29)
첫 번째 직장	0.170 (3.89)	0.182 (0.54)
거주지(광역시=0) 서울	-0.068 (1.74)	-0.016 (0.33)
비광역시	-0.036 (1.06)	-0.032 (0.75)
전 직장 임금의 로그	-	0.118 (5.26)
상수	5.750 (60.42)	4.571 (28.74)
λ_s	-0.770 (7.94)	-0.508 (4.30)
연도더미(1998년=0) 1999년	0.000 (0.01)	-0.087 (1.96)
2000년	0.089 (1.69)	0.061 (0.95)
2001년	0.295 (6.79)	0.288 (5.24)
산업더미	Y	Y
직종더미	Y	Y
관측치수	9,982	8,669
(자영업주 관측치수)	(2,523)	(1,262)
Wald-χ^2	$\chi^2(51)=2,643$	$\chi^2(50)=1,584$

주: 괄호 안은 t의 절대값.
자료: KLIPS 1~4차년도.

기업근속효과와 경력효과의 합이 7%대에 달하는 것으로 나타나는 임금 근로자의 경우(류재우, 2002)와 대비된다.

그 외의 변수들은 대체로 예상대로의 부호를 갖고 있다. 예컨대, 학력이 높을수록 소득이 높으며, 자영자의 소득은 고용주에 비해 현저히 낮다. 또한 가구주의 소득은 비가구주에 비해 높다. 그러나 특이하게도 첫 번째 직장으로 자영업을 선택한 자의 소득이 그렇지 않은 사람에 비해 높게 나타난다. 마지막으로, 연도더미의 계수들은 자영업주의 인적 특성의 변화를 통제하더라도 자영업주의 소득이 1999년 이후 계속 증가해 왔음을 보여준다.

(2)열에는 '전 직장에서의 임금'을 추가적인 설명변수로 포함하는 소득식의 추정결과가 나타나 있다. 전 직장의 임금이 높을수록 현재의 자영업 소득도 높다는 결과가 발견된다. 이는 임금부문에서 높은 생산성을 가진 사람들은 기업가적인 능력도 역시 높아서 자영업으로 전업한 이후에도 높은 소득을 올리고 있음을 보여준다. 다른 한편으로 그것은 자영업 부문 숙련과 임금부문 숙련 간에 양의 상관관계가 존재하고 있음을 제시한다. 나머지 변수들의 계수 추정치는 전 직장 임금변수의 포함 여부에 관계없이 (1)열에서와 거의 비슷하다.

자영업주의 선택성과 관련한 우리의 관심은 자영업 부문 종사자의 자영업 부문 특수적인 숙련(능력)의 평균이 모집단의 평균보다 작은가 하는 것이다. <표 4-8>의 (1)열과 (2)열의 하단에는 $\lambda(c^s)$ 계수의 추정치가 제시되어 있는데, 음의 값을 갖고 있으며 통계적으로 유의하다. 거의 동일한 식을 임금노동자에 대해 추정하여 보면 선택편의항의 계수값은 양으로 나타나며 역시 통계적으로 유의하다.

이 같은 결과는 식 (4-4)에 비추어 볼 때 $\sigma^{ww} > \sigma^{sw} > \sigma^{ss}$의 관계가 성립하며, 따라서 자영업 특수적인 숙련과 임금부문 특수적 숙련은 위계적(hierarchical)인 분포를 하고 있다― 즉, 임금부문 특수적 숙련이 높은 사람

<표 4-9> 선택편의항 계수의 추이[1]

표본	모든 연도	1998	1999	2000	2001
적자 사업장을 임금으로 간주	-0.888 (7.83)	-1.094 (3.39)	-0.860 (4.55)	-0.658 (3.44)	-0.378 (1.68)
적자 사업장을 표본에서 제외[2]	-0.770 (7.94)	-0.862 (3.98)	-0.742 (4.53)	-0.558 (3.19)	-0.385 (1.72)
적자 사업장을 표본에서 제외[3]	-0.508 (4.30)	-0.772 (2.72)	-0.778 (3.60)	-0.133 (0.64)	0.055 (0.23)

주: 1) 괄호 안은 t의 절대값.
　　2) <표 4-8>의 (1)열과 같은 추정식을 연도별로 추정한 결과임.
　　3) <표 4-8>의 (2)열과 같은 추정식을 연도별로 추정한 결과임.
자료: KLIPS 1~4차년도.

이 자영업 특수적 숙련도 높다— 는 점을 제시한다. 이는 다시 말해 숙련수준(능력)이 더 높은 사람들이 임금부문을, 그리고 상대적으로 숙련수준이 낮은 사람들이 자영업을 선택하고 있다는 것을 의미한다.

　　그러면 자영업을 둘러싼 이 같은 선택성은 시간상으로 어떻게 변해왔는가? <표 4-9>는 각 연도별로 식 (4-4)를 추정한 결과로부터 얻은 계수 추정치의 변화 추이를 보여주고 있다. 먼저 첫 번째 행은 자영소득이 관찰되지 않는 모든 노동자는 비자영업주로 취급한 상태에서 추정한 결과— 즉, 임금노동자뿐만 아니라 적자를 보고 있는 자영업주도 비자영업주 범주에 포함한 상태로 회귀식을 추정한 결과 — 를 보여준다. 둘째와 셋째 행은 적자를 보고 있는 자영업주는 표본에서 제외한 다음 각각 <표 4-8>의 (1)열 및 (2)열과 동일한 회귀식을 연도별로 추정한 결과를 보여준다.

　　표에서는 사용된 표본이나 포함된 설명변수들의 차이에 별로 관계없이 자영업 부문 종사자의 숙련과 관련한 음의 선택성이 시간상으로 작아지고 있는 모습이 뚜렷이 나타난다.[16] 이러한 결과는 자영업 부문 종사자의

16) 설명변수로 경력의 제곱도 함께 포함하는 회귀식을 추정한 결과, 이 선택항의 계수들은 역시 음의 선택성을 보여주며 1999년을 빼놓고는 그 같은 음의 선택성의 크기가 감소하고 있음이 확인되지만 통계적 유의성은 떨어진다.

자영업 특수적인 숙련(또는 기업가적 능력)의 평균이 모집단 전체의 평균에 근접해 가면서 음의 선택성이 사라져 가고 있음을 제시한다. 숙련의 분포가 위계적인 경우, 이러한 자영업주의 평균 '능력(또는 질)'의 향상은 자영업 부문 특수적인 숙련의 가격(즉, β_0^s)이 상승했을 때에 일어날 수 있다. 다른 한편으로 숙련의 분포 자체가 변하는 경우 — 예컨대 모집단 내에서 자영업 부문 특수적인 숙련의 분산이 커질 경우 — 에도 그 같은 평균 '질'의 향상은 가능한 바, 그러한 숙련의 분산 증가는 기술변화, 새로운 업종의 등장 등에 의해 일어날 수 있다.[17] 앞에서 소득이 있는 자영업주 간의 소득분산이 커져온 사실을 확인한 바 있는데, 이 또한 자영업 부문 내의 숙련분산이 증가해 왔을 것이라는 추론을 지지하는 또 하나의 근거가 될 수 있을 것이다.

6. 결론

자영업 부문은 고용, 산업변동, 소득분배 등과 관련하여 우리 경제 내에서 중요한 위치를 차지하고 있다. 이 부문에 대한 이해 없이는 우리 경제를 제대로 이해하기가 어려우며 효과적인 경제정책과 사회정책을 수립하기도 어려울 것이다. 자영업 부문에 대한 연구가 순수 학문적인 관점에서나 실용적인 관점에서 긴요한 이유가 여기에 있다.

우리나라에서는 다른 나라에 비해 자영업주의 비중이 높은 편인데도

---

17) 예를 들어 자영업 부문에 개인 간 숙련의 차이가 거의 없는 단순한 직종(예컨대 농업) 하나만 있는 경우를 생각해 보자. 모집단에서의 자영업 부문 숙련의 분산은 매우 작을 것이며 모든 고숙련 노동자들은 임금부문에 종사할 것이다. 이제 임금부문에만 존재하던 예컨대 '의사'라는 고숙련 직종이 자영업 부문에 새로이 포함되었다고 해보자. 이 경우 모집단에서의 숙련분포의 변화 없이도 자영업 부문 특수적인 숙련에서의 분산은 커지게 된다.

불구하고 1990년 이후 계속 증가하여 왔다. 본 연구에서는 이 같은 변화가 임금부문과 비교한 자영업 부문의 소득기회의 변화 및 선택성의 변화와 어떻게 관련되어 있는가에 분석의 초점을 맞추었다. 이러한 분석은 궁극적으로는 우리나라의 자영업 부문 취업자의 비중이 상대적으로 매우 높은 상태인데도 불구하고 아직도 증가하는 이유는 무엇인가 하는 물음에 대한 단서를 찾는 데에 그 목적이 있다.

분석결과, 자영업 부문은 소득수준, 소득분산 등의 면에서 '직업'으로서의 매력이 표본기간 동안 증대되어 온 것으로 파악되었다. 또한 자영부문 종사자의 숙련수준과 관련해서는 음의 선택성이 지속적으로 축소되거나 소멸되는 과정에 있는 것으로 나타났다. 주목할 점은 자영업주의 이러한 상대적인 경제적 지위 상승은 임금노동자의 경제적 지위의 유의한 하락 없이 일어났다는 사실이다. 이들은 자영부문 취업자 비중의 증가가 자영부문에서의 새로운 기회 창출에 의한 바가 크다는 점을 시사한다.

자영업 취업자 비중이 증가하게끔 하는 자영부문의 흡인(pull)요인으로는, 서비스업 비중이 증대되는 쪽으로 산업구조가 변화하면서 소규모 창업이 용이해졌다는 점, 기술변화로 벤처기업의 창업기회가 늘어났다는 점, 기업의 분사화, 소사장제 및 아웃소싱이 확산되어 왔다는 점(금재호, 2002) 등을 들 수 있을 것이고, 반면 방출(push)요인으로는 기업의 구조조정 등으로 인해 임금부문에서의 소득기회가 감소했다는 점을 들 수 있을 것이다. 본 연구의 분석은 근래에 자영업 부문의 흡인요인이 방출요인보다 컸음을 제시한다. 이는 근래의 자영업주 비율의 증가를 보다 긍정적인 시각에서 바라볼 것과, 기업가적인 능력을 갖춘 사람들이 자영업 부문에서 새로운 기회를 찾는 데 도움을 주는 시스템을 구축하는 것이 우리 사회의 중요한 과제가 되고 있음을 제시한다.

아울러 자영부문에서의 기회의 (상대적인) 증대는 자영부문 특수적인 숙련의 분산 증대를 수반한 것으로 나타났는데, 이는 자영업 부문 내부의 소득불균등도의 확대, 영세자영업의 생성과 소멸률(turnover rate)의 증대, 저숙련 자영업주가 고숙련 자영업주에 의해 구축되는(crowded out) 현상의 심화 등이 진행되어 왔거나 될 것임을 시사한다. 특히 전통적인 저숙련 자영업주의 고용 및 소득 불안정성은 더욱 증대될 것으로 예상되는 바, 국민연금과 같은 사회보장제도를 운영할 때는 이 같은 점이 충분히 감안되어야 할 것이다.

본 연구의 한계로 지적할 수 있는 것은 연구에 사용된 자료가 포괄하는 기간이 4년에 불과하며, 이 때문에 분석에서 나타난 각 지표들의 시간상의 변화를 추세변화의 일부로 볼 수 있을 것인가에 의문이 있을 수 있다는 점이다. 본 연구에서는 각 지표의 변화가 분석기간 내에 동일한 방향으로의 움직임을 보여주는 한도 내에서 추세적인 변화의 한 단면을 보여주는 것으로 조심스러운 해석을 하고자 했다. 자영부문에 대한 장기간에 걸친 자료를 이용함으로써 추세를 더욱 확정적으로 확인하는 연구는 추후 과제로 남겨둔다.

참고문헌

금재호. 2002. 「자영업 노동시장의 현황과 구조」. 금재호·류재우·전병유·최강식 엮음. 『자영업 노동시장의 현상과 과제』. 한국노동연구원.

금재호·조준모. 2000. 「자영업의 선택에 관한 이론 및 실증분석」. ≪勞動經濟論集≫, 제23권, 81~108쪽.

김우영. 2000. 「취업형태의 비교우위와 자영업주의 결정요인에 대한 분석」. ≪勞動經濟論集≫, 제23권, 55~80쪽.

류재우. 2002. 「근속급의 구조와 근래의 변화」. ≪經濟學硏究≫, 제50권, 257~286쪽.

류재우·박성준. 2003. 「기업근속에 대한 보상과 노동이동」. ≪國際經濟硏究≫, 제9권, 91~118쪽.

류재우·최호영. 1999. 「우리나라의 자영업 부문에 관한 연구」. ≪勞動經濟論集≫, 제22권, 109~140쪽.

_____. 2000. 「자영업을 중심으로 한 노동력의 유동」. ≪勞動經濟論集≫, 제23권, 137~165쪽.

안주엽·성지미. 2003. 「자영업 지속기간의 결정요인」. ≪勞動經濟論集≫, 제26권, 1~30쪽.

Aronson, Robert L. 1991. *Self-Employment: A Labor Market Perspective*. Ithaca, New York: ILR Press.

Blau, David. 1987. "A Time Series Analysis of Self-Employment." *Journal of Political Economy*, 95(June), pp.445~467.

Blanchflower, David and Andrew J. Oswald. 1998. "What Makes an Entrepreneur?" *Journal of Labor Economics*, 16(January), pp.26~60.

Borjas, George J. and Stephen G. Bronars. 1989. "Consumer Discrimination and Self-Employment." *Journal of Political Economy*, 97(June), pp.581~605.

Evans, David S. and Linda Leighton. 1989. "Some Empirical Aspect of Entrepreneurship." *American Economic Review*, 79(June), pp.519~535.

Evans, David S. and Boyan Jovanovic. 1989. "An Estimated Model of Entre-preneurial Choice under Liquidity Constraints." *Journal of Political Economy*, 97(August), pp.808~827.

Flyer, Frederick. 1997. "The Influence of Higher Moments of Earnings Distribution on Career Decisions." *Journal of Labor Economics*, 15(January), pp.689~713.

Heckman, James and Guilherme Sedlacek. 1985. "Heterogeneity, Aggregation, and Market Wage Functions: An Empirical Model of Self-Selection in the Labor Market." *Journal of Political Economy*, 93(December), pp.1077~1125.

Jovanovic, Boyan. 1982. "The Selection and Evolution of Industry." *Econometrica*, 50(May), pp.649~670.

Lucas, Robert. 1978. "On the Size Distribution of Business Firms." *Bell Journal of Economics*, 9(Autumn), pp.508~523.

Moore, Robert L. 1983. "Employment Discrimination: Evidence from Self-Employed Workers." *Review of Economics and Statistics*, 65(August), pp.496~501.

Rosen, Sherwin. 1986. "The Theory of Equalizing Differentials." in Orley Ashenfelter and Richard Layard(eds.). *Handbook of Labor Economics*. New York: North Holland.

Ryoo, Jaewoo and Sherwin Rosen. 2004. "The Engineering Labor Market." *Journal of Political Economy*, Vol.112(1), s110~140.

Ryoo, Jaewoo. 1994. "A Theory and Evidence of Entrepreneurial Choice." manuscript, University of Pennsylvania.

Willis, Robert J. and Sherwin Rosen. 1985. "Education and Self-Selection." *Journal of Political Economy*, 87(October), s7~36.

부록

<부표 1> 자영업 종사자의 특성 및 변화(비농업-65세 이하-전일제-남자)

	연령				가구원 수			
	자영업주			임금 근로	자영업주			임금 근로
	전체	고용주	자영자		전체	고용주	자영자	
1998	42.3	41.3	42.9	37.9	4.03	4.12	3.98	3.85
1999	42.9	42.1	43.4	38.1	4.05	4.13	4.00	3.90
2000	43.7	42.8	44.4	38.2	4.04	4.15	3.97	3.79
2001	43.7	43.4	44.3	38.6	4.09	4.21	4.01	3.88
	교육연수				자가 보유자 비율			
1998	12.0	13.1	11.2	12.6	57.0	60.8	54.5	57.7
1999	12.0	13.0	11.2	12.5	56.9	61.2	53.7	57.4
2000	11.9	12.9	11.2	12.5	58.2	62.5	55.2	56.0
2001	11.9	12.8	11.2	12.5	59.5	66.7	54.4	58.9
	자산소득이 있는 자의 비율				자산소득규모(만 원)			
1998	10.9	11.5	10.5	11.4	65.0	72.4	60.3	50.9
1999	12.3	13.3	11.5	15.7	62.9	66.8	60.0	66.7
2000	10.7	11.1	10.5	12.4	65.3	75.5	58.1	54.8
2001	11.6	14.9	9.2	12.7	78.2	127.8	43.2	63.9
총관측치수	3,404	1,408	1,996	8,539	3,404	1,408	1,996	8,539

주: '자산소득'은 금융소득과 부동산소득의 합을 지칭함.
자료: KLIPS 1~4차년도.

<부표 2> 자영업 종사자의 고용특성 및 변화(비농업-65세 이하-전일제-남자)

	도소매업 종사자 비율				판매직 종사자 비율			
	자영업주			임금	자영업주			임금
	전체	고용주	자영자	근로	전체	고용주	자영자	근로
1998	48.0	44.3	50.3	12.4	43.9	36.5	48.5	6.9
1999	44.2	39.6	47.5	12.6	39.7	32.9	44.7	8.6
2000	44.5	40.5	47.5	13.1	40.3	34.4	44.5	8.6
2001	44.7	44.3	45.1	13.9	40.9	36.5	44.0	9.0
	주당 노동시간				지속(근속)연수			
1998	65.6	60.7	68.7	56.3	4.03	4.12	3.98	3.85
1999	65.6	63.1	67.5	57.2	4.05	4.13	4.00	3.90
2000	65.0	62.0	67.3	57.6	4.04	4.15	3.97	3.79
2001	64.0	62.1	65.3	56.3	4.09	4.21	4.01	3.88
	1년 이하 근속자의 비율				현 사업장이 첫 직장인 자의 비율			
1998	14.9	15.7	14.3	18.7	16.0	21.8	12.2	33.9
1999	17.2	15.6	18.3	28.1	18.9	21.2	17.3	40.4
2000	14.8	17.0	13.2	23.7	18.5	20.7	16.9	33.5
2001	11.9	12.5	11.6	24.0	12.7	13.6	12.1	26.9

자료: KLIPS 1~4차년도.

제5장

경기변동과 일자리 소멸
생산성에 따른 선별을 중심으로*

김혜원 (한국노동연구원)

1. 서론

한국 광공업의 일자리 창출과 소멸을 분석한 결과에 따르면, 경기불황기에 일자리 소멸은 증가하고 일자리 창출은 감소하며 반대로 호황기에 일자리 소멸이 감소하고 일자리 창출은 증가한다.[1] 미국의 경우 경기불황기에 일자리 소멸이 매우 큰 폭으로 증가하여 일자리 창출과 소멸을 합친 일자리 재배치율은 경기역행적 양상을 보이고 있지만, 한국 광공업의 경우에는 이러한 경기역행성은 나타나지 않고 일자리 소멸률과 창출률이 거의 같은 폭으로 변화하여 일자리 재배치율은 매우 안정적인 모습을 보인다. 산업별로 살펴보았을 때 취업자 수가 증가하는 산업의 경우 소멸률이 경기변동에 둔감하게 반응하지만 취업자 수가 감소하는 산업에서는 소멸률이 경기불황기에 큰 폭으로 증가하는 양상을 띠고 있음을

---

* 이 글은 ≪노동경제논집≫ 제5권 제3호(2005년 9월)에 실린 논문을 전재한 것이다. 서울사회경제연구소의 월례토론회 발표 시 좋은 지적을 해주신 세미나 참석자들과 ≪노동경제논집≫의 익명의 심사자들께 감사드린다.
1) 전병유·김혜원(2003), 김혜원(2000) 참조.

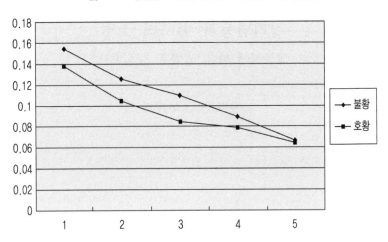

<그림 5-1> 생산성 그룹별 일자리 소멸률과 경기변동

알 수 있었다.

사업체의 생산성이 높으냐 낮으냐도 일자리 소멸에 큰 영향을 준다. 생산성이 낮은 사업체의 일자리 소멸률은 생산성이 높은 사업체보다 높다. 제2절에서는 생산성 수준별로 5개 그룹을 나눈 뒤 일자리 소멸률을 비교하여 생산성이 높을수록 일자리 소멸률이 낮아짐을 확인했다. 생산성 그룹별 일자리 소멸률의 시계열을 이용하면 불황기와 호황기에 일자리 소멸률의 차이를 확인할 수 있다. 불황기는 호황기에 비해 모든 생산성 그룹에서 절대수준에 있어서 일자리 소멸률이 더 높다. 그런데 상대적 수준에 있어서도 불황과 호황 사이에 차이가 나타난다.

<그림 5-1>은 생산성 그룹별 일자리 소멸률을 호황과 불황으로 나누어서 비교한 것이다. 비교에 이용된 호황기는 1986년, 1990년, 1993년, 1999년이며, 불황기는 1984년, 1988년, 1992년, 1996년이다.[2] 그림에서 확인할 수 있듯이 불황기 일자리 소멸률은 모든 생산성 그룹에서 호황기

─────────────

2) 경기불황과 호황의 연도는 통계청에 따른 것이며, 불황으로 선정한 해는 전년도가 호황이었고 금년도가 불황인 해이며 호황으로 선정한 해는 그 반대의 경우다.

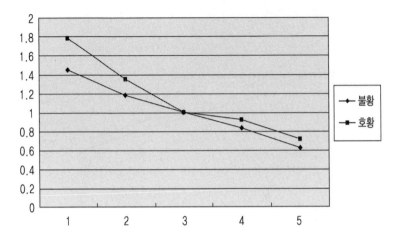

<그림 5-2> 생산성 그룹별 일자리 소멸률의 상대비율

일자리 소멸률보다 높다. 그런데 저생산성 그룹에서 호황기의 경우 생산
성 그룹이 상향됨에 따라 일자리 소멸률이 빠르게 감소하지만 불황기에
는 상대적으로 그 감소속도가 느리다는 것을 알 수 있다.

　이러한 차이를 좀 더 명확히 보기 위해서 각 그룹별 일자리 소멸률을
평균생산성 그룹인 제3그룹의 일자리 소멸률로 나눈 상대비율을 계산하
여 불황과 호황을 비교해 보았다. 그 결과는 <그림 5-2>에 제시되어
있다. <그림 5-2>에서 보는 것처럼 제1그룹과 제2그룹, 즉 상대적으로
생산성이 낮은 그룹에서 호황기보다 불황기에 일자리 소멸률의 생산성
그룹별 차이가 작다는 것을 확인할 수 있다. 이것은 불황기에 낮은 생산성
의 일자리가 호황기에 비해 잘 소멸되지 않는다는 것을 의미한다. 이러한
결과는 다음 <그림 5-3>에서 보듯이 사업체를 임금률 그룹으로 나누어
보았을 때도 성립한다. 또한 산업별로 구분하고 다른 여러 기준들을 통제
한 회귀분석에서도 불황기 일자리 소멸에서 생산성 기준이 약화되는 결
과를 확인할 수 있다.

　저생산성 사업체가 평균생산성 사업체에 비해 불황기에 상대적으로

<그림 5-3> 임금률 그룹별 일자리 소멸률의 상대비율

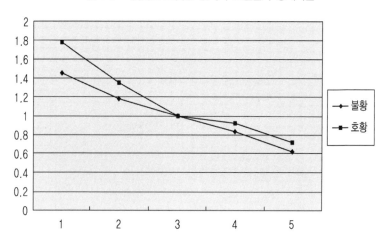

일자리 소멸률이 낮게 되면 각 연도의 생산성별 일자리 분포에서 저생산성 영역의 취업자 비중이 증가하는 결과를 보이게 될 것이다. 이러한 현상 역시 광공업통계조사 원자료를 이용해 확인할 수 있다.

이 글은 불황기에 생산성 기준에 따른 일자리 소멸이 약화되고 생산성에 따른 취업자 분포가 저생산성 영역에서 비중이 증가하는 형태로 변화하는 점을 설명하는 것을 주요 목적으로 한다. 그리고 거시적 불황 충격이 주어질 때 경제적 생존의 기준을 충족하지 못하는 일자리가 늘어나 일자리 소멸이 늘어나는 효과가 존재하지만 노동자의 이직행동이 불황기의 충격에 대응·변화하여 일자리 소멸의 충격이 완화되고 이에 따라 저생산성 일자리의 비중이 늘어나는 변화가 발생한다는 것을 보일 것이다.

이 연구에서는 빈티지(vintage) 수명에 따라 생산성 수준이 이질적인 사업체들이 공존하는 경제에 노동자의 취업 중 직장탐색을 도입한 모형을 제시한다. 취업 중 직장탐색이 존재할 경우 불황기에 저생산성 일자리의 소멸이 증가하지만 이와 함께 저생산성 일자리의 비중이 증가하는 현상이 동시에 나타난다는 것을 밝혔다. 취업 중 직장탐색이 존재할 경우 빈티지 자본모형의 취업자 분포는 역U자 모양의 내생적 분포를 갖게 된다. 역U자 모양에서 중요한 것은 일정 수명 이상에서 수명이 길어질수록 빈티지의 취업자 비중이 감소한다는 것이다. 수명이 오래된 일자리의 경우 취업자들이 자신이 일하고 있는 일자리보다 수명이 짧은 공석으로부터 일자리 제의를 받게 되면 옮기게 된다. 수명이 오래될수록 취업자는 일자리를 옮길 가능성이 높아지고 이에 따라 수명이 길수록 취업자의 비중은 줄어든다. 전반적인 생산성의 하락과 함께 불황이 오게 되면 호황기에 생존할 수 있었던 매우 낮은 생산성의 사업체들은 임금률을 지불할 수 없기 때문에 도태된다. 그런데 전반적인 생산성의 하락은 신규 사업체의 창업 또는 신규 일자리의 창출을 줄이고, 신규 일자리의 창출이 줄어들게 된다. 이로 인해 기존 사업체에서 취업한 노동자가 신규 사업체로 이동할 기회도 줄어들게 된다. 호황기 취업 중 직장탐색 과정에서 일자리 제의를 받고 빠르게 고용이 감소되었을 저생산성의 일자리에 취업자가 계속 머무르게 되는 결과가 나타난다. 이에 따라 호황기에 비해 불황기에 상대적으로 낮은 생산성 일자리의 취업자 비중이 늘어나고 저생산성 일자리의 소멸률은 상대수준으로 볼 때 감소한다.

이 연구의 모형은 아지온과 호윗(Aghion and Howitt, 1998)에서 제시된 빈티지 자본모형에 취업 중 직장탐색을 결합한 모형에 기초하고 있다. 이들의 관심은 경제성장, 특히 기술진보율이 실업률에 미치는 영향이다. 또한 이 연구에서는 이들의 모형을 경기변동에 적용하여 경기변동에 따라 생산성 기준에 의한 일자리 소멸이 변화하고 취업자 분포가 변화하는 것을 검토했다.

카바렐로와 햄모어(Caballero and Hammour, 1996)는 빈티지 자본모형을 이용하여 불황기에 경제적 수명이 줄어들게 되면서 일자리 소멸률이 증가한다는 것을 보였다. 하지만 이들의 연구에서 빈티지별 취업자 분포, 즉 생산성별 취업자 분포는 일양분포(Uniform distribution)로 주어지므로 생산성 수준별 취업자 분포의 변화는 분석되지 않았다. 또한 일자리 소멸이 경제적 수명에만 한정되어 경제적 수명 이상의 사업체에서 나타나는 일자리 변동에 대해서도 논의하고 있지 않다. 카바렐로와 햄모어(1999)는 금융시장의 정보비대칭에 의한 시장실패를 도입하여 일자리 소멸을 결정하는 생산성 기준이 불황기에 약화될 수 있음을 보였다. 본 연구는 이러한 시장실패 요인을 도입하지 않더라도 취업 중 직장탐색과 노동이동에 의해 유사한 결과를 도출할 수 있음을 보였다는 점에서 차이를 갖는다.

버게스와 튜론(Burgess and Turon, 2003)은 몰텐센과 피사리데스(Mortensen and Pissarides, 1994)의 탐색모형에 취업 중 직장탐색을 도입하여 경기변동의 영향을 분석했다. 이들의 논문은 일자리 창출, 소멸과 노동자 이동을 연결하는 모형을 제시하려 한 점에서 본 연구의 문제의식과 유사하다. 그런데 이들의 모형에서는 기존 취업자가 기존 일자리를 떠나서 매칭된 새로운 기업과 임금협상을 하기 전까지는 새로운 일자리의 생산성을 알지 못한다고 가정함으로써 취업 중 직장탐색을 선택한 노동자와 선택하지 않은 노동자를 구분할 뿐 생산성별 취업자 분포의 내생적 변화에 대해서는 분석하지 않고 있다.

불황기에 생산성 기준에 따른 일자리 소멸이 약화되는 현상은 한국 광공업에만 국한된 현상은 아닌 것으로 보인다. 집계적 생산성의 변동은 사업체 내 생산성 증가와 사업체 간 고용비중 변화에 의한 생산성 증가로 분해될 수 있다. 생산성 기준에 따른 일자리 소멸이 불황기에 강화될 경우, 집계적 생산성 변동 중에서 저생산성 사업체의 일자리 소멸과 비중 감소에 의한 생산성 증가가 불황기에 높게 나타날 것으로 예상된다. 이것을 불황의 세정효과(cleansing effect of recession)로 해석하는데, 기존연구는 이러한 예상을 실증적으로 뒷받침하지 못하고 있다.

베일리·바텔스만·할티웽어(Baily, Bartelsman, and Haltiwanger, 1998)는 미국 제조업의 집계적 생산성 변동을 분석하여 구성효과의 기여도가 매우 작다는 점을 보고했다. 그릴리치스와 레게브(Griliches and Regev, 1995)는 이스라엘 제조업 공장의 평균노동생산성이 불황기에 증가할 때 생산적인 공장의 비중이 늘어나고 비생산적인 공장의 비중이 줄어드는 구성효과(Composition Effect)의 기여도가 매우 미약했음을 보였다. 발레비(Barlevy, 1998)는 미시 임금자료를 이용하여 미국의 경우 불황기에 노동자가 보다 생산적인 일자리로 이동하는 것이 아니라 생산성이 떨어지는 일자리로 이동하는 특성이 보인다고 주장했다.

브레스나한과 래프(Bresnahan and Raff, 1991)는 대공황기 미국 자동차 산업에서 진입·퇴출기업의 생산성을 검토했는데 대공황기에 살아남은 공장 중에서 보다 생산적인 공장으로의 자원 재배분을 관찰할 수 없었다고 보고하고 있으며, 버틴·브레스나한·래프는(Bertin, Bresnahan, and Raff, 1996)는 대공황기 제철산업을 연구했는데 역시 동일한 결과를 얻었다.

발레비(1998)는 자금조달에 있어서 정보비대칭을 도입하여 금융시장의 시장실패가 나타나고 보다 효율적인 사업체가 불황기에 오히려 퇴출하는 모형을 제시하며, 앞에서 제시된 실증결과들이 이러한 시장실패가 존재하는 증거라고 해석했다. 하지만 본 연구는 시장실패를 도입하지 않더라도 불황의 거시적 충격에 대응한 기업과 노동자의 최적대응으로 인해 불황기 사업체 선별의 생산성 기준이 약화되는 현상이 관측될 수 있음을 보인다는 점에서 발레비(1998)의 연구와 차이를 갖는다.

이 글은 다음과 같이 구성된다. 제2절에서는 취업 중 직장탐색이 존재하는 빈티지 모형을 제시하여 균형 취업자 분포를 도출한다. 제3절에서는 제2절의 기본모형에 경기변동을 도입하여 취업자의 분포가 불황기와 호황기에 차이가 있음을 확인한다. 이와 함께 이직률과 일자리 소멸률이 경기국면에 따라 상이한 양상을 띠게 됨을 보인다. 이를 통해 앞에서 설명한 한국 광공업의 일자리 소멸률과 취업자 분포의 경기국면별 특성을 설명한다. 제4절은 요약을 담고 있다.

2. 취업 중 직장탐색이 존재하는 빈티지 모형

1) 생산과 매칭

빈티지 자본모형의 가정에 따라 일자리와 공석은 수명에 따라 구분된다. t기에 창출된 공석은 t기의 생산성이 체화된 자본재를 장착하고 있다. 기술진보가 연속적으로 이루어짐에 따라 t기에 창출된 신규 공석의 생산성과 t+a기에 창출된 신규 공석의 생산성에 차이가 존재한다. 생산성 증가율이 g라고 할 때 각 신규 공석의 생산성은 다음과 같다. $Y(t,\tau)$에서 t는 새로 공석이 창출된 시점을 의미하고 τ는 현재 시점을 의미한다.

$$Y(t,\tau) = Y_0 A_0 e^{gt}$$
$$Y(t+a,\tau) = Y_0 A_0 e^{g(t+s)}$$

수명 s는 현재 시점과 창출된 시점의 차이인 $\tau - t$로 정의된다. 한 시점에서 다양한 수명의 빈티지가 공존한다. 따라서 τ 시점에서 수명 0인 빈티지는 τ 시점에 창출된 공석 및 일자리를 의미한다. 주어진 시점 τ에서 시점 τ에 창출되는 신규 공석의 생산성을 기준으로 봤을 때 각 빈티지의 상대생산성은 수명에 반비례한다. 각 빈티지의 수명별 상대생산성을 $y(s)$라고 하면, 이것은 다음과 같이 표현할 수 있다.

$$y(s) = y_0 e^{-gs} \qquad (5-1)$$

공석 하나에 노동자 1명이 취업할 수 있다고 가정한다. 공석 1개를 창출하는데 $kY(t,t)$의 비용이 소요된다. 최신 빈티지에 대비한 상대적인 크기는 k이다. 공석 창출에 소요된 비용은 매몰비용이다. 취업자가 없고 더 이상 노동자를 구하지 않고 소멸될 경우에 투자자가 회수하는 금액은 없다고 가정한다.

노동시장에서 구인자와 구직자가 만나서 구인자는 새로 노동자를 구하고 구직자는 새로운 일자리를 갖게 된다. 단순한 노동시장 탐색모형에서는 구직자를 실업자에 한정하고 있다. 이 연구에서는 추가적으로 취업자의 취업 중 직장탐색(On-the-Job Search, 이하 OJS)이 존재한다고 가정한다. 이에 따라 구직자는 실업자 더하기 취업자 전체이다. 실업자의 경우 매칭이 이루어지면 균형에서 항상 취업자가 된다. 하지만 OJS를 하고 있던 취업자의 경우 매칭이 이루어진다고 해서 항상 일자리를 옮기는 것은 아니다. 취업자는 현재 일하는 일자리의 임금보다 더 나은 조건의 일자리를 만날 때만 일자리를 옮긴다.

노동시장에서 노동자를 구하는 구인자는 공석으로 한정한다. 공석에는 매기 새로 창출되는 신규 공석뿐만 아니라 OJS를 통해 취업자가 일자리를 떠남으로써 공석이 된 기존 공석도 포함한다. 노동자의 이직동기와 기업의 일자리 소멸동기가 괴리되어 노동자가 이직하더라도 새로 노동자를 구하는 것이 일자리를 소멸시키는 것보다 나을 경우 공석으로서 매칭 과정에 참여한다. 만약 노동자가 이직했을 때 구인활동을 하는 것보다 구인을 포기하고 일자리를 소멸시키는 것이 나을 경우 이직과 일자리 소멸이 동시에 이루어진다.

구직자와 공석이 만나 이루어지는 매칭의 수는 구직자와 공석의 일차동차함수로 가정한다. 단순화를 위해 매칭함수는 다음과 같은 콥-더글라스 함수의 꼴을 갖는다고 가정한다. 다음의 식에서 전체 노동자 수는 1로 정규화했다.

$$m(1,v) = m_0 1^\alpha v^{1-\alpha}$$

매칭함수의 가정에 따라 노동자 한 사람이 공석과 마주칠 확률인 구직률(λ)은 $m(1,v)$와 같고 공석이 노동자 한 사람과 마주칠 확률인 구인율(q)은 $\dfrac{m(1,v)}{v}$과 같다. 구인율은 공석의 감소함수이고 구직률은 공석의 증가함수가 된다.

$$q(v) \equiv m\left(\frac{1}{v},1\right) = m_0 v^{-\alpha} \qquad\qquad (5\text{-}2)$$

$$\lambda(v) = vq(v) = m_0 v^{1-\alpha} \qquad\qquad (5\text{-}3)$$

아지온과 호윗(1998)은 본 연구의 OJS가 존재하는 빈티지 모형과 동일한 모형을 제시하고 취업자의 수명별 분포를 도출한 바 있다. 이들의 분석과 본 연구의 차이점은 매칭함수에 있다. 아지온과 호윗(1998)은 매칭함수를 노동시장의 타이트함을 표현하는 공석비율과 무관하게 단순히 일자리와 공석의 합의 일정비율로 단순화했다. 이에 비해 본 연구에서는 일반적인 노동시장 탐색모형에 따라 공석의 양을 매칭함수에 명시적으로 도입했다.

또한 이 연구에서는 아지온과 호윗(1998)과 달리 기업의 노동자 탐색비용(c)을 가정했다. 구인탐색비용이 없다면 일자리가 일자리의 경제적 수명에 도달하기 전에 이직으로 공석이 되더라도 새로운 노동자를 구할 유인이 있고, 이에 따라 공석의 경제적 수명은 일자리의 경제적 수명과 동일하다. 이 경우 일자리 소멸과 이직이 동시에 나타나는 것은 일자리의 경제적 수명 T에 한정된 현상이 된다. 만약 구인탐색비용이 존재하면 취업자의 이직으로 빈 일자리를 가진 기업가는 구인탐색비용을 감안하여 공석을 유지하며 구인탐색을 할 것인지 아예 일자리를 소멸시킬 것인지를 선택해야 한다. 공석의 경제적 수명 T_V를 넘어선 공석에서는 이직과 함께 일자리를 소멸시키는 것이 낫다. 따라서 이 경우에는 일자리 소멸과 이직이 동시에 나타나는 것이 $(T_1, T]$ 구간의 수명에서 관측된다.

2) 취업자 분포

M(s)를 수명 s 이하의 빈티지에서 일하는 취업자의 수로 정의하자. 그리고 F(s)는 수명 s 이하의 공석과 일자리의 합으로 정의하자. 각 일자리는 1명의 노동자를 고용하므로 수명 s 이하의 빈티지에서 일하는 취업자의 수와 수명 s 이하의 채워진 일자리의 수는 같다.

M(s)는 매 시점 s 이상의 빈티지에서 일하고 있는 취업자들이 OJS를 통해 s 이하의 빈티지의 공석을 만나 옮겨옴에 따라 늘어난다. 수명이 s 이하인 빈티지 중 공석으로 존재하는 것이 노동자를 만나 일자리로 변하여 M(s)가 늘어나는 양은 공석이 구직자와 만나 매칭이 되는 총량 m(1,v) 중에서, 공석 중에서 s 이하의 빈티지 공석이 실업자이거나 s 이상의 빈티지에 일하고 있는 취업자와 만나는 비율이다. 이 값은 다음과 같다.

$$M(s)_{inflow} = m(1,v)\left(\frac{v(s)}{v}\right)\left(\frac{1-M(s)}{1}\right)$$

이때 $1 - M(s)$는 전체 노동자 중에서 수명 s 이하의 일자리에 취업한 노동자를 뺀 값으로서, 실업자와 s 이상의 빈티지에 일하는 취업자의 수이다. v는 앞서 정의한 대로 경제 전체의 공석의 수이며 v(s)는 s 이하의 수명의 공석으로서 다음과 같이 정의된다.

$$v(s) = F(s) - M(s)$$

균제상태에서 매기 f의 신규 공석이 창출되고 공석의 경제적 수명이

T_V, 일자리의 수명이 T일 경우, 경제 전체에 존재하는 공석의 총수(v)는 $T_Vf - M(T_V)$이며, 경제적 수명이 s 이하인 공석 수는 $sf - M(s)$이다. 그런데 수명 s가 T_V 이상일 경우에는 공석은 더 이상 존재하지 않으므로 경제적 수명이 s 이하인 공석 수는 변하지 않으며, 그 값은 경제 전체에 존재하는 공석의 총수와 일치한다. 빈티지 공석의 양 $v(s)$는 다음과 같다.

$$v(s) = \begin{cases} sf - M(s) & \text{if } 0 \leq s \leq T_V \\ T_Vf - M(T_V) & \text{if } T_V < s \leq T \end{cases}$$

이에 따라 $M(s)_{inflow}$는 다음과 같다.

$$M(s)_{inflow} = \begin{cases} q(v)\,[sf - M(s)]\,[1 - M(s)] & \text{if } 0 \leq s \leq T_V \\ q(v)v\,[1 - M(s)] & \text{if } T_V < s \leq T \end{cases}$$

(5-4)

수명 s 이하의 일자리가 매칭과 노동자 유입에 의해 늘어나는 양이 위와 같다면 수명 s 이하의 일자리가 줄어드는 양은 어떻게 될까? 시간이 흐름에 따라 결정론적으로(deterministically) 수명 s는 수명 $s + \Delta s$로 변화한다. 따라서 일자리가 줄어드는 양은 $M'(s)$가 된다. 노동자 유출에 의해 M(s)가 줄어드는 일은 일어나지 않는다. 왜냐하면 s 이하의 빈티지에 속한 노동자는 s 이상의 빈티지와 매칭될 경우 일자리 제의를 거절할 것이기 때문이다.

$$M(s)_{outflow} = M'(s)$$

(5-5)

균제상태에서 $M(s)_{inflow}$와 $M(s)_{outflow}$는 일치한다. 이에 따라 식 (5-4)와 (5-5)를 결합하면 $M(s)$에 관한 미분방정식을 얻을 수 있다.

$$M'(s) = \begin{cases} q(v)\left[sf - M(s)\right]\left[1 - M(s)\right] & \text{if } 0 \leq s \leq T_V \\ q(v)\,v\,\left[1 - M(s)\right] & \text{if } T_V < s \leq T \end{cases} \tag{5-6}$$

$$M(0) = 0$$

T, T_V, 그리고 f가 주어질 때 위의 미분방정식 (5-6)은 일의적으로 풀린다.

$$M(s) = \begin{cases} 1 - \dfrac{e^{-q(v)f\left(s - \frac{1}{f}\right)^2 \frac{1}{2}}}{q(v)\displaystyle\int_0^s e^{-q(v)f\left(\tau - \frac{1}{f}\right)^2 \frac{1}{2}}d\tau + e^{-\frac{\alpha}{2f}}} & \text{if } 0 \leq s \leq T_V \\ \\ 1 + A\,e^{-q(v)vs} & \text{if } T_V < s \leq T \end{cases} \tag{5-7}$$

v는 $T_V f - M(T_V)$이며 적분상수 A는 다음의 식을 만족하는 값으로 정의된다.

$$1 - \frac{e^{-q(v)f\left(T_V - \frac{1}{f}\right)^2 \frac{1}{2}}}{q(v)\displaystyle\int_0^{T_V} e^{-q(v)f\left(\tau - \frac{1}{f}\right)^2 \frac{1}{2}}d\tau + e^{-\frac{\alpha}{2f}}} = 1 + A\,e^{-q(v)vT_V}$$

일자리 수명별 취업자의 분포를 그림으로 표현하면 다음 <그림 5-4>와 같다. <그림 5-4>에서 굵은 실선은 취업자 및 일자리의 분포를 보여

<그림 5-4> 취업자 분포와 공석 분포

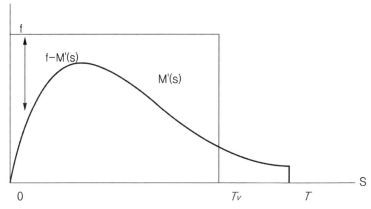

준다. 그리고 세로 f와 가로 T_V의 직사각형은 수명 T_V까지의 공석과 일자리의 빈티지 전체를 보여주는 것으로서 여기에서 $M'(s)$를 뺀 부분이 공석의 분포를 보여준다. 일반적으로 수명이 짧은 빈티지와 오래된 빈티지에서 공석이 많으며 중간 정도 수명의 빈티지에서 공석이 가장 작다. 그리고 (T_V, T) 구간에는 공석은 존재하지 않고 일자리만 존재한다. 왜냐하면 T_V가 공석의 경제적 수명이므로 T_V 이상의 일자리에 취업한 노동자가 일자리 제의를 받아 떠난다면 이 일자리는 공석으로 전환하지 않고 바로 소멸하기 때문이다. 일자리의 소멸은 이 구간에서의 노동자의 이직에 의해 일어난다. 이에 비해 $(0, T_V)$ 구간에서의 노동자 이직은 일자리의 소멸을 낳는 것이 아니라 일자리가 공석으로 전환될 뿐이며 이 공석은 다시 노동자를 구한다.

3) 노동시장 플로 균형

일자리의 경제적 수명 T에서 다음의 식이 성립한다.

$$M'(T) = q(v)[T_V f - M(T_V)][1 - M(T)]$$
$$= q(v)v\ u \qquad\qquad (5\text{-}8)$$
$$= m(1,v)u$$

이 식의 의미를 살펴보면 취업상태에서 실업상태로 이행하는 노동자 수는 $M'(s)$, 실업상태에서 취업상태로 이행하는 노동자 수는 $m(1,v)\dfrac{u}{1}$ 이다. 균제상태에서 실업자로의 이행과 취업자로의 탈출 플로(flow)가 일치해야 한다는 조건이 바로 이것이다. 이때 실업률은 $M(s)$으로부터 구해진다는 점에서 노동시장 플로 균형의 식 (5-8)은 추가적인 식이 아니라는 것에 유의할 필요가 있다.

4) 일자리의 경제적 수명

취업자의 분포가 결정되기 위해서는 f와 T 및 T_V가 결정되어야 한다. f는 매기 신규로 창출되는 신규 공석의 수이고, T는 일자리의 경제적 수명이며, T_V는 공석의 경제적 수명이다. 이 값들은 기업과 노동자의 최적화 행동으로부터 도출된다. 이하에서는 기업과 노동자의 행동을 가치함수로 요약하여 분석한다.

노동자의 실업상태의 가치는 다음과 같다.

$$rU = b + \lambda(v)\int_0^{T_V}[W(s') - U]\,dG(s') \qquad\qquad (5\text{-}9)$$

매기 b만큼의 수입 플로가 있고 $\lambda(v)$의 확률로 공석과 매칭이 이루어지며 어떤 공석과 매칭되느냐에 따라 상이한 수명의 취업상태로 전환된다. 만나게 될 공석의 분포는 G(·) 함수로 표현되어 있는데 이 분포의 자세한 형태는 내생적으로 결정된다. 실업자는 어떠한 수명의 공석이라도 다 받아들인다는 점에서 이후 살펴볼 취업자와 차이를 갖는다.
취업상태의 가치는 다음과 같다.

$$r W(s) = w(s) + \lambda(v) \int_0^s [\, W(s') - W(s)\,] \, dG(s') + \dot{W}(s)$$

$$(5\text{-}10)$$

취업상태는 매기 $w(s)$의 임금을 받으며 OJS에 의해 매기 $\lambda(v)$의 확률
로 공석을 만난다. 이때 자신이 취업하고 있는 일자리보다 수명이 긴
공석의 일자리 제의는 거절한다. 우변의 마지막 항은 자신이 취업한 일자
리의 가치가 시간이 지남에 따라 변화하는 점을 반영한 것이다.[3]
경제적 수명(T)의 일자리에 취업한 노동자의 취업상태의 가치는 실업
상태의 가치와 동일하다.

$$W(T) = U \qquad\qquad (5\text{-}11)$$

공석의 분포함수 G(s)는 다음과 같이 정의된다.

$$G(s) = \begin{cases} \dfrac{fs - M(s)}{v} & \text{if } s \leq T_V \\[2mm] 1 & \text{if } s > T_V \end{cases} \qquad (5\text{-}12)$$

OJS가 존재하지 않을 경우 실업상태는 독점적으로 일자리 탐색을 할
수 있다는 장점을 갖는다.[4] 하지만 OJS가 존재할 경우 실업상태가 아니

---

3) 구직에 드는 탐색비용은 존재하지 않는다고 가정했다. 만약 구직탐색비용이
존재한다면 취업자 중 OJS를 하는 사람과 하지 않는 사람으로 구분된다. OJS를
하지 않는 취업자는 취업한 일자리의 수명이 짧은 이들이다. 이에 대해서는
버게스와 튜론(Burgess and Turon, 2003)을 참조하기 바란다.
4) OJS가 존재하지 않는 경우에는 일반적으로 다음의 식이 성립한다.

더라도 일자리 탐색을 할 수 있다는 점에서 $w(s)$가 b보다 큰 한 취업상태
가 항상 낫다. 일자리가 경제적 수명에 도달하면 자연스럽게 취업상태에
서 실업상태로 변한다. 경제적 수명이 다한 일자리의 임금률은 실업상태
의 소득 플로와 동일해진다. 따라서 다음의 식이 성립한다.

$$w(T) = b \qquad (5\text{-}13)$$

공석의 가치는 다음의 식을 따른다.

$$r V(s) = -c + q(v)\left[1 - M(s)\right]\left[J(s) - V(s)\right] + \dot{V}(s)$$

$$(5\text{-}14)$$

c는 노동자 탐색비용이다. 우변의 둘째 항은 공석이 탐색을 통해 노동
자와 매칭이 되었을 때 기대가치변동을 의미한다. $q(v)$의 확률로 매칭이
이루어지고 매칭으로 만난 노동자가 수명 s인 자신의 일자리에 들어올
확률은 전체 노동자 중에서 수명 s 이상의 일자리에 취업한 사람과 실업자
비율인 $1 - M(s)$이다. 우변의 세 번째 항은 공석의 수명이 길어짐에 따라
가치가 변화하는 것을 표현한다.

일자리의 가치는 다음의 식을 따른다.

$$r J(s) = \begin{cases} \left[y(s) - w(s)\right] + \lambda(v)\dfrac{sf - M(s)}{v}\left[V(s) - J(s)\right] + \dot{J}(s) \\ \qquad\qquad\qquad\qquad \text{if } 0 \leq s \leq T_V \\[2ex] \left[y(s) - w(s)\right] - \lambda(v)J(s) + \dot{J}(s) \\ \qquad\qquad\qquad\qquad \text{if } T_V < s \leq T \end{cases}$$

$$(5\text{-}15)$$

$$W(T^*) = U$$
$$w(T^*) > b$$

OJS가 존재하지 않을 경우에 실업상태에서 독점적으로 일자리 탐색을 할 수
있으므로 낮은 실업상태 소득 플로하에서도 기꺼이 실업을 선택하기 때문이다.

기업가는 일자리에서 매기 생산량에서 임금을 차감한 크기만큼의 이윤을 얻는다. 우변의 두 번째 항은 취업노동자가 보다 나은 일자리로부터 제의를 받아 떠나게 될 경우의 기대가치변동으로서 취업노동자가 떠날 확률과 그 경우의 가치변동의 곱으로 구성되어 있다. 이때 공석으로서 계속 노동자를 찾을지 아니면 아예 공석활동도 포기할지 여부가 결정되어야 한다. 일자리의 수명이 T_V 이하인 상태에는 $V(s)$가 양의 값을 가지므로 노동자가 떠날 경우 공석으로서 새로운 노동자를 탐색하는 것이 낫다. 일자리의 수명이 T_V 이상이면 공석의 가치가 0 이하가 되므로 노동자가 떠날 경우 즉각적으로 일자리를 소멸시키는 것이 구인활동을 하는 것보다 낫다. 이때 노동자가 떠날 확률은 수명 s와 무관하게 $\lambda(v)$로 고정된다.

공석의 가치 정의에 따라 공석의 경제적 수명 T_V는 다음과 같이 정의된다.

$$V(T_V) = 0 \tag{5-16}$$

공석이 공석의 경제적 수명 $T_V(\leq T)$에 도달할 경우 공석의 가치는 0이 되고 T_V 이후에는 음의 값을 갖는다. 따라서 공석은 T_V 이후에 유지될 이유가 없고 소멸된다. T_V와 T의 차이는 탐색비용의 존재에 의해 발생한다. 탐색비용이 0일 경우 T_V와 T는 일치한다.

앞서 언급한 것처럼 신규 공석을 창출할 때 k만큼의 매몰비용을 지불해야 하는데 자유로운 신규 진입이 존재한다고 가정할 경우 다음의 식이 성립한다.

$$V(0) = k \tag{5-17}$$

이 식은 신규 공석의 창출 플로 f를 결정하는 데 중요한 기능을 하게 된다.

경제적 수명이 다했을 경우 일자리의 가치는 0이 된다. 따라서 다음의
식이 성립한다.

$$J(T) = 0 \tag{5-18}$$

일자리 상태의 가치식에 s 대신에 T를 대입하면 다음의 식을 얻을
수 있다.

$$y(T) - w(T) = 0$$

앞서 확인한 것처럼 $w(s)$가 b와 같으므로 다음의 식이 성립한다.

$$y(T) = b$$

앞에서 정의한 $y(s)$의 정의식 (5-1)을 대입하면 경제적 수명은 다음과
같이 결정된다.

$$T = \frac{\ln y_0 - \ln b}{g} \tag{5-19}$$

OJS의 가정은 경제적 수명을 매우 간단하게 결정할 수 있게 만든다.
일자리의 경제적 수명은 실업자의 수입 플로와 기술변화율이 주어지면
즉각적으로 결정된다. 이것은 다른 내생변수와 전혀 관련을 맺지 않고
결정된다는 점에서 약간 특이하다.

5) 신규 공석 수와 공석의 경제적 수명

임금률은 피사리데스(Pissarides, 1990)에 따라 내쉬협상해로서 결정된
다고 가정한다. 구체적으로 임금률은 다음의 식을 극대화하는 값으로
결정된다.

$$[\, W(S) - U\,]^{\beta} \,[\, J(S) - \, V(S)\,]^{1-\beta}$$

일자리의 사회적 잉여는 다음과 같이 정의된다.

$$S(s) = J(s) + W(s) - V(s) - U \tag{5-20}$$

이에 따라 다음의 식이 성립한다.

$$W(s) - U = \beta S(s) \tag{5-21}$$

$$J(s) - V(s) = (1-\beta)S(s) \tag{5-22}$$

그리고 경제적 수명 T에 도달할 경우 S(s)는 0의 값을 갖는다.

일자리의 사회적 잉여 S(s)는 T_V를 기준으로 차이를 보인다. s가 T_V 이상일 경우 사회적 잉여의 가치는 식 (5-9), (5-10), (5-14), (5-15)를 이용해 다음과 같이 구할 수 있다.

$$\left[r + \lambda(v)G(T_V) \right] S(s) = [y(s) + c - b] + \dot{S}(s)$$

s가 T_V 이하일 경우 사회적 잉여의 가치는 다음과 같다.

$$(r + \lambda(v)G(s))S(s) = (y(s) + c - b) - \beta\lambda(v)\int_{s}^{T_V} S(s')dG(s')$$
$$- (1 - \beta)q(v)(1 - M(s))S(s) + \dot{S}(s)$$

이에 따라 사회적 잉여 S(s)는 다음과 같은 미분방정식을 따른다.

$$
\dot{S}(s) = \begin{cases}
\begin{aligned}
& [r+\lambda(v)\,G(s)+(1-\beta)q(v)(1-M(s))]\,S(s) - [y(s)+c-b] \\
& \qquad + \beta\lambda(v)\int_{s}^{T_V} S(s')dG(s') \quad \text{if} \quad s \leq T_V
\end{aligned} \\[2em]
[r+\lambda(v)\,G(T_V)]\,S(s) - [y(s)-b] \quad \text{if} \quad s > T_V
\end{cases}
$$

$$S(T) = 0 \tag{5-23}$$

$s > T_V$ 구간에서의 $\dot{S}(s)$와 $s > T_V$ 구간에서의 $\dot{S}(s)$가 수명 T_V에서 일치하므로 식 (5-23)에 T_V를 대입하여 다음의 식을 얻을 수 있다.

$$c = (1-\beta)q(v)\big[1-M(T_V)\big]S(T_V) \tag{5-24}$$

임금률은 식 (5-20), (5-21), (5-22)를 이용하여 식 (5-9), (5-10)을 재정리하여 다음과 같이 구할 수 있다. 임금률은 수명별로 달라지는데 생산성이 높은 최신 빈티지의 경우 임금률이 높고 수명이 길수록 임금률은 낮아진다.

$$
w(s) = \begin{cases}
\begin{aligned}
& b + (r+\lambda(v)\,G(s))\beta S(s) \\
& + \lambda(v)\beta\int_{s}^{T_V} S(s')dG(s') - \beta\dot{S}(s) \quad \text{if} \quad s \leq T_V
\end{aligned} \\[2em]
b + (r+\lambda(v)\,G(T_V))\beta S(s) - \beta\dot{S}(s) \quad \text{if} \quad s > T_V
\end{cases}
$$

$$\tag{5-25}$$

사회적 잉여의 식 (5-23)과 임금률 식 (5-25)를 이용해 공석의 가치와 일자리의 가치를 계산할 수 있으며, 이때 식 (5-16), (5-17)을 만족하는 f와 T_V를 얻으면 모든 미지수의 해를 얻게 된다.

6) 수치 예를 통한 예시

  이상에서 설명한 모형의 균제상태는 많은 미분방정식을 포함하고 있으
므로 간단하게 풀릴 수 없다. 이에 수치 예를 통해 모형에서 함축된 바를
검토해 보자.

  수치 예에서 가정한 파라미터는 다음과 같다. 우선 콥-더글라스 함수형
태의 매칭함수에서 파라미터와 노동자의 협상력 파라미터는 모두 0.5로
가정했다($\alpha = \beta = 0.5$). 매칭과정의 효율성을 보여주는 m_0는 0.5로 가정했
다. 단순화를 위해 탐색비용(c)은 존재하지 않는다고 가정했다. 그리고
이자율(r)은 0.02로 가정했다. 기술진보율(g) 역시 0.02로 가정했고, 이에
따라 최신 빈티지의 상대생산량은 1이며, 수명이 증가함에 따라 상대생산
량은 -g의 속도로 감소한다. 실업자의 소득(b)은 0.7로 가정했다. 공석을
만들기 위한 매몰비용 k는 1로 가정한다.

  이상의 가정하에서 우선 일자리의 경제적 수명(T)은 17.83이다. k가
1로 가정할 경우 공석의 가치 V(0)가 1과 동일해지는 매기 신규 공석창출
의 흐름(f)는 0.088이 된다는 것을 알 수 있다. 실업률(u)은 4.89%가 되고
매 시점 존재하는 공석스톡의 총량(v)은 0.62이다.

  이때 취업자의 분포는 <그림 5-5>와 같다. 최신 빈티지의 취업자
수는 0이지만 급속히 빠른 속도로 증가한다. 수명이 5 정도에서 가장
많은 취업자가 몰려있다. 그리고 그 이후 취업자 수는 점점 줄어들며
경제적 수명 T에서 실업자들이 대거 창출된다. 수평선은 f를 보여준다.
f와 취업자의 밀도함수의 차이가 바로 공석의 분포이다. <그림 5-6>에
서 보는 것처럼 수명 5 정도의 빈티지의 공석이 가장 작고 그 이후 공석은
점점 늘어난다.

  일자리의 사회적 잉여의 가치는 수명이 늘어남에 따라 감소하고 경제
적 수명에 도달할 때 사회적 잉여는 0이 된다. 임금률은 일자리의 생산성

<그림 5-5> 취업자 분포 및 공석

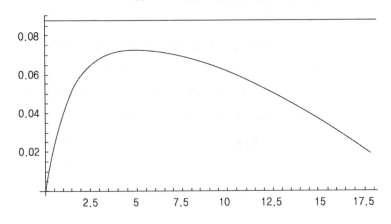

<그림 5-6> 공석의 밀도함수

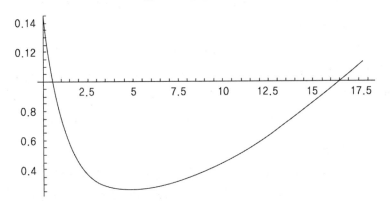

을 부분적으로 반영하므로 빈티지 수명이 짧을수록 높고 수명이 늘어날
수록 줄어든다. 경제적 수명에 도달한 빈티지의 임금률은 실업자의 소득
(b)와 일치한다.

3. 경기변동의 도입

카바렐로와 햄모어(1996)는 빈티지 자본모형을 이용하여 불황기에 일자리의 신규창출이 감소하고 경제적 수명의 감소에 따라 일자리 소멸이 증가하는 것을 분석한 바 있다. 이들의 연구에서는 경제적 수명에 도달될 때까지 노동자가 일자리를 떠나지 않는 것으로 가정되어 있다. 이에 따라 수명별 취업자 분포는 일양분포(uniform distrubution)를 가지며 경기불황의 충격은 수명의 감소로만 반영될 뿐 수명별 취업자 분포의 형태가 변화하지는 않는다. 제2절과 같이 취업 중 직장탐색이 존재할 경우 취업자 분포는 봉우리를 갖는 형태를 띠게 되며, 경기불황의 충격은 경제적 수명의 감소뿐만 아니라 취업자 분포의 변화를 가져온다. 이 절에서는 경기불황 충격으로 인한 취업자 분포의 변화가 일자리 소멸과 이직에 어떤 함의를 갖는지에 대해 분석한다.

제2절의 모형에서 호황기와 불황기의 차이는 y_0의 차이로 상정했다. 호황기의 y_0 값을 1로 가정할 때 호황기에 대비한 불황기의 y_0 값은 1보다 작은 값으로 두고 호황기와 불황기의 균제상태를 비교했다.[5] 불황기의 y_0가 1보다 작다는 것은 모든 빈티지의 생산성이 일률적으로 감소한다는 것을 의미한다.

만약 취업자 분포의 내생적 변화가 없다면 식 (5-18)에 의해 경제적 수명의 감소만이 나타난다. 이에 따라 사업체의 평균수명은 감소하고 호황기에 비해 효율적인 사업체가 더 많이 존재하게 된다. 이와 함께 호황기의 경제적 수명과 불황기의 경제적 수명 사이에 있던 일자리가

---

5) 몰텐센과 피사리데스(1994)는 y_0 값에 대한 마르코프 과정을 가정하여 경기변동의 충격이 어떤 영향을 주는지 살펴보았고, 카바렐로와 햄모어(1996)는 y_0가 파동을 그리는 외생적으로 주어진 결정론적 경로를 가정하여 경기변동의 충격을 검토했다. 이 글에서는 버게스와 튜론(2003)과 같이 단순하게 상이한 y_0 값에 대한 균제상태를 비교하는 방법을 사용한다.

대거 소멸된다.

그러나 취업자 분포는 내생적으로 변화한다. 불황에 따른 거시적 생산성 하락 충격은 호황기에 비해 불황기에 신규 공석의 투자비용을 회수하는 것을 어렵게 만든다. 이로 인해 신규 공석의 창출량이 감소하게 된다. 신규 공석의 창출 감소는 기존 취업자들이 옮겨갈 수 있는 공석을 감소시켜 호황기에 비해 낮은 생산성의 일자리에서 높은 생산성의 일자리로 옮겨가는 취업자의 노동이동을 감소시킨다. 이러한 변화는 한편으로 상대적으로 낮은 생산성 일자리의 비중을 증가시켜서 경제 전체의 일자리 소멸률을 증가시키지만 다른 한편으로 저생산성 일자리에서의 일자리 소멸률을 완화하는 기능을 하게 된다. 그리고 수명에 대한 취업자 분포의 변화로 인해 불황기에 경제 내 일자리의 평균수명은 늘어나는 압력을 받게 되고 일자리의 평균 효율성을 감소시키는 압력으로 작용한다.

다음 <그림 5-7>은 경기변동에 따른 취업자 분포의 변화를 보여주는 개념도이다. 실선은 호황기를 의미하고 점선은 불황기를 의미한다. 불황기에는 신규 일자리 창출량이 fe에서 fr로 줄어든다. 생산성 저하로 일자리의 경제적 수명은 감소하여 Te에서 Tr로 줄어든다. 이러한 경제적 수명의 감소는 불황기 저생산성 일자리의 대규모 소멸로 나타나고 일자리의 평균수명을 낮추고 평균생산성을 증가시키는 힘으로 작용한다. 반면 신규 일자리의 감소로 인해 저생산성 일자리에서 고생산성 일자리로 이동하는 취업자의 수가 줄어들고 이에 따라 경제 내에 존재하는 수명이 오래된 일자리의 비중이 늘어난다. 이에 따라 취업자 분포는 생산성이 낮고 수명이 오래된 오른쪽 꼬리가 두터워지는 방향으로 변화한다. 이러한 취업자 분포의 내생적 변화는 일자리의 평균수명을 늘리고 평균생산성을 감소시키는 힘으로 작용한다.

일자리 소멸률은 전체적으로 불황기에 증가한다. 공석의 경제적 수명(T_V) 이상의 일자리는 취업한 노동자가 더 나은 일자리와 매칭될 경우

<그림 5-7> 경기변동에 따른 취업자 분포의 변화

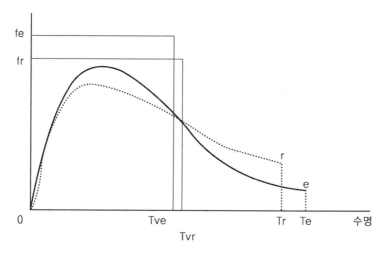

소멸되는데 공석의 경제적 수명보다 긴 수명의 한계적 일자리 수가 불황
기에 늘어나기 때문이다. 일자리의 경제적 수명(T)에 도달했을 때의 일자
리 수도 불황기에 더 많다는 점도 불황기의 일자리 소멸이 호황기보다
커지게 하는 요인이다.

　수명별 일자리 소멸률, 즉 생산성별 일자리 소멸률을 비교하면 다른
결과를 얻을 수 있다. 각 수명별 일자리가 소멸될 확률은 공석의 경제적
수명 이상의 한계적 일자리에서 취업한 노동자가 더 나은 일자리로 옮겨
갈 확률에 의해 결정된다. 그런데 불황기는 호황기보다 취업을 희망하는
실업자가 많은데다가 신규 일자리 창출은 부족하여 구인자에 대비한 구
직자의 비율이 높다. 한계적 일자리의 취업자가 새로운 일자리로 옮겨갈
확률은 감소하고, 따라서 한계적 일자리가 소멸될 확률 역시 감소한다.
이에 따라 평균생산성의 일자리 소멸률과 저생산성 사업체의 일자리 소
멸률의 차이는 불황기에 감소한다.

　파라미터는 <표 5-1>과 같이 가정했다. 여기서 중요한 것은 불황기는

<표 5-1> 사용된 파라미터

α	β	m0	c	r	k	b	yb	yr
0.5	0.5	0.25	0.05	0.03	1	0.6	1	0.95

<그림 5-8> 빈티지 수명별 취업자 수

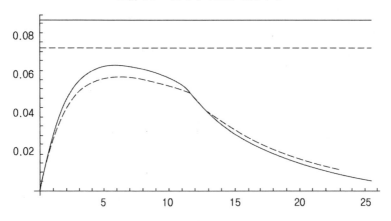

집계적 생산성 수준이 호황기의 95% 수준으로 가정한 것이다. 추가적으로 노동자 탐색비용(c)이 양의 값을 갖는 경우를 살펴보았다.

<그림 5-8>은 <표 5-1>의 파라미터를 이용하여 호황기와 불황기의 수명별 취업자 수를 보여주는 그림이다. 실선은 호황기 취업자 수를 보여주며, 점선은 불황기 취업자 수를 보여준다. 상단의 수평선은 호황기와 불황기의 신규 공석 창출량을 보여준다. 전체적으로 호황기에 비해 불황기에 신규 공석 창출이 줄어들고 전체 취업자 수도 줄어든다는 것을 알 수 있다. 세부적으로 취업자 분포를 비교해 보면, 호황기에 비해 불황기에는 수명이 짧은 빈티지의 취업자 수가 감소하고 수명이 긴 빈티지의 취업자 수가 증가한다. 다음 <그림 5-9>는 수명별 취업자 수를 전체 취업자 수로 나눈 취업자의 확률밀도함수인데, 불황기에 생산성이 높은 일자리의

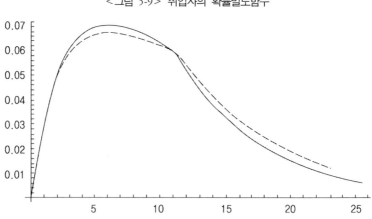

<그림 5-9> 취업자의 확률밀도함수

<표 5-2> 경기국면별 주요 노동시장 변수의 차이

	실업률	$\lambda(v)$	q(v)	v	f	T	Tv
호황	3.8	0.155	0.402	0.386	0.091	25.54	11.14
불황	8.7	0.131	0.474	0.277	0.076	22.97	11.33

취업자 비중이 높고 생산성이 낮은 일자리의 취업자 비중이 낮다.

<표 5-2>를 통해 알 수 있듯이 노동시장에서 불황기에 실업률이 더 높다. 그리고 노동시장의 타이트함을 보여주는 척도인 공석비율(공석 수/ 구직자 수)은 불황기에 비해 호황기가 더 높다. 분자인 공석 수는 호황기에 더 많으며 분모인 구직자 수는 전체 노동자 수와 일치하여 호황기와 불황기 모두 동일하기 때문이다. 공석비율을 '공석 수/실업자 수'로 정의하더라도 실업자 수가 불황기에 더 많기 때문에 호황기에 노동시장이 더 타이트하다. 이에 따라 노동자의 구직확률은 불황기에 더 낮고, 공석이 새로운 노동자를 구할 확률인 구직률은 불황기에 더 높다.

일자리 변동과 노동자 이동이 불황기와 호황기에 차이가 있는지 분석

해보자. 몰텐센과 피사리데스(1994)의 노동시장 탐색모형은 공석의 가치를 0으로 가정함에 따라 일자리에서 노동자가 떠나면 실질적으로는 일자리도 소멸하는 것으로 간주했다. 하지만 이 논문에서는 일자리에서 노동자가 떠나더라도 여전히 공석으로 남아서 새로 노동자를 구하는 경우도 존재한다는 것을 확인했다. 이에 따라 일자리 창출 및 소멸과 독립적으로 노동자의 이직과 입직이 나타날 수 있다.

일자리는 수명에 의해 구별되는데 (0, Tv] 구간의 일자리와 (Tv, T)의 일자리, 그리고 수명 T의 일자리로 나눌 수 있다. (0, Tv] 구간의 일자리의 경우 취업자가 더 나은 일자리 제의를 받을 경우 이직하고 취업자가 이직한 일자리는 공석으로 전환되어 새로운 노동자를 구하게 된다. (Tv, T)의 일자리의 경우 취업자가 공석과 매칭될 경우 일자리를 떠나게 되고 남은 빈 일자리는 더 이상 유지되지 않는다. 왜냐하면 이 구간의 일자리는 노동자가 떠날 경우 공석을 유지하는 가치가 음의 값을 가지므로 차라리 소멸시키는 것이 나은 한계적 일자리이기 때문이다. 수명 T의 일자리는 노동자가 더 이상 남아있지 않으려 하며 기업가도 일자리를 유지하지 않으려 한다.

일자리 소멸은 두 가지로 구성된다. 하나는 채워진 일자리가 경제적 수명이 다함에 따라 소멸되는 것이다. 다른 하나는 T_V 이상의 수명의 일자리에서 노동자의 이직에 의해 일자리가 소멸되는 것이다.

일자리의 경제적 수명 T에서의 일자리 소멸량은 $M'(T)$와 같다. 이 값은 균제상태에서 실업자가 취업자로 이동하는 양과 일치한다.

$$M'(T) = \lambda(v)u$$

(T_V, T) 수명구간에서의 노동자 이직으로 인한 일자리 소멸량은 다음과 같다.

$$\int_{T_V}^{T} \lambda(v)dM(s)$$

이에 따라 일자리 소멸량의 총량은 다음과 같다.[6]

$$JD = \lambda(v)\left[u + M(T) - M(T_V)\right]$$

이상의 식을 이용하여 일자리 소멸량이 불황기와 호황기에 어떤 차이가 있는지 분석할 수 있다. 첫째, 경제적 수명에 도달함에 따라 발생하는 일자리 소멸을 살펴보자. 매 시점 경제적 수명에 도달하는 일자리의 수는 호황기에 비해 불황기에 더 많다. <그림 5-10>에서 보는 것처럼 호황기의 $M'(T)$의 높이와 불황기의 $M'(T)$의 높이를 비교하면 불황기가 더 높다는 것을 알 수 있다.

둘째, 이직에 의한 일자리 소멸을 살펴보자. <표 5-2>에서 보듯이 불황기에는 일자리의 경제적 수명이 줄어든다. 그리고 공석의 경제적 수명은 불황기에 늘어난다. 이에 따라 불황기에 노동자 이직에 의해 일자

---

6) OJS가 존재하는 빈티지 모형에서 일자리 창출을 정의하기는 쉽지 않다. 하나의 방법은 신규 공석의 창출량(f)을 비교하는 것이다. 다른 하나의 방법은 매기 창출된 신규 공석이 노동자를 만나 처음으로 일자리로 바뀌는 양으로 측정된다. 신규 공석은 즉각적으로 일자리가 되지는 못한다. 다시 말하면 특정 시점에서 일자리로 되는 신규 공석은 단일한 빈티지가 아니라 여러 빈티지이다. t시점에 창출된 일자리가 s 시간이 흐르는 동안에 여전히 공석으로 남아있을 확률은

$$e^{-\int_0^s q(v)(1-M(t))dt}$$ 이다.

이에 따라 신규 공석이 일자리가 되는 양은 다음과 같다.

$$\int_0^{T_V} fq(v)(1-M(s))e^{-\int_0^s q(v)(1-M(t))dt} ds$$

<표 5-3> 경기국면별 이직과 일자리 소멸

	$(0, T_V]$ 구간에의 이직량	(T_V, T) 구간에의 이직량	T에서의 이직량	JD	JDR	QR
호황	0.0622	0.0507	0.006	0.0567	0.052	0.130
불황	0.0509	0.0530	0.011	0.0640	0.058	0.114

리가 소멸되는 수명구간 (T_v, T)이 줄어든다. 이것은 이직에 의한 일자리 소멸을 줄이는 힘으로 작용한다. 하지만 수명영역의 감소를 상쇄하는 요인이 존재한다. 불황기에는 이직에 의한 일자리 소멸의 수명영역이 줄어들지만 그 영역의 취업자가 호황기에 비해 늘어난다. 불황기에는 노동자가 이직하면 일자리가 소멸될 한계적 일자리에 취업자가 많이 배치되게 되어 수명구간의 감소에도 불구하고 이직으로 인한 일자리 소멸량은 더 커질 수 있다. 수치 예에 따라 계산된 <표 5-3>에 따르면, 경제적 수명 도달에 의한 일자리 소멸과 이직에 의한 일자리 소멸 모두 불황기에 더 높고 이에 따라 불황기의 총 일자리 소멸이 호황기보다 높다.

일자리 소멸률은 일자리 소멸량을 취업자 수로 나눈 것으로 정의된다. 수명별 일자리 소멸률은 수명구간에서의 취업자 수로 그 구간에서의 일자리 소멸량을 나눈 값으로 정의된다. $JDR(s_1, s_2)$을 (s_1, s_2)의 수명구간에서의 일자리에서의 일자리 소멸률로 정의할 때 s_1이 T_v 이상인 경우 $JDR(s_1, s_2)$는 상수 $\lambda(v)$로 일정하다. 그런데 <표 5-2>에서 볼 수 있듯이 불황기에 구직률은 하락한다. 이에 따라 불황기의 한계적 일자리에서의 일자리 소멸률은 호황기에 비해 하락한다.

다음 <그림 5-10>은 수명별 일자리 소멸률을 호황기와 불황기로 나누어 비교한 것이다. T_v 이하의 생산성이 높은 일자리의 일자리 소멸률은 불황기와 호황기 모두 0이다. 하지만 T_v 이상의 한계적 일자리의 일자리 소멸률은 구직률의 차이로 요약되므로 불황기에 일자리 소멸률이 더 낮

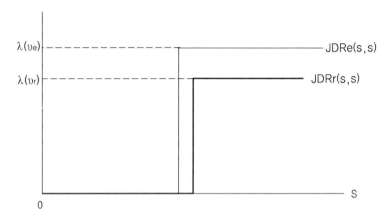

<그림 5-10> 수명별 일자리 소멸률: 호황(e)과 불황(r)

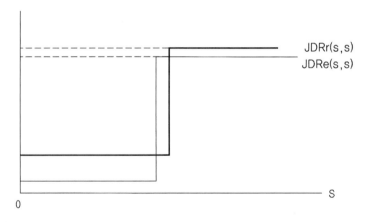

<그림 5-11> 수명별 일자리 소멸률: 외생적 일자리 소멸률의 도입

다. 수명과 생산성이 반비례하므로 불황기에 생산성에 따른 일자리 소멸률의 변화가 더 작다는 것을 알 수 있다.

T_v 이하의 일자리에서 전혀 일자리 소멸이 없다는 것은 비현실적이다. 모든 일자리가 일정한 외생적 일자리 소멸 충격을 받는다고 가정하면 T_v 이하의 일자리에서도 일자리 소멸을 관측할 수 있다. 추가적으로 외생

적 일자리 소멸 충격이 호황기에 비해 불황기에 더 크다고 가정하면 불황
기에 모든 생산성 그룹에서 일자리 소멸률이 절대수준에서 높지만 앞서
언급한 구직률의 차이에 의해 생산성 그룹별 차이는 호황기에 비해 불황
기에 더 작다는 것을 확인할 수 있다. <그림 5-11>은 이를 보여준다.
이러한 결과는 이 연구의 모형이 제1절에서 제시한 한국 광공업의 실증결
과와 일관된다.

불황기에 한계적 일자리의 수명별 일자리 소멸률이 호황기에 비해 더
낮지만 <표 5-3>에서 보는 것처럼 경제 전체의 일자리 소멸률은 불황기
에 더 높다. 이것은 모순되는 것처럼 보일 수 있지만, 다음의 경제 전체의
일자리 소멸률 정의식을 통해 이해할 수 있다.

$$JDR = \lambda(v)\left(\frac{M(T) - M(T_V)}{M(T)}\right)$$

경제 전체의 일자리 소멸률은 구직률에 T_v 이상의 취업자 비중이 곱해
진 값이다. 불황기에 구직률이 감소하지만 T_v 이상의 취업자 비중은 증가
한다. 불황기 한계적 일자리의 비중 증가가 구직률의 하락보다 크기 때문
에 경제 전체의 일자리 소멸률은 증가한 것이다.

이제 이직에 대해 살펴보자.[7] 이직량은 $(0, T_V]$ 수명구간에서의 이직량
과 (T_V, T) 수명구간에서의 이직량, 그리고 수명 T의 일자리에서의 이직
량의 합으로 정의된다. 앞서 살펴본 것처럼 (T_V, T) 수명구간과 수명
T에서의 이직량의 합은 일자리 소멸량과 같다. 노동자의 이직량이 일자
리 소멸량을 상회하는 것은 $(0, T_V]$ 수명구간에서의 이직 때문이다.

$(0, T_V]$ 수명구간에서 이직량은 다음과 같이 계산된다.

---

7) 입직량은 취업자가 취업 중 직장탐색을 통해 기존 일자리에서 이직하여 새로운
일자리로 들어가는 입직량과 실업자가 일자리를 구해 입직한 양의 합이며, 그
값은 균제상태에서 총이직량과 동일하다.

$$m(1,v)\int_0^{T_V}\left(\frac{M'(s)}{M(T)}\right)G(s)ds$$

이 값은 $(0, T_V]$ 구간의 매칭 중에서 각 수명별 취업자가 현 일자리 수명 이하의 공석과 만나는 양을 의미한다.

호황기에는 신규 공석의 창출이 활발하며, 이에 따라 Tv 이상의 일자리에서도 취업자들이 활발하게 더 나은 일자리로 이동하는 것이 빈번하다. 이에 비해 불황기에는 저조한 일자리 창출에 의해 취업자들의 이직도 둔화된다. <표 5-3>에서 보는 것처럼 $(0, T_V]$ 구간의 이직은 호황기에 대폭 증가하는 것을 알 수 있다. 이에 비해 일자리 소멸을 수반하는 이직은 불황기에 오히려 더 늘어난다. <표 5-3>에서 볼 수 있듯이 (T_V, T) 수명구간에서의 이직량과 수명 T의 일자리에서의 이직량 모두 호황기에 비해 불황기에 더 크다.

전체적으로 볼 때 불황기에 노동이동은 둔화된다. 내부구성을 보면 일자리 소멸을 수반하는 이직은 불황기에 증가하지만 일자리 소멸을 수반하지 않는 이직은 불황기에 감소한다. <표 5-3>에서 보는 것처럼 전체적인 이직량은 불황기보다 호황기에 더 많다.

불황 충격은 취업자 분포에서 한계적 일자리의 비중을 증가시키고 동시에 생산성 기준에 따른 일자리 소멸의 강도를 약화시킨다. 이러한 변화는 불황기 일자리의 평균수명과 집계적 생산성에 영향을 미친다.

경제 전체 일자리의 평균수명(s_A)은 다음과 같이 정의된다.

$$s_A = \int_0^T t\left(\frac{M'(t)}{M(T)}\right)dt$$

평균수명은 일자리의 경제적 수명(T)과 일자리의 분포[M'(t)/M(T)] 양자에 의해 영향을 받는다. 불황기는 호황기에 비해 경제적 수명이 짧아지

므로 평균수명이 감소되는 측면이 있지만 오래된 일자리의 비중이 늘어
나면 평균수명이 늘어나는 측면도 있다. <표 5-2>의 결과에 따르면
일자리의 평균수명은 불황기가 더 길다. 이것은 경제적 수명의 감소로
인한 효과를 취업자 분포의 변화로 인한 경제적 수명의 증가 효과가 압도
하기 때문이다. 이에 따라 불황기는 수명에 매우 긴 비효율적 사업체가
소멸되는 것보다 수명이 상대적으로 긴 비효율적 사업체가 잔존하는 효
과가 압도할 수 있음을 보여준다.

취업자 분포의 변화는 생산성에도 영향을 미친다. 경제 전체의 집계적
생산성 차이는 호황과 불황에 따른 거시적 생산성 차이와 함께 수명별
취업자 분포의 차이에도 영향을 받는다. 거시적 충격을 포함한 집계적
생산성(y_A)은 거시적 충격(y_0)과 경기변동의 영향을 소거한 수명별 고유생
산성의 평균값($\widetilde{y_A}$)의 곱으로 구해진다.

$$y_A = \int_0^T y_0 \, e^{-gt} \left(\frac{M'(t)}{M(T)} \right) dt = y_0 \widetilde{y_A}$$

$$\widetilde{y_A} = \int_0^T e^{-gt} \left(\frac{M'(t)}{M(T)} \right) dt$$

$\widetilde{y_A}$는 경제적 수명(T, Tv)뿐만 아니라 취업자 분포 $M(s)$에 의해서도
영향을 받는다. 거시적 생산성(y_0)의 하락에 의해 집계적 생산성은 불황기
에 더 낮아진다. 만약 취업자 분포의 변화가 없다면 거시적 충격이 정확하
게 불황기의 집계적 생산성에 반영될 것이다. 만약 취업자 분포의 변화가
있다면 생산성에 따른 취업자 구성의 변화에 의해 불황의 평균생산성
하락은 집계적 생산성 하락보다 크거나 작을 것이다.

<표 5-1>의 파라미터하에서 구한 생산성에 대한 경기국면별 비교 결
과는 다음 <표 5-4>에 요약되어 있는데, 집계적 생산성은 거의 정확히

<표 5-4> 경기국면별 수명과 생산성 차이

	평균수명	평균고유생산성	평균생산성	y_0
호황	9.42	0.83	0.83	0.95
불황	9.53	0.83	0.78	1

거시적 충격의 변화와 동일하다. 이것은 경제적 수명의 감소에 따른 효과가 취업자 분포의 변화에 의한 효과에 의해 상쇄되어 $\widetilde{y}_A$에 거의 변화가 없었음을 의미한다.

베일리·바텔스만·할티웽어(1998), 그릴리치스와 레게브(1995) 등은 사업체 자료를 이용하여 불황기와 호황기 간의 생산성 차이를 사업체 내 생산성 변화와 사업체 간 일자리 비중의 변화에 의한 것으로 분해하여 후자의 효과가 불황기에 두드러지는지를 검토한 바 있다. 이들의 실증결과는 호황기와 불황기에 큰 차이가 없음을 보여주고 있다. 발레비(1998), 카바렐로와 햄모어(1999) 등은 불황기에 비효율적 사업체가 살아남고 효율적 사업체가 사라지는 시장실패의 상황이 존재한다고 이론적으로 주장한 바 있다. 발레비(1998)는 앞선 실증결과를 시장실패가 존재하는 실증적 증거로 해석했다.

본 연구에서는 집계적 생산성의 변화가 거시적 충격에 의한 부분과 일자리의 구성에 의한 부분으로 나뉘고, 대부분의 집계적 생산성의 변화가 거시적 충격에 의해 설명되며 수명별 일자리 구성의 효과는 미미함을 수치 예로 보였다. 수명별 일자리 구성의 효과가 거의 없는 것은 발레비(1998)와 마찬가지로 낮은 생산성의 사업체 비중이 증가하는 효과가 매우 낮은 생산성의 사업체가 퇴출하는 효과를 상쇄하기 때문이다. 그런데 이 연구에서는 낮은 생산성의 사업체 비중이 증가한 이유를 정보비대칭에 의한 시장실패의 결과로 설명하지 않았다. 이 연구는 불황 충격에 대응하여 기업이 신규 일자리 창출을 줄이고 노동자가 더 나은 일자리의

기회가 줄어듦에 따라 노동이동을 줄이는 최적대응의 결과로 한계적 일
자리의 비중이 늘어나게 됨을 보였다.

4. 결론

한국 광공업의 일자리 창출과 소멸 분석에 따르면, 경기불황기에 일자
리 소멸률이 증가하고 호황기에는 반대로 일자리 소멸률이 감소한다.
사업체 생산성별로 일자리 소멸률을 구분하여 보아도 모든 생산성 그룹
에서 호황기에 비해 불황기에 일자리 소멸률이 절대수준에서 높지만 상
대적인 측면에서 저생산성 사업체와 평균생산성 사업체의 일자리 소멸률
의 격차가 줄어든다는 것을 알 수 있었다. 이 연구에서는 저생산성 사업체
의 일자리 소멸률이 불황기에 상대적으로 감소하는 점을 설명하는 모형
을 제시했다.

이 연구는 빈티지 자본모형에 취업자의 취업 중 직장탐색을 도입하여
일자리 수명별 취업자 분포를 내생적으로 도출했다. 취업 중 직장탐색이
존재할 경우 취업자 분포는 일자리 제의를 받은 취업자의 이동에 의해
전체적으로 수명이 짧고 생산성이 높은 일자리의 취업자 비중이 크고,
수명이 길고 생산성이 낮은 일자리의 취업자 비중이 작다. 공석을 가진
기업이 구인을 위한 탐색비용을 지불할 경우 일정 수명 이상의 한계적
일자리는 노동자가 이직하면 일자리를 소멸시키게 된다.

불황기가 오면 거시적 생산성 하락으로 인해 일자리의 경제적 수명이
줄어들어 임금률을 지불하지 못하는 최저생산성 사업체는 대거 일자리를
소멸시키게 된다. 그런데 불황기에 신규 일자리 창출도 줄어들게 되고
이에 따라 취업자의 상향이동 기회도 줄어들게 된다. 이로 인해 낮은 생산
성의 한계적 일자리 비중이 불황기에 증가하게 된다. 불황기에는 호황기

에 비해 한계적 일자리의 비중이 증가하는 변화가 나타나고, 생산성이 낮은 한계적 일자리에서의 일자리 소멸률을 호황기에 비해 감소시킨다. 이에 따라 생산성이 높은 일자리에서의 일자리 소멸률과의 격차가 불황기에 줄어들게 된다.

취업자 분포의 변화는 경제 내에 존재하는 사업체의 효율성 분포의 변화를 내포한다. 경제적 수명이 짧아짐에 따라 경제 내에서 최저생산성 사업체가 사라진다. 이러한 변화는 효율적인 사업체만이 살아남고 비효율적인 사업체는 사라지며 경제 내의 최저생산성이 높아진다는 점에서 불황의 세정효과로 불린다. 그런데 이 연구에서는 불황기에 최저생산성이 높아져서 생산성이 분포한 범위는 줄어들지만 이와 함께 생산성이 낮은 일자리의 비중이 높아지게 됨을 확인했다. 노동자가 이직하면 일자리도 소멸되는 한계적 일자리의 비중이 불황기에 증가하게 되며, 이런 점에서 사업체의 효율성 분포가 효율성이 높아지는 방향으로만 변화하지 않는다는 것을 알 수 있다. 경제 전체의 집계적 생산성 변화를 거시적 충격효과와 생산성이 차이 나는 사업체 간 일자리 비중의 변화효과로 분해할 경우 사업체 간 일자리 비중의 변화효과는 기존 실증연구에서 불황기와 호황기에 큰 차이가 없다는 것이 알려진 바 있다. 사업체 간 일자리 비중 변화의 기여가 불황기에 두드러지지 않는 이유를 취업자 분포의 변화로 해석할 수 있다.

이 연구의 모형에는 추가적으로 노동이동에 대한 분석이 이루어지고 있다. 호황기에 비해 불황기에 이직이 전체적으로 둔화되며, 이는 일자리 소멸의 증가에 의해 비롯된 이직의 증가에도 불구하고 불황기에 새로운 고용기회가 감소하게 됨에 따라 상대적으로 높은 생산성에서의 이직이 감소하기 때문이다. 이러한 예측은 향후 실증연구를 통해 검증될 필요가 있다.

참고문헌

김혜원. 2000. 「한국의 일자리변동과 생산성 분석」. ≪SIES Working Paper Series≫, No.112.

전병유·김혜원. 2003. 『디지털경제와 일자리 창출』. 한국노동연구원.

통계청. 1981~2000. 광공업통계조사 원자료.

Aghion, Philippe and Peter Howitt. 1998. *Endogenous Growth Theory*. The MIT Press.

Baily, M. N., E. J. Bartelsman, and J. Haltiwanger. 1998. "Labor Productivity: Structural Change and Cyclical Dynamics." *NBER Working Paper*.

Barlevy, Gadi. 1998. "Credit Market Frictions and the Reallocation Process over the Business Cycle." Discussion Papers 1251. Northwestern University.

Bertin, A. L., T. F. Bresnahan,, and D. M. G. Raff. 1996. "Localized Competition and the Aggregation of Plant-Level Increasing Returns: Blast Furnaces, 1929-1935." *Journal of Political Economy*, Vol.104, No.2.

Bresnahan, Timothy F. and Daniel M. G. Raff. 1991. "Intra-industry Hetero-geneity and the Great Depression: The American Motor Vehicle Industry, 1929-1935." *Journal of Economic History*, Vol.51.

Burgess, Simon and Helene Turon. 2003. "Unemployment Equilibrium and On-the-job Search." Royal Economic Society Annual Conference 2003 208. Royal Economic Society.

Caballero, R. J. and M. L. Hammour. 1996. "On The Timing and Efficiency of Creative Destruction." *The Quarterly Journal of Economics*, Vol.111, No.3.

_____. 1999. "The Cost of Recessions Revisited: A Reverse- Liquidationist View." *NBER Working Paper*.

Griliches, Z. and H. Regev. 1995. "Firm Productivity in Israeli Industry: 1979-1988." *Journal of Econometrics*, Vol.61, No.1.

Mortensen, Dale T. and Christopher A. Pissarides. 1994. "Job creation and Job Destruction in the Theory of Unemployment." *Review of Economic Studies,* Vol.61.

Pissarides, Christopher A. 1990. *Equilibrium Unemployment Theory.* Basil Blackwell.

제3부 부동산

제6장 헨리 조지와 참여정부의 부동산 정책

제6장

헨리 조지와 참여정부의 부동산 정책

전강수 (대구가톨릭대학교 부동산통상학부)

1. 서론

참여정부의 부동산 정책이 19세기 후반 미국의 경제학자 헨리 조지 (Henry George, 1839~1897)의 영향을 많이 받았다는 이야기가 있다. 부동산 불로소득의 환수를 통한 투기 수요의 억제가 10·29대책, 5·4대책, 8·31대책, 3·30대책으로 이어지는 참여정부 부동산 대책의 골간을 이룬다는 점을 생각할 때, 전혀 근거 없는 이야기는 아닌 것 같다. 그동안 언론에서 이러한 이야기가 많이 등장했음에도 불구하고, 막상 학계에서는 헨리 조지 식 정책 대안과 참여정부의 부동산 정책을 비교·검토하는 작업이 제대로 이루어지지 않았다.

부동산 투기는 부동산 소유에서 생기는 불로소득 때문에 발생한다. 이 부동산 불로소득을 근본적으로 차단하지 않는 한 부동산 투기를 막을 방법은 없다. 부동산 불로소득을 노리는 투기 수요가 존재할 경우 항간에서 말하는 공급확대로는 투기를 결코 잡을 수 없다.

그런데 부동산 소유에서 생기는 불로소득은 대부분 토지 불로소득이다. 시간이 가면 가치가 하락하는 건물에서 불로소득이 생길 수는 없기 때문이다. 건물은 나날이 낡아가는데도 오히려 건물의 가격이 상승하는 경우가 많은데 이는 바로 그 건물이 입지한 토지의 가치가 상승하기 때문이며, 이처럼 토지의 가치가 상승하는 것은 그 부동산의 소유자가 사회로부터 받는 혜택에 상응하는 대가를 지불하지 않기 때문이다.

토지 불로소득을 제대로 환수한다면 부동산 투기를 근본적으로 막을 수 있다. 토지 불로소득을 환수하는 방법은 여러 가지가 있지만 그중에서 대표적인 것은 지대를 징수하는 방법과 매매차액을 징수하는 방법이다. 현실적으로 전자는 토지보유세의 형태를, 후자는 양도소득세나 개발부담금의 형태를 취한다. 많은 사람들이 후자를 토지 불로소득 환수의 대표적 방법으로 생각하지만 사실은 토지보유세를 강화하는 것이 더 근본적이고 좋은 방법이다(김윤상, 2004; 전강수, 2005: 185).

헨리 조지 식 정책 대안이 주목받는 것은 그가 바로 지대 징수를 통한 토지 불로소득의 환수를 주창한 대표적인 학자이기 때문이다. 헨리 조지 식 정책 대안은 전 세계에서 다양한 형태로 시행되어 놀라운 경제적 성과를 거둔 것으로 알려져 있다. 투기와 부동산 양극화로 인해 고통을 받아온 우리나라의 경우, 헨리 조지 식 부동산 정책의 도입을 적극 고려할 필요가 있다. 참여정부는 보유세 강화와 거래세 인하를 패키지로 묶어서 추진하는 등 부분적으로 헨리 조지 식 정책을 추진했지만 아직 불충분하다.

최근 한국의 조지스트(Georgist)들은 헨리 조지 식 정책 대안을 한국 사회에 어떻게 도입할 것인지 검토한 바 있다(김윤상, 2004; 전강수, 2005). 하지만 이 연구들은 모두 부동산 세제개편의 차원에서만 논의를 진행하고 있고, 또한 참여정부 부동산 정책의 종합판이라고 할 수 있는 8·31대책에 대한 검토를 못했다는 점에서 한계가 있다.

이 글에서는 헨리 조지 식 정책 대안을 한국의 현실에 적용하고자 할 때 어떤 원칙과 방향에 따라야 할지, 그리고 헨리 조지의 원리에 비추어 볼 때 참여정부의 부동산 정책은 어떻게 평가해야 할지, 또 그 한계를 어떻게 극복해야 할지 모색해 보고자 한다.

헨리 조지 식 정책 대안은 부동산 세제개편을 통해서도, 토지공공임대제 시행을 통해서도 이루어질 수 있다. 이 글은 한국 부동산 문제의 근본적 해결 방안으로서 토지보유세 강화와 함께 토지공공임대제의 도입을 주장하고 있다는 점에서 특징이 있다.

이 글의 구성은 다음과 같다. 우선 2절에서는 헨리 조지의 사상을 개관하고 그가 이상으로 제시한 평등지권(平等地權)을 실현하는 방법에 대해 살펴본다. 3절에서는 헨리 조지 식 정책 대안의 현실적인 시행 방안을 모색한다. 그리고 헨리 조지 식 정책 대안의 원리에 비추어 참여정부의 부동산 정책을 종합적으로 평가하고 그 한계를 극복할 수 있는 방안을 제시한다. 4절에서는 헨리 조지와 헨리 조지 식 정책 대안에 대한 국내 학자들의 비판을 검토한다.

2. 헨리 조지의 사상과 정책

1) 헨리 조지 사상 개관

헨리 조지는 19세기 후반 미국에서 활동한 경제학자이자 사회운동가였다. 그는 어릴 적부터 온갖 직업을 전전하며 절망적인 가난 속에서 살았지만, 독서와 토론을 통해 사회문제에 대한 지식을 꾸준히 습득했다. 링컨 암살 소식에 격분해 자신이 인쇄공으로 근무하던 신문사에 투고한 글이 머리기사로 게재되면서 일약 기자로 발탁되었고, 그때부터 언론인, 저술가, 경제학자의 길을 걸으며 명성을 날렸다. 불후의 명저 『진보와 빈곤』(1879)을 비롯해 『보호무역이냐 자유무역이냐』(1886), 『정치경제학』(1898) 등 뛰어난 경제학 저서를 저술했고, 수많은 논설과 강연 원고도 남겼다.

헨리 조지의 경제사상은 20세기에 들어와 자본주의와 사회주의가 대립하는 양극 구도 속에서 퇴조했지만, 19세기 말에서 20세기 초에는 전세계적으로 엄청난 영향력을 발휘했다. 『진보와 빈곤』은 19세기 말까지 수백만 권이 팔려 논픽션 분야에서 성경 다음 가는 베스트셀러가 되었고, 그의 사상은 중국의 쑨원(孫文)과 러시아의 톨스토이 등 대사상가들에게 깊은 영향을 끼쳤다. 당시 전 세계적으로 헨리 조지를 따르는 조지스트의 세력은 마르크시스트의 세력보다 더 컸다고 한다.

사회가 눈부시게 진보하는데도 빈곤이 존재하는 수수께끼를 해명하고 처방을 제시하는 것을 일생의 과업으로 생각했던 헨리 조지는 이 수수께끼의 해답을 토지가치의 상승에서 찾았다. 즉, 물질적 진보에 의해 생산이 증가하지만 토지가치가 더 빠른 속도로 올라가기 때문에, 노동과 자본에 돌아갈 대가가 줄어들게 되고 이로 인해 빈곤이 발생한다는 것이다(조지, 1997: 269~282).

그는 자본주의 사회를 괴롭히는 주기적 불황도 토지 문제에 기인하는 경우가 많다고 봤다(조지, 1997: 251~268). 즉, 물질적 진보에 의해 토지가치가 상승하면 미래의 토지가치가 상승할 것이라는 사회적 기대가 형성되고 그것은 토지투기를 유발한다. 토지투기가 발생하면 토지가치는 그전보다 더욱 빠른 속도로 상승하게 되고, 이것은 토지를 주요 생산요소로 사용하는 생산부문에 압박을 가하게 된다. 토지와 관련성이 높은 부문에서부터 자본과 노동이 압박을 견디지 못하고 이탈하기 시작하며, 그 부문의 공급은 중단된다. 공급 중단은 즉시 다른 부문 생산물에 대한 수요 중단으로 이어진다. 수요 중단으로 인해 다른 부문의 공급이 위축되고, 그것은 다시 수요 중단으로 이어진다. 이처럼 '공급 중단→ 수요 중단→ 공급 중단……'의 연쇄반응이 나타나서 경제 전체로 확산되면, 경제불황이 시작된다.

헨리 조지는 천부자원인 토지와 자연자원을 개인이 절대적·배타적으로 소유해서 그로부터 나오는 소득을 사적으로 전유(專有)하게 하는 것은 경제적 불의라고 여겼다. 이 경제적 불의의 존재가 진보 속의 빈곤이나 주기적 불황과 같은 경제문제를 일으키는 주범이라는 것이 헨리 조지의 주장이다.

헨리 조지에 따르면, 토지에서 발생하는 불로소득을 공적으로 환수하는 것 외에는 이러한 경제적 불의를 타파하고 그로 인한 경제문제들을 해결할 수 있는 방법이 없다. 여기서 토지가치세(Land Value Taxation)를 통해 토지의 임대가치인 지대(rent)를 거의 대부분 환수하고, 그 대신 경제에 부담을 주는 각종 세금을 철폐하자는 토지단일세(Single Tax) 주장이 나오게 된다(조지, 1997: 389~394).

지금은 토지단일세라고 하면 비현실적이라고 반대하는 사람들이 많지만, 당시에는 그리 특별한 주장이 아니었다. 왜냐하면 오늘날에 비해 정부의 규모가 작고 지대의 비중이 컸기 때문에, 토지가치세만 가지고도 정부세수를 충분히 조달할 수 있는 상황이었기 때문이다(Cord, 1965: 38~39). 정부 규모가 엄청나게 커지고 지대 비중이 줄어든 요즈음에는 토지가치세만으로는 세수를 충분히 조달할 수 없으므로, 토지단일세 주장은 '토지가치세 최우선 징수 및 여타 조세 감면'으로 내용이 바뀌어야 할 것이다.

토지가치세를 부과하면 토지 불로소득 획득의 가능성이 없어지므로 토지투기가 사라진다. 이용에는 관심 없이 투기 목적으로 토지를 보유하던 사람들은 토지를 내놓을 것이므로 토지의 이용도는 올라간다. 이것들은 모두 경제의 효율성을 높이는 작용을 한다. 토지가치세 수입이 늘어나는 만큼 다른 세금들을 감면하는 것 또한 경제활동을 자극하는 작용을 한다. 이처럼 헨리 조지의 토지가치세는 다양한 경로로 경제의 효율성을 높인다. 천부자원으로서 사회의 공동재산인 토지와 자연자원을 보유하고 사용하는 사람들은 그에 상응하는 대가를 사회에 지불하므로, 토지가치세는 경제 정의에도 부합한다.

2003년 6월에 발간된 세계은행 보고서 「성장과 빈곤 해소를 위한 토지

정책」에서는 1960~2000년 사이 전 세계 26개국을 대상으로 토지분배와 경제성장의 관련성을 분석했다(Deininger, 2003). 이 보고서는 토지가 공정하게 분배된 나라일수록 높은 경제성장을 이뤘으며 제3세계 빈곤 해결을 위해서는 빈민층의 땅 소유 및 사용권을 확고히 보장하는 것이 무엇보다 중요하다는 결론을 내림으로써, 토지 문제의 해결이 경제의 효율성을 증진시킨다는 헨리 조지의 주장을 뒷받침하고 있다.

2) 평등지권의 이상을 실현하는 방법

헨리 조지의 토지가치세는 토지와 자연자원에 대해서는 모든 사람이 평등한 권리를 갖는다는 평등지권의 사상에 입각하고 있다. 중국에서 국부로 추앙받고 있는 쑨원은 이 사상에 평균지권이라는 이름을 붙인 바 있다. 평등지권의 이상을 실현하는 방법으로는 토지가치세제를 도입하는 방법 외에, 토지 그 자체를 평등하게 분배하는 방법이나 토지공공임대제를 도입하는 방법이 있다.

토지 그 자체를 평등하게 나누어주는 방법은 고대 이스라엘 백성이 가나안 땅을 분배할 때 사용했던 방법이며, 가깝게는 제2차 세계대전 직후 한국, 일본, 대만 등지의 토지개혁에서 사용되었던 방법이다(전강수·한동근, 2002: 75~76). 이 방법은 대토지사유제에 비하면 훨씬 우수하고 사회의 기초를 안정시키는 장점이 있다. 실제로 전후 한국, 일본, 대만 경제의 고도성장은 바로 이와 같은 토지개혁에 힘입은 바가 크다.

그러나 이 방법에는 단점도 있다. 가장 결정적인 단점은 이 방법이 토지사유제의 유지를 전제로 시행되는 경우가 많다는 점이다. 그러므로 이 방법이 시행되더라도, 모든 사람이 완전한 평등지권을 향유할 수 있도록 철저하게 시행되지 않는다면, 그리고 토지 거래를 통한 토지 소유 불평등의 재현을 방지할 장치가 마련되지 않는다면, 토지사유제의 폐단은 다시 나타날 수밖에 없다. 토지개혁을 실시했던 한국과 일본에서 토지 문제가 다시 심각하게 전개되었던 것을 기억해 보라. 단, 이러한 개혁이 토지가치의 공적 징수와 결합될 경우에는 이 같은 단점을 해소할 수 있다. 실제로 대만은 토지개혁 과정에서 일단 토지를 평등하게 나누어주고 난 후 토지가치세와 토지증치세(土地增值稅) 제도를 도입하여 토지가치의 상당 부분을 공적으로 징수함으로써 토지사유제 폐단의 재발을 방지할 수 있었다.

토지공공임대제는 토지 그 자체를 공유로 하되 그것을 정부가 임대하고 임대료를 징수하는 방법이다. 헨리 조지는 이 제도의 이상에 공감하면서도, 이미 토지사유제가 장기간 존속되어 온 경우 사회에 지나친 충격을 가할 우려가 있다는 이유로 반대했다(조지, 1997: 390~ 391). 그는 토지사유제하에서 정부가 민간의 토지를 무상몰수하여 토지공공임대제를 도입하는 경우만 생각해서 반대한 것인데, 기존의 국공유지에 토지공공임대제를 도입하는 방법도 존재한다. 체제전환 과정에 있는 구사회주의 국가들은 토지국유제의 대안으로 토지공공임대제를 적극적으로 고려할 필요가 있다. 토지사유제를 채택하고 있는 자본주의 국가들에서도 토지 비축을 통해 국공유지를 확충하고 거기에 토지공공임대제를 도입할 수 있다.

토지공공임대제와 사회주의적 토지국유제는 근본적으로 다른 제도이다. 둘 다 토지 그 자체를 공유로 한다는 점에서는 동일하지만, 토지 사용에 관해서는 전혀 다른 방침을 갖고 있다. 즉, 전자는 토지 사용을 시장기구에 맡기는 것을 원칙으로 하는 반면, 후자는 정부가 통제하는 것을 원칙으로 한다. 주지하다시피 사회주의 사회는 경제의 비효율성과 부정부패 때문에 몰락했다. 비효율성과 부정부패는 모두 자원의 사용, 즉 자원배분을 정부가 장악하고 통제하는 데서 비롯되었다. 그러나 토지공공임대제하에서는 토지 소유권은 정부가 갖지만 사용권은 공개입찰 등의 방식을 통해 완전히 자유시장에 맡긴다. 여기서는 누구라도 지대에 해당하는 금액을 사용료로 내기만 하면 어떤 토지라도 자유롭게 사용할 수 있다. 따라서 이 제도하에서는 자원배분의 효율성이 보장되고 부정 부패의 여지는 사라진다(전강수·한동근, 2002: 76~77).

짧은 기간에 엄청난 고도성장을 달성한 싱가폴과 홍콩은 토지공공임대 제를 성공적으로 정착시킨 대표적인 나라들이다. 유럽의 네덜란드, 스웨덴, 핀란드, 그리고 이스라엘과 호주 등도 오랜 토지공공임대제 시행 역사를 갖고 있다. 중국이 경제특구를 중심으로 시행하고 있는 토지제도 또한 토지공공임대제의 범주 속에 포함시킬 수 있다(Bourassa and Hong, 2003).

1990년 윌리엄 비크리(William Vickrey), 프랑코 모딜리아니(Franco Modigliani), 로버트 솔로(Robert Solow), 제임스 토빈(James Tobin) 등 4명의 노벨 경제학상 수상자들을 포함하는 30명의 경제학자들은 구소련 대통령 고르바초프에게 공개서한을 보내서 소련에 토지공공임대제를 시행할 것을 권고한 바 있다.[1] 그들은 소련이 대부분의 지대가 사적으로 수취되도록 허용하고 있는 서구 자본주의 국가들을 따라갈 위험이 존재한다고 경고하면서 지대를 사회적으로 수취할 것을 제안했다. 그런데 그들은 국유 토지를 민간에 불하하는 방법으로는 지대의 사회적 수취라는 목적을 달성할 수 없다고 주장했다. 그들이 권한 방법은 토지공유제를 유지하면서 사용자로부터 임대료를 징수하는 방식, 즉 토지공공임대제였다.

토지공공임대제가 평등지권의 이상을 실현하는 것은 토지 사용자에게 사용하는 만큼 사용료를 징수하고 그 수입을 공공을 위해 지출하기 때문이다. 거기다가 토지 사용의 자유가 보장되고 사용권의 매매도 허용되기 때문에, 자유시장 경쟁의 효력도 완벽하게 발휘된다. 물론 현실의 토지공공임대제하에서는 토지의 시장 임대가치(즉, 지대)를 완전히 징수하지 않아서 토지투기와 같은 문제가 종종 발생한다. 그러나 그것은 토지사유제하의 부동산 문제에 비하면 아무것도 아니다.

---

1) 공개서한의 원문은 Noyes(1991)에, 번역문은 전강수·한동근(2002)에 게재되어 있다.

헨리 조지가 토지사유제하에서 평등지권의 이상을 실현하기에 가장 좋은 방법이라고 생각한 것은 바로 토지가치세제이다. 앞에서 말한 대로 토지가치세제는 토지의 지대를 거의 대부분 환수하는 대신 경제에 부담을 주는 각종 세금을 철폐하는 제도이다. 이 제도는 현실적으로는 토지보유세를 대폭 강화하는 대신 건물이나 노력소득에 부과되는 다른 세금들을 감면하는 형태를 취한다.[2]

조지스트들은 토지보유세를 대폭 강화하고 다른 노력소득에 대한 과세를 그만큼 감면하는 세제개혁을 실시할 경우, 다음과 같은 긍정적인 효과를 얻을 수 있다고 주장한다.

① 지가가 하향 안정화될 것이며, 지가 변동이 거시경제와 금융시장의 불안정성을 증폭시키는 효과(Boom and Bust)도 사라질 것이다.
② 토지 불로소득을 감소시켜서 부동산 투기를 근절할 것이다. 토지 문제에 정부가 근본적으로 접근하고 있다는 것이 시장 참가자들에게 알려지는 '공시효과(announcement effect)'를 통해서도 지가 상승 기대가 꺾일 수 있다. 토지 불로소득은 양도소득세나 토지초과이득세 등 자본이득세를 통해서도 환수할 수 있지만, 여러 가지 부작용이 있다.
③ 투기를 위한 토지 보유의 동기를 줄임으로써 토지 이용의 효율성을 높일 것이고, 노력소득에 부과되어 온 각종 세금을 감면하므로 생산과 저축이 증가하고 경제는 활성화될 것이다.
④ 토지와 자연자원의 사용에 공적으로 사용료를 부과하기 때문에 지금까지 과잉 사용되어 온 이들 자원의 적정 사용이 촉진되고 환경 파괴가 줄어들 것이다.

---

2) 경제학에서 토지가 자연자원과 환경까지 포함하는 것처럼, 토지세는 토지와 자연자원, 그리고 환경에 대한 공적 부과금을 통칭하는 말이다. 따라서 토지보유세 강화의 원리는 환경세, 지하자원 채굴세, 물 사용료, 혼잡세, 어로세, 주파수대 사용료 등에도 확대 적용할 수 있으며, 따라서 세원 확충의 여지가 매우 크다.

<표 6-1> 헨리 조지 식 세제개혁이 이루어질 경우 예상되는
국내순생산(NDP)의 변화(1993년)

구분	구조세제도(A)		신조세제도(B)		B/A(%)
	NDP (십억 달러)	일인당 NDP(달러)	NDP (십억 달러)	일인당 NDP(달러)	
미국	5,495	20,894	7,097	26,986	129
캐나다	490	16,348	765	25,490	156
프랑스	952	16,409	1,831	31,575	192
독일	1,178	14,370	2,196	26,776	186
이탈리아	892	15,460	1,707	29,588	191
일본	2,134	17,071	3,669	29,355	172
영국	883	14,972	1,599	27,105	181

자료: Tideman and Plassman(1998: 147~148).

<표 6-2> 세제개혁이 이루어질 경우 예상되는 초과부담의 감소,
저축률·자본스톡의 변화

구분	초과부담 감소		저축률(%)		자본스톡의 증가(%) (1993~1998)
	금액 (십억 달러)	대NDP 비율(%)	구조세제도	신조세제도	
미국	784	14	3.4	8.2	31
캐나다	141	29	5.6	14.6	29
프랑스	457	48	7.2	18.8	31
독일	531	45	15.2	38.6	60
이탈리아	451	51	9.3	20.3	18
일본	699	33	19.6	57.4	106
영국	352	40	3.8	10.0	19

자료: Tideman and Plassman(1998: 147~148).

티드먼과 플래스먼(Tideman and Plassman, 1998)은 총조세수입을 일정
하게 유지하면서 토지 및 자연자원에 대한 과세를 늘이고 다른 세금을

감면하는 세제개혁을 단행할 경우 경제가 어떻게 변화할 것인지 G7 국가들을 대상으로 실증연구를 수행했는데, 그 분석결과가 매우 인상적이다(<표 6-1>, <표 6-2> 참조). 이에 의하면 세제개편 후 국내순생산(NDP)이 작게는 29%, 많게는 92% 증가할 것이며, 초과부담은 작게는 14%, 많게는 51% 감소할 것으로 전망되고 있다. 그리고 각 국가의 저축률도 크게 증가할 것이며, 자본스톡은 세제개편 후 5년간 작게는 18%, 많게는 106% 증가할 것으로 전망되고 있다.

실제로 '토지보유세 강화 - 다른 세금 감면'을 내용으로 하는 헨리 조지 식 세제개혁은 20세기 전 기간에 걸쳐 전 세계에서 다양한 형태로 실현되어 놀라운 경제적 성과를 거둔 바 있다. 대만, 1950년대 말의 덴마크, 미국의 펜실베이니아 주 도시들과 알래스카 주, 19세기 말~20세기 초의 호주와 뉴질랜드 등이 대표적인 실시 사례이다. 반면 미국의 캘리포니아 주는 거꾸로 이러한 정신을 후퇴시킴으로써 심각한 경제적 후퇴를 경험했다(Andelson, 1997; 전강수·한동근, 2002: 116~158; 김윤상, 2002: 301~322).

3. 헨리 조지 식 정책 대안의 시행 방안

1) 토지가치세제의 원리를 적용한 부동산 세제개혁의 방향과 원칙

헨리 조지 식 세제개혁의 원리를 현실에 적용하기 위해 좀 더 구체적인 형태로 표현하면 다음과 같이 될 것이다.

우선, 세제개혁의 기본 방향은 다음 세 가지로 요약할 수 있다.

첫째, '진정한 토지공개념의 확립'이다. 진정한 토지공개념은, 천부자원인 토지 및 자연자원은 모든 사람의 공공재산이라는 성질을 갖고 있는 만큼, 토지 및 자연자원을 보유하고 사용하는 사람은 토지가치에 비례하여 사용료, 즉 세금을 납부할 의무가 있다는 것을 기본 내용으로 한다.

둘째, '사유재산 보호와 시장경제 활성화'이다. 보통 토지공개념이라고 하면 정부의 규제를 떠올리는 사람들이 많은데, 헨리 조지 식 개혁 방안은 시장경제의 원칙을 준수한다. 따라서 개인이 자본과 노동을 투입하여 창출한 부와 소득은 절대적·배타적 소유의 대상이 되어야 하며, 따라서 이에 대한 과세는 가능한 한 줄이는 것이 좋다는 원칙을 견지한다. 그러므로 진정한 토지공개념을 좀 더 정확하게 표현하자면, '시장친화적 토지공개념'이 될 것이다.

셋째, '부당한 빈부격차의 방지'이다. 정부는 시장경제와 사유재산제도를 보호할 책임과 함께, 토지 불로소득에 기인하는 빈부격차의 확대를 방지할 책임이 있다는 것이다.

이 세 가지 기본 방향을 견지한 상태에서 추진될 부동산 세제개혁은 다음의 몇 가지 구체적인 원칙에 입각해야 할 것이다.

첫째, 보유세를 미국과 영국 등의 선진국 수준 이상으로 강화해야 한다. 부동산 불로소득의 완전 환수를 장기적 목표로 제시하고 그 목표를 달성하기 위한 방법과 시간계획을 밝혀야 한다. 최소한 10년 정도의 시간계획을 미리 밝히고 국민들의 동의를 확보함으로써 다음 정권에서 무시할 수 없는 정책 어젠다로 만들어두어야 한다.

둘째, '패키지형 세제개편 = 타 조세 감면 = 조세 대체'의 원칙을 분명하게 천명해야 한다. 즉, 보유세 강화는 세금을 더 징수하려는 정책이 아니고 '나쁜 세금'을 '좋은 세금'으로 바꾸는 정책이라는 점을 분명히 해야 하는 것이다. 우선적으로 보유세로 대체해야 할 '나쁜 세금'은 부동산 거래세, 건물세 등이며, 장기적으로 보유세 수입이 충분히 증가하면 그와 연계하여 경제에 부담을 주는 다른 세금들, 즉 소득세, 법인세, 부가

가치세의 감면도 추진할 수 있다. 이 점을 분명하게 밝히고 보유세 강화를 추진할 경우, 조세저항도 크게 완화할 수 있을 것이다.

셋째, 보유세를 토지세 중심으로 개편하는 것도 매우 중요하다. 이는 건물과 토지의 보유세를 함께 강화하는 것에 비해 정의로울 뿐만 아니라 효율적이다. 정의롭다는 것은 천부자원인 토지에는 중과세하고 인간 노력의 소산인 건물에는 경과세하기 때문이다. 그리고 효율적이라는 것은, 토지보유세를 강화하는 대신 건물보유세를 인하하면 토지 이용도 제고 효과와 함께 건물 신축 촉진 효과가 발생하기 때문이다. 조지스트로서 노벨 경제학상을 수상했던 비크리(William Vickrey)에 의하면, 부동산 보유세는 최선의 세금 중 하나(토지보유세)와 최악의 세금 중 하나(건물보유세)가 결합된 세금이다(Vickrey, 2001).

넷째, 이러한 세제개혁이 온전한 형태로 시행되기까지는 시간이 걸릴 것이므로, 과도기적으로 기존의 개발이익 환수 장치(양도소득세와 개발이익환수제도 등)를 정비·강화하여 토지 불로소득을 가능한 한 많이 환수할 필요가 있다.

이제 이상의 방향과 원칙을 가지고 참여정부의 부동산 정책을 평가해 보기로 하자.

2) 참여정부 부동산 정책에 대한 평가

참여정부는 불황기에도 부동산 경기부양책을 쓰지 않은 것, 보유세 부담의 형평성을 실현한 것, 보유세 강화와 거래세 인하를 추진한 것, 부동산 과다 보유자에 대해 양도세를 강화한 것, 부동산 거래의 투명성을 제고한 것, 서민용 장기임대주택 공급확대를 추진한 것 등의 측면에서 역대 정부에 비해 상대적으로 뛰어난 부동산 정책을 추진해 왔다고 평가할 수 있다.

이외에 토지 소유 분포 통계를 대한민국 역사상 최초로 공개한 것,
8·31대책 관련 법안들을 국회에서 원안대로 통과시킨 것도 높이 평가할
만하다.

(1) 5·4대책 및 8·31대책의 개요

참여정부는 지금까지 30차례 이상의 부동산 대책을 발표했다. 그래도
이 가운데 중심을 이루는 것은 2003년의 10·29대책, 2005년의 5·4대책
과 8·31대책이다. 5·4대책 이전의 부동산 정책에 대해서는 다른 곳에서
평가한 적이 있으므로(전강수, 2005) 생략하기로 하고, 여기서는 5·4대책
과 8·31대책을 중심으로 평가해 보기로 하자.

5·4대책은 10·29대책이 입법화 과정에서 크게 후퇴하고 그로 인해
2004년 내내 안정되었던 부동산 시장이 2005년 들어 다시 과열되기 시작
하면서 마련되었다. 10·29대책의 입법화 과정에서 가장 크게 후퇴했던
것은 보유세 강화 정책이었던 만큼, 5·4대책에서는 이를 회복시키고 좀
더 확실하게 만드는 노력이 이루어졌다.

5·4대책의 가장 큰 특징은 한국 역사상 처음으로 보유세 강화의 장기
목표와 시간계획이 제시되었다는 점이다. 즉, 보유세 실효세율을 2003년
0.12%, 2008년 0.24%, 2013년 0.5%로 점차 인상하여 2017년에는 1.0%
수준으로 끌어올린다는 장기계획이 발표되었다. 그뿐만 아니라 보유세
강화와 거래세 완화를 연계하는 패키지형 세제개편을 추진하려는 문제의
식도 분명하게 담겨있었다. 이 점에서 5·4대책은 우리나라 부동산 조세정
책의 역사상 획기적인 의미를 가진다.

그러나 유감스럽게도 5·4대책 발표 후 집값 폭등세가 계속되자 보유세
실효세율 1% 달성 시기를 너무 늦추어 잡은 것이 하나의 원인이라는
비판이 쏟아졌고, 마침내 6월 17일 기존의 부동산 대책을 원점에서 전면
재검토한다는 결정이 내려짐으로써 5·4대책은 시행도 해보지 못한 채

폐기되었다.

10·29대책, 5·4대책 등 기존의 부동산 대책을 원점에서 전면 재검토한다는 차원에서 마련된 8·31대책은 가히 '종합' 대책이라 부를 만하다. 서민주거 안정 정책, 부동산 거래 투명화 정책, 부동산 세제개혁, 택지 및 주택 공급확대 정책, 주택 공급제도 개편(주택 공영개발 확대 및 분양가격 결정 방식 개선) 등, 그동안 부동산 문제와 관련하여 거론되었던 정책들이 대부분 망라되었을 뿐만 아니라, 다소 소홀히 취급되었던 토지 문제에 대한 대책까지 포함되었기 때문이다.

전체적인 방향은 2005년 6월 17일 노무현 대통령이 기존 부동산 대책의 전면 재검토 결정을 발표하면서 천명했던 '부동산 거래 투명화, 투기이익 철저 환수, 공공부문의 역할 확대' 등 '부동산 정책방향 3대 원칙'을 따랐다. 한 가지 특기할 만한 것은 '중대형 아파트 공급확대' 원칙이 큰 비중을 차지했다는 점이다. 이는 그동안 부동산 정책을 둘러싸고 첨예하게 대립했던 '투기 수요 억제론'과 '공급확대론'을 절충한 결과였다.

8·31대책 중 부동산 세제개혁의 기본 내용은 종합부동산세 과세 강화를 통해 보유세를 강화하고 거래세를 완화한다는 것과, 1세대 2주택에 대한 양도세를 강화한다는 것이다. 과세 기준의 인하(주택의 경우 공시가격 9억 원→6억 원, 토지의 경우 공시지가 6억 원→3억 원), 과표 적용률의 인상, 세대별 합산 과세, 세부담 상한 조정 등 종부세 강화의 방법도 구체적으로 제시하고 있는데, 이 방법들을 사용하여 2009년까지 종합부동산세 대상자에 대해 보유세 평균 실효세율을 1% 수준으로 끌어올리겠다는 것이다.[3]

---

[3] 8·31대책 발표 당시만 해도 종합부동산세 대상자에 대해서는 2009년까지, 전체 보유세 대상자에 대해서는 2017년까지 보유세 평균 실효세율 1%를 달성한다고 알려졌으나, 이 목표는 특별한 이유 없이 슬그머니 철회되었다. 이에 대해서는 다음의 (2)항을 참조하기 바란다.

그 대신 거래세는 개인 간 주택 거래에 한해 세율을 1% 포인트 인하한
다. 보유세를 강화하는 만큼 거래세를 인하하는 '패키지형' 방식이 활용
되고 있는 셈이다. 또 양도소득세 과세는 실거래가 기준으로 전환하고,
1세대 2주택에 대해서는 50%의 세율을 적용하여 과세를 강화하는 동시
에 동결효과를 유발하는 장기보유특별공제 적용을 배제한다.

8·31대책은 이처럼 부동산 과다 보유자에게는 중과세하는 대신, 중산
층 이하 서민층의 세부담은 증가하지 않도록 배려하고 있다. 즉, 종합부동
산세의 경우 과표 적용률을 급격히 끌어올려(2006년에 20% 포인트, 2007
년부터는 매년 10% 포인트) 2009년에 100%를 달성한다는 목표지만, 재산
세의 경우 2008년(당초 계획은 2006년)부터 5% 포인트씩 서서히 끌어올린
다는 것이다.

8·31대책에서는 주택에 대한 과세와 함께 토지세를 강화하고 있는
점이 주목된다. 즉, 비사업용 토지에 대한 종합부동산세를 주택과 비슷한
방식으로 강화하고, 부재지주 소유 농지 등의 양도소득에 대해서는 60%의
무거운 세율을 적용하면서 장기보유특별공제 적용 대상에서 배제한다는
것이다. 법인 소유 토지 양도 시 세율 30%의 법인세 특별부가세를 부과함
으로써 개인에 대한 과세와 균형을 맞추려고 한 점도 주목할 만하다.

흔히 양도소득세는 불로소득을 환수하는 효과가 크지만 매각을 꺼리게
만드는 동결효과를 낳는다는 지적이 있다. 8·31대책의 세제개혁에서는
양도세 중과에 1년의 유예기간을 두는 동시에 장기보유특별공제 적용을
배제하는 장치를 통해 이 문제에 대처하고 있다. 1년 후부터 양도세를
중과한다고 하면 그 전에 사람들이 보유 부동산을 매각하려고 할 것이며,
장기보유특별공제 적용을 배제하면 장기보유를 통해 양도소득세 부담을
줄일 수 있는 여지가 사라지므로 매각 기피 현상이 크게 줄어든다.

요컨대 8·31대책 중 부동산 세제개혁은 보유세 강화와 거래세 인하를
패키지형으로 추진하고 있고, 양도세를 통해 부동산 과다 보유자의 불로

소득을 환수하고자 하며, 서민층의 세부담이 증가하지 않도록 배려하고 있다는 점에서 긍정적으로 평가할 수 있다. 특히 '보유세 강화·거래세 인하'는 학계에서는 상식이 되다시피 한 정책 과제임에도 불구하고 역대 정부 중 이를 실행에 옮긴 정부는 없다는 점에서 의미가 크다.

개발이익환수제도는 부동산 불로소득 환수 측면에서 세금과 함께 중요한 위치를 차지한다. 8·31대책에서는 기반시설부담금제를 도입하는 동시에 2004년 1월부터 부과가 중지되었던 개발부담금제를 부활시켰다. 대책 발표 전 개발이익환수제도는 기반시설부담금제로 일원화하고 개발부담금제는 재도입하지 않을 방침이라는 보도가 나온 적이 있는데, 양자를 병행 실시하기로 한 것은 잘한 일이다. 보유세가 충분히 강화되기 전까지는 개발이익환수제도를 통해 국지적으로 발생하는 부동산 불로소득을 가능한 한 많이 환수해야 하기 때문이다.

하지만 8·31대책은 공급확대론을 대폭 수용하여 택지 및 주택의 적극적인 공급확대 방안을 제시하고 있다. 강남 지역의 안정적인 주택 수급을 위해 국공유지를 택지지구로 개발하고, 현재 개발이 진행 중인 기존 택지지구 주변을 확대 개발하여 거점도시로 육성하며, 공공택지 내 중대형 아파트 건설 비중을 확대하고, 광역적 공공개발 방식을 통해 기존 도시의 재개발 사업을 적극 추진한다는 것이다. 지금까지 공급확대론자들이 요구해 온 것들 가운데 재건축 규제 완화만 빼고는 거의 대부분 받아들여진 것으로 보인다.

10·29대책이나 5·4대책과는 달리 8·31대책은 거의 원안대로 국회를 통과했다. 대책이 포괄하는 범위가 이전 대책들보다 훨씬 넓을 뿐만 아니라 입법화에도 성공하여 정부 대책이 실제 시행에 들어가게 되었다는 점에서, 8·31대책은 참여정부의 부동산 정책을 대표한다고 봐야 한다. 이하에서는 8·31대책을 중심으로 참여정부 부동산 정책의 문제점 또는 한계에 대해 살펴보기로 하자.

(2) 참여정부 부동산 정책의 문제점

앞에서 밝힌 방향과 원칙에 비추어볼 때 참여정부의 부동산 정책은 다음과 같은 문제점을 안고 있다.

첫째, 부동산 투기에 대해 상호 모순되는 효과를 낳는 두 가지 정책을 동시에 추진해 왔다는 점이다. 부동산 투기 억제책과 행정복합도시, 기업도시, 혁신도시 등 각종 개발정책을 동시에 추진했다든지, 불로소득 환수정책과 공급확대책을 동시에 발표했다든지 하는 것이 대표적이다. 부동산 투기를 억제하고 토지 불로소득을 제대로 환수한다면 균형발전은 자연스럽게 이루어질 텐데, 인위적으로 지방에 각종 개발사업을 추진하고 토지 불로소득을 산발적으로 발생시키는 방식으로 균형발전정책을 추진한 것은 정책 오류라고 생각된다. 또한 공급확대책은 확실한 불로소득 환수 대책 없이 추진될 경우 투기의 불쏘시개로 작용하기 마련인데, 참여정부 부동산 정책의 종합판이라고 일컬어지는 8·31대책은 이러한 대비책을 마련하지 않은 상태에서 대대적인 공급확대책을 발표했다는 점에서 결정적인 문제점을 안고 있다.

둘째, 보유세 강화 정책이 기대에 못 미친다는 점이다. 5·4대책에서 제시되었던 보유세 실효세율 1%라는 목표가 실종되어 버린 것이다. 2005년 9월 21일 재정경제부는 8·31대책의 주택 보유세 시뮬레이션 결과를 일부 공개하면서, 2009년까지 종합부동산세 대상자의 보유세 실효세율은 0.89%로, 전체 보유세 대상자의 보유세 실효세율은 0.36%로 올라가고(2005년 현재 두 비율은 각각 0.58%, 0.20%), 2017년까지는 각각 1.04%, 0.61%로 올라갈 것이라고 밝혔다. 부동산 투기라는 망국병을 앓으면서 우리 사회가 이루어온 귀중한 국민적 합의라고 할 수 있는 '보유세 실효세율 1% 달성'이라는 목표를 슬그머니 철회해 버린 것이다. 소위 '세금폭탄론'을 내세운 일부 언론의 맹렬한 공격에 밀린 느낌이 든다. 이는 서민들의 세부담이 증가하지 않도록 한다는 데 너무 신경을 쓴 나머지, 보유세 중과 대상자를 극소수로 제한함으로써 부동산 보유자는 마땅히 사회로부터 받는 혜택에 상응하는 보유세를 납부해야 한다는 또 하나의 중요한 원칙을 허무는 것이라 할 수 있다.

셋째, 토지와 건물을 구분해서 토지세 중심으로 보유세를 강화하려는 인식이 없다는 점이다. 보유세가 미미한 현재의 상황에서는 토지와 건물의 구분이 별 의미가 없는 것처럼 보이지만, 보유세를 강화해 갈수록 건물 보유세 강화의 부작용이 나타날 것이다. 2004년의 보유세제 개편 과정에서 도입한 토지와 건물의 통합평가·통합과세[4]는 시가 상응 과세를 실현하기 위한 하나의 고육지책이었음을 인정하고, 장기적으로는 토지세 중심의 보유세 체계를 구축할 필요가 있다.

넷째, 8·31대책은 취득세와 등록세의 세율을 인하해서 조세 대체의 원칙을 지키는 것처럼 보이지만, 실거래가 과세로 인해 세액이 오히려 증가하게 되는 문제에 대한 대책이 없다는 점이다. 예상하건대 거래세의 세부담이 오히려 늘어날 것 같고, 명실상부한 조세 대체는 실현되기 어려울 것 같다.[5]

다섯째, 8·31대책에 의해 개발부담금제가 다시 도입되기는 했지만, 부과 대상이 너무 제한적이어서 누락되는 개발사업들이 적지 않고, 부과

---

4) 그동안 주택의 토지와 건물을 분리 과세해 왔는데 이 방식은 주택 보유세 부담을 불공평하게 만드는 문제를 안고 있었다. 토지와 건물의 통합평가·통합과세는 이를 해소하여 보유세 부담의 형평성을 실현한다는 차원에서 도입됐다.

5) 이 글을 탈고한 후인 2006년 8월 3일, 정부는 주택 거래세의 세율을 개인 간 거래의 경우 2.5%에서 2%로, 법인 간 거래의 경우 4%에서 2%로 인하한다는 방침을 발표했다. 이는 늦었지만 정부가 거래세의 실제 부담을 완화하여, 보유세는 강화하는 대신 거래세는 완화하는 조세 대체의 원칙을 지키려는 노력을 보여준 것이라 평가하고 싶다. 한편 정부는 2005년 8·31대책 발표 당시 5%(취득세 2%, 등록세 3%)였던 거래세율을 개인 간 거래 3.5%, 개인과 법인 간 거래 4%로 낮췄고, 2006년 들어 개인 간 거래세율을 다시 2.5%로 내린 바 있다.

율 또한 낮아서(25%) 개발이익 환수의 효과가 작았다는 기존 제도의 결함
을 그대로 보완하지 않고 있다는 점이다.

3) 8·31대책을 넘어서

참여정부의 부동산 정책은 부분적으로 헨리 조지 식 세제개혁의 원리
를 따르고 있지만, 미흡한 수준이다. 어떻게 하면 8·31대책의 결함을
보완하고 부동산 문제를 근본적으로 해결할 수 있는 정책을 마련할 수
있을까?

8·31대책의 발표와 함께 수그러들었던 부동산 가격 폭등세가 2006년
들어서 다시 나타나자 정부는 즉시 8·31대책을 보완하는 후속 대책(3·30
대책)을 마련하여 발표했다. 3·30대책은 서민 주거 안정, 공공택지 및 주택
공급확대, 아파트 분양가 인하, 재건축 규제 강화 및 개발이익 환수, 고가
아파트에 대한 주택담보대출 규제 등을 주요 내용으로 하고 있지만, 핵심
은 재건축 개발부담금 부과와 총부채상환비율(DTI) 적용을 통한 대출
규제이다.

재건축 개발부담금 부과는 앞에서 지적한 바, 8·31대책의 개발이익
환수제도가 갖고 있던 결함을 일부 보완하는 효과를 발휘할 것으로 보인
다. 그리고 투기 지역 6억 원 이상 고가 아파트 구입 시 담보비율(LTV)과
함께 소득과 이자 상환 능력을 고려한 총부채상환비율(DTI)이 적용되도
록 한 것도, 금리 인상이 불가능한 상황에서 금융 면에서 동원할 수 있는
효과적인 투기 수요 억제 대책이 아닌가 생각된다. 이러한 '미시적=국지
적' 금융대책은 강남과 분당권의 국지적 투기를 억제하는 데 상당한 효과
를 발휘할 것이다.

이처럼 3·30대책은 말 그대로 8·31대책의 결함을 일부 보완하는 후속
대책이라고는 할 수 있지만 그 한계를 극복할 수 있는 근본 대책이라고

할 수는 없다. 8·31대책으로 상징되는 참여정부의 부동산 정책의 한계를 근본적으로 극복하기 위해서는 다음과 같은 조치가 필요하다고 믿는다. 이것을 한마디로 말하면, 토지보유세 강화 정책과 토지공공임대제의 결합을 통한 시장친화적 토지공개념 제도의 실현이 될 것이다.

첫째, 부동산 정책의 성격을 명확하게 규정할 수 있는 하나의 패러다임을 제시할 필요가 있다. 앞에서 말한 '시장친화적 토지공개념'은 좋은 대안이라고 생각된다. 이처럼 부동산 정책의 새로운 패러다임을 제시할 경우, 부동산 문제를 해결하기 위한 여러 정책 대안들을 하나의 틀로 아우를 수 있고, 국민적 합의를 도출하는 데도 유리할 것이다.

둘째, 토지보유세 실효세율 1% 이상 달성이라는 비전을 속히 되살릴 필요가 있다. 더불어 보유세 강화 정책에 대한 사회적 인식의 전환을 위해 노력해야 할 것이다. 일부 언론들은 참여정부의 보유세 강화 정책을 '강남 때리기' 내지 '부자 잡기'로 매도해 왔다. 이 언론들이 8·31대책 발표 직전 '세금폭탄론'을 제기하며 정부가 중산층과 서민층의 세부담까지 급격히 인상하려 한다고 비판하자, 정부는 보유세 강화 정책이 극소수의 부동산 부자들만 대상으로 한다고 해명했다. 소위 '초정밀 유도 폭탄론'이다.

양자 간에는 공통점이 존재하는데, 그것은 보유세가 징벌적 세금이라는 인식을 하고 있다는 점이다. 이 같은 인식은 상당히 많이 유포되어 있는 것으로 보인다. 보유세 강화에 찬성하는 일반 국민들도, 그에 반대하는 부동산 부자들이나 강남 주민들도, 모두 보유세를 징벌적 세금으로 인식하고 있는 듯하다. 강남 주민들이나 부동산 부자들이 참여정부 부동산 정책에 의해 부당한 피해를 입고 있다고 여기며 반발하는 것은 이에 기인하는 바가 크다.

그러나 부동산 보유세, 특히 토지 보유세는 토지 보유자가 국가와 사회로부터 받는 혜택에 상응하여 납부하는 대가라는 성격을 가진다. 토지는 사유재산인 동시에 모든 사람의 공동 재산이라는 성격을 갖고 있으며,

또 토지가치는 전적으로 사회의 발전이나 국가의 공공 서비스 제공에 의해 증가하므로, 토지 보유자는 토지가치에 상응하는 세금을 국가에 납부하는 것이 마땅하다.

정부는 먼저 보유세가 징벌적 세금이 아니라 토지 보유자라면 마땅히 납부해야 할 '혜택에 상응하는 대가'임을 인식하고, 국민들도 그 같은 인식을 가질 수 있도록 꾸준히 알릴 필요가 있다. 8·31대책 중 보유세 강화 정책이 극소수의 고액 보유자만을 대상으로 하고 있다는 점이 보유세가 징벌적 세금이라는 오해를 낳고 있으므로, 그 대상을 훨씬 확대할 필요가 있다. 일반 국민들의 조세저항이 있겠지만, 이는 넘어야 할 산이다. 단, 부동산 보유 가액이 1억 원[6] 미만인 사람과 그 이상인 사람을 구분하는 것이 좋을 듯하다. 전자에 대해서는 보유세 세부담이 올라가지 않도록 하거나 좀 더 적극적으로 보유세를 감면해 줄 필요가 있지만, 후자에 대해서는 보유세를 강화하는 것이 바람직하다.

셋째, 토지보유세 강화 정책과 병행하여 토지공공임대제를 실시할 필요가 있다. 보통 토지공공임대제는 구사회주의 국가의 체제 전환 문제를 다룰 때 자주 언급되지만, 토지사유제가 허용되고 있는 남한에서도 도입할 수 있다. 다만 현행법 체계하에서는 바로 전국적으로 도입하는 것은 불가능하고, 민간 소유의 토지를 강제수용하여 조성하는 공공택지나 국공유지에서 국지적으로 도입해야 한다. 남한에서 국지적으로나마 토지공공임대제를 도입할 경우 토지 불로소득 환수, 도시계획 기능 제고, 부동산 투기 억제, 사회간접자본 건설 등에 매우 유리하며, 토지보유세 강화 정책만큼 강한 조세저항을 수반하지 않는다는 장점을 갖는다.

최근 논란이 되고 있는 '토지 임대부 건물분양' 방식은 토지공공임대제의 일종이다. 지금까지 공공택지 혹은 국공유지에 건설되는 주택은, 민간 건설업체가 택지 분양을 받아 주택을 건설한 후 토지와 건물을 모두 분양

6) 기준 금액은 달라질 수 있다.

하는 방식과 공기업이 주택을 건설한 후 토지와 건물을 모두 임대하는 방식으로 공급되어 왔다. 토지공공임대제를 적용하면 공공택지나 국공유지는 민간 건설업체에 분양하지 않고 임대하게 되며 건설업체는 임대토지 위에 주택을 건설하여 건물만 분양하게 된다. 입주자는 건설업체에는 건물 값을 지불하고 공공에는 토지 임대료를 지불하게 된다. 이 원리는 주택뿐만 아니라 상업용·산업용 건물에도 적용할 수 있다.[7]

토지 임대형 방식은 여러 가지 탁월한 정책 효과를 낳는 것으로 알려져 있다. 토지를 공공이 계속 보유하므로, 앞에서 말한 것처럼 토지 불로소득 환수나 사회간접자본 건설에 매우 유리하고 도시계획 기능을 제고할 수 있을 뿐만 아니라, 값싼 주택을 공급하고자 하는 주택 정책에도 큰 도움을 줄 수 있다. 다만, 토지 불로소득 환수와 값싼 주택 공급이라는 정책 목표가 상충된다는 점은 기억할 필요가 있다.

정부가 토지 불로소득을 제대로 환수하려면 토지 임대료를 토지의 시장 임대가치에 맞춰 지속적으로 인상해 가야 하는데, 그렇게 된다면 입주자들은 건물 값 외에 계속 상승하는 임대료를 부담하므로 실질적으로는 아파트 공급가가 그다지 낮아지지 않는다. 반대로 아파트 공급가를 실질적으로 인하하기 위해서는 임대료를 인위적으로 낮게 책정할 수밖에 없는데, 그렇게 된다면 토지 불로소득을 주택 소유자가 향유하게 되고 이 주택을 둘러싼 투기도 막을 수 없게 된다. 하지만 이런 정책 목표 충돌의 문제는 목표의 우선순위를 조정함으로써 얼마든지 해결할 수 있다. 판교와 같은 고급 주택 단지에서는 '토지 불로소득의 환수'를, 그리고 서민 주택 단지에서는 '값싼 주택의 공급'을 우선 목표로 하는 것이 좋겠다.

이 방식에 반대하는 사람들이 흔히 지적하는 재정 문제, 즉 토지 비용 문제는 토지 임대료를 시장가치대로 징수할 경우 전혀 문제가 되지 않는다. 임대료 수입이 토지 비용의 이자를 금방 초과할 것이고 시간이 갈수록

---

7) 토지공공임대제 기반의 도시 건설 방안에 대해서는 부록을 참조하기 바란다.

임대가치가 상승하여 양자 간의 격차가 커지기에 금융기관이나 각종 민간 펀드, 국민연금 등에서 안심하고 자금을 공급할 것이기 때문이다.

토지 임대료를 낮게 책정하는 경우에는 토지 비용이 문제가 될 수 있는 데, 이때에는 편법이기는 하지만 택지개발지구 내의 상업 용지를 시장가치 대로 매각하여 주택 용지의 초기 비용을 조달할 수 있다. 서민 주택 정책의 일환으로 토지 임대료를 낮게 책정하는 경우, 국민주택기금이나 재정을 투입하는 것도 가능하다. 그래도 초기 비용이 걱정된다면, 송파 신도시처럼 기존 국공유지에서 추진되는 주택 건설 사업에 토지 임대형 방식을 먼저 적용해 볼 수 있다.

공공택지에서는 토지만이 아니라 건물까지 공영 개발하여 임대하자는 주장도 있다. 그러나 부동산 불로소득은 건물이 아니라 토지에서 생기므로, 건물까지 임대로 하는 것은 지나친 방법이다. 건물까지 임대하는 공공 임대 주택의 경우, 공공부문 비대화·비능률의 문제를 피하기 어렵다. 건설업체는 발주처에 납품하므로, 주택 수요자보다는 발주처인 정부나 주택공사 측에 신경을 쓸 것이다.

토지 임대형 주택을 민간 임대업자가 직접 건설하거나 분양을 받아서 민간 임대 주택으로 활용할 수도 있다. 이는 공공 임대 주택이 아니기 때문에 앞에서 말한 문제는 일어나지 않는다. 토지 임대료를 인위적으로 낮게 책정할 경우, 주택 소유자가 토지 불로소득을 얻게 되고 그로 인해 투기가 일어날 수 있다. 이 문제는 싱가포르 식으로 주택을 팔 때 정부를 통하도록 하고, 매매차익의 일정 비율을 환수함으로써 해결할 수 있다.

남한의 현행법 체계하에서 토지공공임대제 기반의 도시 및 산업단지 건설을 추진하기 위해서는 토지 비축 제도를 활성화하여 국공유지 비율을 지속적으로 확충해 갈 필요가 있다. 외국의 국공유지 비율(2002년)을 살펴보면, 싱가포르 81%, 대만 69%, 일본 31.4%인 데 반해 우리나라는 22.5%에 불과하다. 더구나 우리나라 국유지는 대부분 임야와 도로, 학교 등 공공시설 용지로 이용되고 있으며, 도시 용지 비율은 0.1%에 불과한 실정이다(이영은 외, 2005: 3).

4. 헨리 조지 비판에 대한 반비판

최근 헨리 조지가 세간의 주목을 받기 시작하면서 그의 사상과 정책 대안에 대해 자칭 '시장주의자'들로부터 비판이 나오기 시작했다. 곽태원 교수의 비판과 김경환 교수의 비판이 대표적인데, 이하에서는 이 비판들에 대해 검토하고자 한다. 이 비판들은 참여정부 부동산 정책에 대한 국내 '시장주의자'들의 비판과 밀접히 관련되어 있으므로 여기서 검토할 필요가 있다고 판단했다.

1) 곽태원 교수의 헨리 조지 비판에 대한 반비판

곽태원 교수는 최근 전경련 산하 한국경제연구원을 통해 헨리 조지 사상을 비판하는 연구 보고서를 출간했다(곽태원, 2006). 헨리 조지의 경제사상과 정책 대안에 대한 본격적인 비판서라고 할 수 있겠는데, 적지 않은 오해와 왜곡, 잘못된 비판 등의 문제점을 내포하고 있어서 적절한 교정과 반비판이 필요하다고 생각된다. 곽 교수는 헨리 조지 사상과 조지스트의 이론을 전반적으로 검토하고 있지만, 여기서는 정책 대안에 초점을 맞추어 곽 교수의 견해를 반비판해 보기로 하자.

곽태원 교수는 헨리 조지와 그를 따르는 조지스트들이 토지의 무상몰수를 통해 토지공유제를 실현하고자 한다고 주장한다. 곽 교수에 의하면, 이러한 헨리 조지의 정책 대안은 "혁명적인 발상"이며, "폭력혁명과 다를 바 없고", 체제붕괴를 시도하는 "매우 심각한 죄악이요, 범죄행위"이다

(곽태원, 2006: 54). 그는 헨리 조지가 토지 공유화의 방법으로서 토지를 매수하여 공유화하는 방법, 무상몰수하는 방법, 토지와 그 개량물까지 몰수할 뿐만 아니라 과거 토지를 소유하면서 향유했던 수익까지 모두 환수하는 방법 등 세 가지를 제시했으며, 세 번째 방법이 너무 과격하고 개혁을 하는 데 불필요하게 큰 저항을 가져올 수 있기 때문에 두 번째 방법이 타당하다고 생각했다고 말하고 있다.

헨리 조지의 정책 대안에 대한 곽태원 교수의 이런 비판은 '허수아비 치기'의 전형이다. 헨리 조지는 토지를 무상몰수하자는 주장을 한 적도 없고, 토지 공유화의 방법으로 세 가지를 제시하면서 그중 무상몰수가 가장 나은 방법이라고 말한 적도 없다. 『진보와 빈곤』에 이런 말은 나오지 않으며 그렇게 해석될 수 있는 구절도 없다. 극단적인 사실 왜곡이라고 표현할 수밖에 없다. 사실 헨리 조지의 정책 대안을 토지공유제라고 표현한 것에서부터 불순한 의도가 배어있다고 느껴진다. 토지공유제라고 하면 응당 사회주의적 토지국유제를 떠올리지 않겠는가? 실제로 곽태원 교수는 "혁명적인 발상", "폭력혁명", 체제붕괴를 시도하는 "매우 심각한 죄악이요, 범죄행위" 운운하면서 이런 식의 연상 작용을 부추기고 있다.

헨리 조지는 이념적으로 자유주의 계열의 학자이다. 혹자는 그를 최후의 고전학파 경제학자라고 부르기도 한다. 현대 조지스트들 중에는 'Geo-libertarianism'을 표방하는 사람들이 있다. 'Geo-libertarianism'이란 헨리 조지를 따르면서 토지를 중시하는 자유지상주의라는 뜻이다. 헨리 조지는 사회주의에 대해 명백히 반대했으며 마르크스를 경멸했고, 실제로 정치활동을 하는 가운데 사회주의 계열 인사들과 정면 대립하기도 했다. 현대의 조지스트 중에는 헨리 조지의 사상과 오스트리아 학파 간에 친화성이 있음을 보고 양자를 결합시키려는 시도를 하는 사람도 있다. 헨리 조지 자신은 시장 메커니즘에 대해 깊은 신뢰를 갖고 있었으며, 토지가치세를 주장한 것도 실은 시장을 독점이 사라진 진정한 자유시장으로 만들기 위해서였다.

굳이 '공유제'라는 말을 넣어서 표현하자면 헨리 조지의 정책 대안은 토지공유제가 아니라 토지가치공유제라고 해야 한다. 토지와 관련한 모든 의사결정을 국가가 내리는 토지공유제와, 토지에서 발생하는 수익을 공적으로 환수하는 대신 다른 의사결정은 모두 민간의 자율로 맡기는 토지가치공유제 간에는 엄청난 차이가 존재한다. 싱가포르, 홍콩, 핀란드, 스웨덴, 이스라엘, 1950년대 말의 덴마크, 미국의 펜실베이니아 주와 알래스카 주, 대만 등은 토지가치공유제의 정신에 입각한 토지제도를 도입한 나라와 지역들로서 자본주의 시장경제를 모범적으로 발전시켰다.

곽태원 교수는 헨리 조지 식 정책 대안을 시행하면, 토지시장이 사라지고 토지는 모두 국가의 수중으로 들어가게 될 것이라고 주장한다. 그는 조지스트들이 바로 그런 상황을 원하고 있다고 넘겨짚기도 한다(곽태원, 2006: 135). 토지시장이 사라지는 이유는, 헨리 조지 식으로 지대의 100%를 조세로 징수하면 지가가 제로(0)가 되므로 토지 매매시장이 소멸할 것이며, 나아가 토지 임대업을 영위할 유인을 느끼는 민간인이 없을 것이므로 토지 임대시장도 소멸할 것이기 때문이다. 그렇게 되면 "토지의 관리와 활용이 정부의 책임으로 넘어가게 되는 것인데 경매에 의한 임대 등 시장원리를 정부가 사용한다고 해도 …… 엄청난 관리비와 비효율 그리고 부정 등이 수반될 개연성이 매우 크다"(곽태원, 2006: 135). 여기서도 곽 교수가 헨리 조지의 대안을 토지의 국가통제로 연결시키려고 애쓰는 모습을 발견할 수 있다.

그러나 헨리 조지는 지대의 100%를 조세로 징수하자고 주장하지 않았다. 보고서의 다른 곳에서 곽 교수 자신이 인정하듯이(곽태원, 2006: 137), 헨리 조지는 지대의 일부를 토지 소유자에게 남겨두어서 민간 토지시장이 기능하도록 하자고 주장했다. 헨리 조지 식으로 하면 토지의 매매시장은 지금보다는 크게 위축되겠지만, 임대시장이 활성화되어 토지 자원의 배분을 주로 담당하게 될 것이고 임대료가 토지자원의 효율적 배분을 담보하는 가격 기능을 수행하게 될 것이다.

곽태원 교수는 헨리 조지가 토지의 독점을 반대했는데, 정작 헨리 조지 식 대안이 시행되면 지가가 하락해서 토지의 독점이 오히려 촉진될 수 있다는 점을 들어 헨리 조지 식 정책 대안을 비판한다(곽태원, 2006: 137~138). 곽 교수는 토지의 독점을 토지 소유의 집중이라고 이해하고 있다. 그러나 헨리 조지가 말하는 독점은 소유의 집중과는 상관이 없다. 그가 말하는 독점은 진입장벽의 개념에 가깝다. 독점을 그렇게 이해하는 것은 고전학파 경제학자들의 관행이다. 헨리 조지 식 이상사회에서는, 그럴 리는 없겠지만 설사 소수가 토지를 아무리 많이 보유한다고 할지라도, 상관이 없다. 왜냐하면 보유하는 만큼 토지의 가치에 상응하는 대가를 지불해야 하기 때문이다. 그러므로 토지가치세가 토지의 집중을 촉진할 수 있기 때문에 헨리 조지의 대안은 일관성을 상실한다는 곽 교수의 비판은 근거가 없다.

곽태원 교수는 토지의 이용과 관련해서도 헨리 조지에 대해 허수아비 치기를 하고 있다.

토지는 그 이용의 특성 때문에 공유가 적절하지 않은 자원이다. 추상적으로는 공동의 유산이라는 말이 매우 어필하지만 실제로 토지는 자유재도 아니고 공공재도 아니기 때문에 원천적으로 모든 사람들이 공동으로 자유롭게 사용하는 것이 불가능하다. 자유재가 아니라는 것은 쓸 만한 토지의 공급은 유한하며 희소하다는 것이다. 토지가 공공재가 아니라는 것은 토지의 이용이 배타성을 가질 수밖에 없다는 것을 의미한다. 따라서 동시에 모든 사람들이 이용할 수 없기 때문에 토지의 이용권을 배분하는 어떤 질서가 필요한데 사유재산제도에 근거한 시장 메커니즘은 매우 효율적이고 합리적인 배분의 시스템을 제공하는 것이다. …… 토지 배분의 기본적인 질서가 공유라는 이념에 근거하고 있다면 역설적으로 엄청난 혼란과 무질서가 따를 수밖에 없다(곽태원, 2006: 177).

여기서 곽 교수는 마치 헨리 조지가 토지의 배타적 이용을 반대한 것처럼 말하고 있는데, 이는 전혀 사실과 다르다. 헨리 조지의 관심은 시장 메커니즘을 폐지하고 토지의 배타적 이용을 막는 데 있었던 것이 아니라, 토지를 배타적·독점적으로 보유하고 이용하는 사람으로 하여금 그에 상응하는 대가를 내도록 하는 데 있었다.

곽 교수는 "토지 사유를 인정하고 있는 자유주의 시장경제체제 국가들이 그렇지 않은 국가들에 비해 월등한 경제성장과 이를 통한 빈부격차 완화, 절대빈곤 감소 등을 이룩했다"라며 역사적 경험을 헨리 조지 비판의 근거로 들었다. 곽 교수는 여기서 자본주의 시장경제와 사회주의 계획경제를 대비시키고 있는 듯한데, 이는 잘못된 대비이다. 토지사유제와 토지가치공유제를 비교하려면, 중남미 국가와 유럽을 비교해야 한다. 중남미 국가들이 대부분 토지사유제로 인한 문제를 극복하지 못해 경제성장의 발목이 잡힌 반면, 유럽의 선진국은 나름대로 토지 문제를 해결함으로써 경제발전으로 나아갈 수 있었다(≪내일신문≫, 2006.2.9).

이상에서 살펴본 바와 같이 곽태원 교수의 견해는 전반적으로 허수아비 치기로 일관하고 있기 때문에, 조지스트들에게 건설적인 자극을 주지는 못할 것 같다. 곽 교수의 견해에서 약간의 점수라도 줄 수 있는 부분은 참여정부의 부동산 세제개혁을 평가하면서 토지와 건물을 구별하지 않은 것을 비판한 것이라든지, '왜 조지스트들은 토지가치세의 원리를 일국 차원이 아니라 전 세계에 적용하지 않는가'라는 지적을 한 것 정도가 아닐까 생각한다(곽태원, 2006: 169, 176~177). 하지만 유감스럽게도 그런 내용은 국내외의 조지스트들에 의해 이미 오래전부터 주장되어 온 내용이라는 점에서 참신성은 전혀 없다.[8]

---

8) 미국의 대표적 조지스트인 티드먼(N. Tideman) 교수는 토지가치세의 원리를 국제적으로 적용할 것을 주장하고 있다(Tideman, 2000).

2) 김경환 교수의 '보유세 강화 무용론' 비판

참여정부의 부동산 정책이 세제 중심, 투기 수요 억제 중심이라는 비판이 이어지면서 '보유세 강화 무용론'과 '공급확대론'이 주목을 받은 바 있다. 여기서는 자칭 '시장주의자'들에 의해 주장되고 보수 언론들의 지지를 받고 있는 두 주장의 내용을 비판적으로 검토한다.

(1) '보유세 강화 무용론' 비판

그동안 한국의 자칭 '시장주의자'들은 보수 언론들에게 참여정부 부동산 정책 비판의 논리를 충실하게 제공해 왔다. 김경환(2005)은 그 같은 논리의 완성판으로 보인다.[9] 그의 견해를 한마디로 요약하면 '보유세 강화 무용론'이 될 것 같다. 최근 많은 언론들이 김 교수의 '보유세 강화 무용론'을 참여정부 부동산 정책 비판의 주요 논거로 활용하고 있기에, 필자는 관심을 가지고 그의 견해를 검토해 보았다.

김경환 교수의 문제의식은 그가 쓴 글(2005)의 제목에서부터 잘 드러나 있다. 그 제목은 "보유세 올리면 집값 내릴까"인데, 이것이 함축하는 바는 '보유세를 올려봤자 집값은 안 내린다. 그러니까 국민 세부담을 증가시키는 보유세 강화 정책 따위는 쓰지 말라'는 것이 아닌가?

실제로 김 교수는 보유세 강화가 집값을 내리는 효과는 단기에 그친다("한 번에 그친다"라는 표현도 쓰고 있다)는 점을 강조한다. 그리고 그것은 신규 주택 공급의 채산성을 떨어뜨리고 주택 공급을 위축시켜서 장기적으로는 임대료를 끌어올릴 것이라고 주장한다. 또 미국의 경우 재산세 실효세율과 주택가격 상승률 간에는 특별한 관련이 없거나 심지어 양(+)의 상관관계를 갖는다는 '놀라운' 사실을 '과감하게' 밝히고 있다. 재산세 실효세율이 높은 도시가 주택가격 상승률이 더 높은 경우가 많다는 것이다.

---

9) 김경환(2004)도 함께 참조하기 바란다.

김 교수는 한 가지 잘못된 전제를 설정하고 있는 것으로 보인다. 그는 정부가 집값을 반복적으로, 그리고 장기적으로 떨어뜨리는 것을 목표로 부동산 정책을 세우고 있다고 생각하는 듯한데, 이는 전혀 잘못된 전제 설정이다. 정부가 집값을 반복적이고 장기적으로 떨어뜨리는 것은 옳지 못한 일일 뿐만 아니라, 필자가 알기에 참여정부는 그것을 부동산 정책의 목표로 내세운 적이 없다.

정부가 잡으려 하는 것은 투기로 인한 단기적 집값 폭등 현상이다. 투기가 사라진 다음 경제적 여건의 변화에 의해 집값이 정상적으로 상승(투기적 폭등이 아니다)하는 것은 전혀 문제가 되지 않는다. 묘하게도 김 교수는 보유세 강화가 집값을 단기적으로 안정시키는 효과가 있다고 말함으로써, 투기 대책으로서의 보유세 강화 정책의 정당성을 자인하고 있다.

모든 경제정책은 1차 효과와 2차 효과를 수반한다. 김경환 교수의 논리를 사용해서 1차 효과와 2차 효과를 설명해 보자. 보유세를 강화하면 집값이 떨어진다는 것은 1차 효과에 해당한다. 집값이 떨어지면 신규 주택 공급의 채산성이 떨어져서 주택 공급이 감소하고 그로 인해 임대료가 상승하는 것은 2차 효과에 해당한다. 경제학자들은 경제정책에 1차 효과와 2차 효과가 있지만 항상 1차 효과가 2차 효과를 압도한다는 것을 잘 알고 있다. 그러나 김 교수는 2차 효과를 집중 부각시켜서 1차 효과를 평가절하하고 정책 자체의 무용성을 도출하는 논법을 사용하고 있다.

더욱이 보유세를 강화하면 장기적으로 주택 재고가 감소하여 임대료가 상승할 것이라고 보는 김 교수의 주장에는 중대한 오류가 포함되어 있다. 부동산 보유세가 건물보유세로만 되어있다면 그의 주장이 옳다. 하지만 부동산 보유세에는 토지보유세도 포함되어 있다. 건물보유세는 임대료에 전가되지만 토지보유세는 전가되지 않는다는 것은 경제학에서는 익히 잘 알려진 사실이다.

그리고 그의 말대로 건물보유세 강화는 건물가격을 하락시켜 신규 주택 공급의 채산성을 떨어뜨릴지 모르지만, 토지보유세 강화는 토지가격을 하락시키기 때문에 거꾸로 신규 주택 공급의 채산성을 높이는 효과를 낳는다. 또한 토지보유세를 강화하면 토지 이용의 효율성이 높아지고 장기적으로 주택 공급은 늘어난다.

김 교수가 염려하는 주택 임대료 상승은 장기가 아니라 오히려 단기에 문제가 될 소지가 있다. 왜냐하면 보유세를 강화하면 주택을 구입하려던 사람들이 전세 수요자로 바뀌어 임대주택에 대한 수요를 증가시킬 것이기 때문이다. 그러나 정부가 임대주택 공급을 지속적으로 확대한다면, 이 문제는 시간이 지나면서 자연스럽게 해소될 것이다.

김 교수는 미국 주요 도시들의 재산세 실효세율과 주택가격 상승률의 상관관계를 보여주는 그래프를 소개하고 있다. 이 그래프의 제목은 '보유세가 높다고 주택가격 상승률이 낮지는 않아'로 되어있고, 그래프 가운데에는 재산세 실효세율과 주택가격 상승률이 양(+)의 상관관계가 있음을 보여주는 추세선을 그려두고 있다.

이 그래프를 김 교수 식으로 해석하는 것은 큰 잘못이다. 왜냐하면 주택가격의 변동은 보유세뿐만 아니라 다른 요인들에 큰 영향을 받을 수 있기 때문이다. 통계학에서는 이처럼 다른 변수들을 통제하지 않은 상태에서 두 변수의 관계를 도출하고 거기에 인과성을 부여하려는 시도에 대해 엄격하게 경계한다. 김경환(2005)에서는 다른 변수를 통제했는지 여부를 밝히지 않았지만, 김경환(2004)에서는 같은 그래프를 소개하면서 "다른 변수들을 통제하지 않았으므로 정확한 분석이 아니다"라고 직접 밝히고 있다.

김 교수는 미국의 사례를 소개하면서, 자기 의도와는 달리 대단히 중대한 정보를 한 가지 제공하고 있다. 그는 앞에서 말한 논문 가운데 미국 주요 도시들의 재산세 실효세율을 보여주는 표를 제시하고 있는데, 이 표에서 필자는 미국의 도시 중 재산세 실효세율이 무려 4%를 넘는 곳이 있다는 사실을 발견할 수 있었다. 그곳에 특수한 사정이 있는지 알 수 없지만, 우리도 보유세 실효세율의 목표를 1%보다 더 높게 잡아도 되는 것 아닌가 하는 생각이 든다.

아마도 김 교수는 보유세 강화를 주택가격 안정의 필요충분조건 내지 만병통치약으로 여기는 견해를 비판 대상으로 삼고 있는 것 같다. 필자가 알기에 그런 견해를 가진 학자는 한 사람도 없으며, 참여정부 또한 그런 생각으로 보유세 강화를 추진하고 있는 것 같지는 않다. 보유세 강화는 부동산 불로소득을 환수함으로써 부동산 투기의 여지를 줄이는 효과를 갖고 있기 때문에 부동산 정책의 주요 수단 중 하나로 활용된다. 그것은 주택가격 안정의 필요조건일 뿐, 만병통치약 내지 필요충분조건은 아니다.

부동산 투기를 잡기 위해서는 보유세 강화를 근본 정책으로 추진하면서 다른 정책 수단들도 동원해야 한다. 다주택자나 토지에 대한 양도소득세 중과라든지, 개발이익환수제도의 재도입이라든지, 임대주택 공급의 확대라든지, 공영개발 방식의 적용 등을 생각해 볼 수 있다.

김경환 교수는 보유세 실효세율을 1% 수준으로 높일 때 부동산 가치 대비 소득의 비율이 낮은 우리나라의 경우 소득 대비 보유세 부담이 미국에 비해 훨씬 높아질 것이라는 점도 지적하고 있다. 같은 현상을 보더라도 해석은 완전히 달라질 수 있는데, 이 경우가 그렇다. 우리나라의 부동산 가치 대비 소득 비율이 낮은 것(즉, 소득 대비 부동산 가치의 비율이 높은 것)을 보고, 대부분의 사람들은 우리나라 부동산 가치가 지나치게 부풀어 있으며, 따라서 적절한 정책을 동원해서 부동산 가치를 낮추어야 한다고 생각한다. 또 소득에 비해 부동산 가치가 상대적으로 높은 만큼 보유세 강화의 효과가 클 것이라고 여긴다.

그러나 여기서 김 교수는 보유세 부담 능력을 문제시하는 이상한 논리를 도출하고 있다. 소득세가 아닌 보유세에 대해 부담 능력 운운하는 것 자체가 적절하지 않다. 정 부담 능력이 문제가 된다면 부동산을 팔고

옮기는 것이 합리적인 선택이다. 그리고 부동산의 가치는 고정되는 것이 아니고 부동산 시장의 상황에 따라 변동한다는 사실을 고려하지 않은 점도 문제다. 부동산 시장이 안정되었던 1990년대에는 우리나라에서도 소득 대비 부동산 가치의 비율이 상당히 떨어졌다(즉, 부동산 가치 대비 소득의 비율이 상당히 올라갔다). 부동산 가치가 떨어지면 실효세율은 1%가 되더라도 세부담은 그렇게 올라가지 않는다.

(2) '공급확대론' 비판

그동안 김경환 교수를 비롯한 자칭 '시장주의자'들과 일부 언론들은 보유세 강화를 통한 투기 수요 억제는 극력 반대하는 대신, 공급확대를 앵무새처럼 주장해 왔다. 수요에 비해 공급이 부족해서 가격이 올라가는 것이므로 공급을 확대해 주면 가격이 잡힐 것 아닌가 하는 것이 이들의 주된 논거이다. 시장원리를 존중하는 그럴싸한 논리인 것 같지만, 조금만 생각해 보면 터무니없는 허구라는 것을 알 수 있다.

주택 공급이 실수요에 못 미치고 있고 그래서 집값이 상승하고 있는 상황이라면, 이들의 말대로 공급확대로 대처하는 것이 옳다. 그러나 투기 심리가 발동하여 투기적 가수요를 팽창시키고 그것이 집값 폭등을 야기하고 있는 상황이라면, 공급확대로는 결코 문제를 해결할 수 없다. 2005년 이후 강남과 분당권 일대의 상황은 후자에 해당한다.

공급을 확대한다고 해서 실수요가 아닌 투기적 가수요를 충족시킬 방법은 없다. 그뿐만 아니라 실수요에 대한 면밀한 판단 없이 무작정 공급을 확대했다가는, 투기가 사라진 다음 주택 공급이 과잉상태에 빠져서 지금과는 반대로 집값이 폭락할 가능성이 크다. 세계 여러 나라에서 부동산 거품이 발생하는 시기에 주택 공급이 급증하고 거품이 꺼지면서 집값이 폭락했던 사례가 허다하다.

더욱이 최근의 집값 폭등은 바로 공급확대책 때문에 발생한 측면이

강하다. 강남과 분당권에서 2004년 잠잠해졌던 부동산 투기에 다시 불을
붙인 것은 2004년 말 재건축 규제 완화 방침 발표와 판교 신도시 개발인
데, 이는 바로 공급확대책의 일환이다. 8·31대책 이후 2006년 초부터
강남에서 집값 상승세가 다시 시작되고 있는 것도, 서울시 의회가 재건축
규제를 완화하려는 움직임을 보이면서부터다. 재건축 규제 완화, 신도시
개발과 같은 인위적인 공급확대책은 확실한 개발이익 환수장치 없이 추
진될 경우, 투기 세력에게 개발 호재를 제공함으로써 투기의 불쏘시개로
작용하기 마련이다.

5. 맺음말

부동산 문제의 근원은 부동산을 소유할 때 생기는 불로소득이다. 부동
산 투기는 불로소득 획득 가능성 때문에 일어나고, 부동산 양극화는 이
불로소득이 일부 계층에 편중되기 때문에 발생한다. 따라서 부동산 문제
를 근본적으로 해결하기 위해서는 부동산 불로소득을 공적으로 환수하지
않으면 안 된다.

평등지권을 이상으로 삼는 헨리 조지 식 정책 대안, 즉 토지가치세제와
토지공공임대제는 부동산 불로소득의 환수에 탁월한 효과를 발휘한다.
토지가치세제의 원리에 따라 부동산 세제를 개혁하고자 할 때 중요한
원칙은 ① 보유세를 미국과 영국 등의 선진국 수준 이상으로 강화할
것, ② '패키지형 세제개편 = 타 조세 감면 = 조세 대체'의 원칙을 준수
할 것, ③ 보유세를 토지세 중심으로 개편할 것, ④ 이러한 세제개혁이
완성될 때까지 과도기적으로 기존의 개발이익 환수장치(양도소득세와 개
발이익환수제도 등)를 정비·강화할 것 등이다.

참여정부의 부동산 세제개혁(특히 5·4대책과 8·31대책)은 기본 방향에

서 헨리 조지 식 정책 대안과 일치하는 부분이 적지 않다. 보유세 강화와 거래세 인하를 패키지로 묶어서 추진하려 한다든지, 양도소득세 강화와 개발부담금제의 재도입을 추진한다든지 하는 것 등이 그에 해당한다.

그러나 보유세 강화의 장기 목표가 너무 낮고 추진 속도가 느리며, 토지세 중심의 보유세 강화가 추진되지도 않고 있고, 양도세 중과나 개발 이익환수제도의 강화도 부동산 불로소득을 충분히 환수하기에는 미흡하다는 점은 참여정부 부동산 세제개혁의 결함이다.

보유세 강화 정책이 후퇴하는 것은 그것이 상대적으로 많은 조세저항을 초래하고 그로 인해 정치적 부담이 증가하기 때문인 듯하다. 이 문제를 타개하기 위해서는, 부동산 세제를 헨리 조지 식 제도로 개편하는 동시에 토지비축을 통해 국공유지를 확대하고 그곳에 토지공공임대제를 실시할 필요가 있다. 토지공공임대제는 부동산 불로소득 환수, 도시계획 기능 제고, 부동산 투기 억제, 저비용의 사회간접자본 건설 등의 효과를 발휘하는 것으로 알려져 있다. 이는 토지보유세 강화 정책만큼 강한 조세저항을 수반하지 않는다는 장점을 갖고 있기도 하다.

최근 국내에서 참여정부 부동산 정책에 대한 공격의 일환으로 헨리 조지의 사상과 헨리 조지 식 정책 대안에 대한 비판이 나오기 시작했는데, 적지 않은 오해와 왜곡, 허수아비 치기 식 비판, 억지 논리 동원 등의 심각한 문제점을 내포하고 있다. 이 글이 헨리 조지 사상과 정책 대안에 대한 건설적인 토론을 시작하는 하나의 계기가 되기를 기대한다.

참고문헌

곽태원. 2006. 『토지는 공유되어야 하는가? - <진보와 빈곤>에 나타난 헨리
　　조지의 토지사상 평가』. 한국경제연구원.

김경환. 2004. 「종합부동산세 도입과 부동산 세제개편」. 한국재정·공공경제학
　　회 학술대회 발표 논문.

＿＿＿. 2005. "보유세 올리면 집값 내릴까." ≪중앙일보≫(2005.8.19).

김윤상. 2002. 『토지정책론』. 한국학술정보.

＿＿＿. 2004. 『알기 쉬운 토지공개념』. 경북대학교출판부.

이영은 외. 2005. 『공영개발 확대와 토지 및 주택 공급 방식의 다양화』. 주택도시
　　연구원.

이정전 외. 2005. 『국가균형발전을 위한 토지정책 방향 연구』. 한국토지공사.

전강수. 2005. 「부동산 양극화의 실태와 해소 방안」. ≪역사비평≫, 통권 71호,
　　171~201쪽.

전강수·한동근. 2002. 『토지를 중심으로 본 경제 이야기』. CUP.

조지, 헨리(Henry George). 1997. 『진보와 빈곤』. 김윤상 옮김. 비봉출판사.

Andelson, R. V.(ed.). 1997. *Land Value Taxation Around the World*. New York:
　　Robert Schalkenbach Foundation.

Bourassa, Steven C. and Yu-Hung Hong(eds.). 2003. *Leasing Public Land: Policy
　　Debates and International Experiences*. Cambridge, Massachusetts: Lincoln
　　Institute of Land Policy.

Cord, Steven B. 1965. *Henry George: Dreamer or Realist?* New York: Robert
　　Schalkenbach Foundation.

Deininger, Klaus. 2003. "Land Policies for Growth and Poverty Reduction."
　　A World Bank Policy Research Report. Washington D. C.: the World Bank.

Noyes, Richard(ed.). 1991. *Now the Synthesis*. London: Shepheard-Walwyn.

Tideman, N. 2000. "Global Economic Justice." *Geophilos*, No.00(1).

Tideman, N. and F. Plassman. 1998. "Taxed out of Work and Wealth: the

Cost of Taxing Labor and Capital." in Fred Harrison(ed.). *The Losses of Nations*. London: Othila Press Ltd.

Vickrey, W. 2001. "Site Value Taxes and the Optimal Pricing of Public Services." in J. A. Giacalone et al. *The Path to Justice: Following in the Footsteps of Henry George*. Malden: Blackwell Publishing.

부록

영국 전원도시 건설의 사례를 활용한
토지공공임대제 기반의 도시 건설 방안

신도시 건설의 선구자로서 도시계획계에 큰 영향을 주어온 영국의 하워드(Ebenezer Howard, 1850~1928)는 토지공공임대제의 원리를 도시 건설에 적용했다. 그가 주창한 원리는 다음과 같다.

- 필요한 토지를 시장가격으로 매수한다. 매수에 필요한 자금은 매수 토지를 담보로 하여 차입한다.
- 토지는 4인으로 구성된 토지신탁위원회에 신탁한다.
- 신탁위원회는 토지를 임대하여 지대를 완전히 환수한다. 지대의 크기는 수요자 간의 경쟁에 의해 결정되는 가격으로 한다.
- 신탁위원회는 환수한 지대로 차입자금 이자와 원금분할상환금을 우선 지불하고 잔액을 도시정부에 납부한다.
- 도시정부는 이 수입으로 도로, 학교, 공원 등 공공사업 비용에 충당하고, 또 노년연금, 재난 및 건강보험에 충당한다.

하워드는 자신이 구상한 도시를 전원도시(Garden City)라고 불렀는데, 이 구상에 따라 레치워스(Letchworth)와 웰윈(Welwyn)에 신도시를 건설하는 데 앞장섰다. 런던 북쪽 54km, 30km에 위치한 두 도시는 아직도 전원도시의 모범 사례로 주목받고 있다. 하워드는 자신이 건설한 웰윈에 살았으며, 사망하기 한 해 전인 1927년에 전원도시 건설의 공으로 기사 작위를 받았다.

이 같은 방법은 현재 한국에서 추진되고 있는 행정복합도시, 기업도시, 혁신도시 등의 건설에도 적용할 수 있다. 또한 만일 북한에서 토지공공임대제를 시행하게 된다면, 남한은 이에 호응하여 '통일도시'를 시범적으로 건설할 수도 있을 것이다. 이들 도시 건설에서 가장 큰 난제는 아마도 토지투기일 것이다. 토지공공임대제의 정신과 전원도시의 원리에 따라 도시 건설을 추진한다면 토지투기를 원천적으로 봉쇄하면서 이상적인 도시를 건설할 수 있을 것이다. 도시 건설의 절차를 예시하면 다음과 같다(이정전 외, 2005: 152~153).

- 우선, 건설 예정지의 토지를 매수 또는 수용한다.
- 매수대금 및 수용보상금은 채권을 발행하여 지불하고 이자 및 원금을 연차적으로 갚아나간다.
- 다만, 건설 예정지의 지가가 그다지 높지 않으면 현금으로 매수 또는 보상을 해도 좋을 것이고 토지교환도 고려할 수 있다.
- 토지 매수가격 내지 수용보상금은 건설 공약이 나오기 전의 공시지가를 기준으로 한다. 참고로 현행 '공익사업을위한토지등의취득및보상에관한법률' 제67조 제2항에 "보상액의 산정에 있어서 당해 공익사업으로 인하여 토지 등의 가격에 변동이 있을 때에는 이를 고려하지 않는다"라고 되어있다. 또 동법 제69조에는 보상채권 발행 근거도 있다.
- 일단 매수 내지 수용한 토지는 매각하지 않고, 민간용 토지는 개발자에게 장기 임대하거나 지상권을 설정하고 시장 수준의 지대를 징수한다.
- 지대는 개발기에는 1년마다, 개발이 완료되면 3년 정도의 간격으로 평가한다.
- 지대 수입, 국내외 차입금, 정부 보조금으로 도시 건설비용 및 토지취득비의 원금과 이자에 충당한다.
- 수입과 비용의 크기는 건설 후보지가 선정되면 구체적으로 검토해야 할 문제이지만 도시 건설이 진행됨에 따라 지대 수입이 급속하게 늘어날 것이기 때문에 차입금 및 정부 보조금 부담은 상당히 완화될 것이다.

- 민간 개발자와 입주자에게 건설 및 입주 유인을 제공하기 위해서 일정 기간(예를 들면 10년간) 법인세, 부가가치세, 지방세 등을 감면한다.
- 일반적으로 조세를 감면하면 감면액의 상당 부분이 토지 임대가치 상승으로 나타나기 때문에 세수 감소 문제는 생각만큼 크지는 않을 것으로 보인다. 조세감면 조치를 언제까지 시행하는가 하는 문제는 재정 수입과 부담을 비교하면서 결정해야 할 것이다.

제4부　지역

제7장

지역 간 인구이동이 소득결정에 미친 영향

이은우 (울산대학교 경제학과)

1. 서론

인구이동은 영구적 또는 반영구적으로 거주지를 이전하는 것을 말한다. 한 국가에서의 인구이동은 국가 간(international), 지역 간(interregional), 지역 내(intraregional) 이동으로 구분할 수 있다. 이 중에서 지역 간 인구이동이 중요시된다. 국가 간 인구이동은 그 숫자가 많지 않기 때문에 그것이 미치는 영향도 크지 않다. 지역 내 인구이동은 직장은 변하지 않고 단순히 거주지만 변경하는 경우가 많기 때문에 그 영향이 미미하다. 반면에 지역 간 인구이동은 전입지와 전출지 모두에 많은 영향을 미친다.

우리나라에서는 다른 국가에 비해 인구이동이 매우 활발히 일어나고 있다. 1960년대 이후 산업화 과정에서 농촌에서 도시로의 인구이동이 매우 많이 일어났다. 대다수 국가의 발전과정에서 농촌에서 도시로의 인구이동이 일어나지만, 우리나라의 도시화 과정은 다른 나라에서 유례를 찾기 힘들 정도로 급격히 진행되었다.

이와 함께 수도권으로의 인구집중이 꾸준히 이루어지고 있다. 현재 전체 인구의 47%가 수도권에 거주하고 있는데, 한 지역에 이렇게 인구가 집중되어 있는 것은 외국의 사례에서 보기 힘든 경우이다. 수도권 과밀화를 해결하기 위해 여러 가지 정책수단을 사용했으나 성공하지 못했고, 현 정부는 행정도시를 새로 건설할 계획을 수립하고 있다.

이렇게 활발히 이루어진 지역 간 인구이동의 영향을 분석하는 것은 꼭 필요한 일이라 할 수 있다. 이 연구에서는 지역 간 인구이동이 소득수준과 지역 간 소득격차에 어떤 영향을 미쳤는지 파악하고자 한다. 인구이동이 지역 간 소득격차를 줄인다는 주장도 있고, 반대의 주장도 있다. 본 연구에서는 우리나라의 경우가 어느 경우에 해당되는지 '한국노동패널조사' 자료를 이용하여 실증적으로 분석하고자 한다.

본 연구의 내용은 다음과 같다. 제2절에서는 인적자본 인구이동이론의 내용을 살펴본 후, 인구이동과 소득의 관계를 다룬 선행연구를 고찰한다. 그리고 이용할 자료에 대해 설명한다. 제3절에서는 표본선택모형을 이용하여 이주결정함수와 소득결정함수를 추정하고, 인구이동이 각 지역별 소득결정에 어떤 영향을 미치는지 파악한다. 제4절에서는 소득격차의 요인분해법을 이용하여 지역 간 인구이동이 지역 간 소득격차에 미친 영향을 분석한다. 그리고 제5절에서는 이제까지의 논의에 대해 나름대로 결론을 내리고자 한다.

2. 인구이동이론 및 선행연구 고찰

1) 인적자본 인구이동이론

지역 간 인구이동을 설명하는 이론은 다수 있다. 이 중에서 각 개인의 이주 여부를 설명할 수 있는 이론으로는 인적자본 인구이동이론을 들 수 있다. 일반적으로 인적자본에 대한 투자형태는 학교교육, 현장훈련, 건강, 이주, 정보 등을 들 수 있다. 즉, 이주도 인적자본투자의 한 형태이다.

인적자본 인구이동이론은 자스태드(Sjaastad, 1962)에 의해 처음으로
정립된 이론인데, 이 이론의 핵심은 이주를 인적자본의 생산성을 증가시
키는 투자라고 파악하는 것이다. 투자에는 비용과 수익이 따르게 되는데,
자스태드는 이주의 비용을 화폐적인 비용과 비화폐적인 비용으로 구분하
고, 수익도 화폐적인 수익과 비화폐적인 수익으로 구분했다. 이주의 화폐
적인 비용에 포함되는 것은 직접적인 이주비용과 도시에서의 높은 생활
비 등이고, 비화폐적인 비용에 포함되는 것은 새로운 기능을 익히느라
소득을 얻지 못하는 동안의 기회비용과, 가족, 친지, 주변의 익숙한 환경
을 떠나는 심리적인 비용 등이다. 이주로 인한 화폐적인 수익은 이주자의
소득흐름의 변화인데 이것은 평생에 걸쳐 측정되고, 비화폐적인 수익은
새로운 환경에 거주함으로써 얻는 심리적인 이득을 말한다.

이 이론에 의하면 전입지와 전출지의 평생 동안의 순소득 차이를 할인
율로 할인한 현재 가치가 이주비용을 초과하게 되면, 각 개인은 이주를
결정하게 된다는 것이다. 이것을 식으로 나타내면 (7-1)식과 같다.

$$\sum_{t=1}^{T} \frac{(B_j^t - C_j^t) - (B_i^t - C_i^t)}{(1+r)^t} - ME_{ij} = PV_{ij} \tag{7-1}$$

여기서 B와 C는 각각 기대수익과 기대비용을 나타내며, ME는 이주비
용을 나타내고, r은 할인율을 나타낸다. 첨자 i는 전출지를 나타내며,
첨자 j는 전입지를 나타낸다. 첨자 t는 시간을 나타내며, T는 이주자의
계획기간을 나타낸다. $PV_{ij} > 0$이면 잠재적 이주자는 이주를 결정하게
되는데, 이주 예정 장소가 여러 곳이면 PV_{ij}가 극대가 되는 곳을 이주지로
결정한다.

인적자본 인구이동이론은 여러 사람에 의해 더욱 발전되고 정교화되었
다. 보울스(Bowles, 1970), 칼루즈니(Kaluzny, 1975), 레이버와 체이스

(Laber and Chase, 1971), 예저와 서스톤(Yezer and Thurston, 1976), 알렌 (Allen, 1979) 등의 연구가 대표적이다.

2) 선행연구 고찰

지역 간 인구이동에 대해서는 여러 분야에서 다방면의 주제에 대해 연구가 이루어졌다. 인구이동과 소득의 관계, 즉 인구이동이 소득수준에 미친 영향과 지역 간의 소득격차에 미친 영향에 대한 연구들은 연구자에 따라 다양한 결과를 도출하고 있다. 주요한 연구결과들을 보면 다음과 같다.

지역 간 인구이동이 소득에 미친 영향에 대한 연구로는 랜싱과 몰간 (Lansing and Morgan, 1967)의 논문이 초기연구로 꼽힌다. 이 연구는 1960 년과 1965년에 미국에서 조사된 자료를 이용했는데, 분석결과에 의하면 이주자는 다른 조건이 동일한 경우 자기가 떠난 지역의 주민보다는 높은 소득을 얻지만, 이주할 지역의 주민보다는 낮은 소득을 얻는다고 했다. 이렇게 이주자가 기존의 거주자보다 낮은 소득을 얻는 것은 지역 간 교육 의 질이 다른 것에서 연유한다고 했다.

얍(Yap, 1976)은 1950~1965년의 브라질 자료를 이용하여 일반균형의 틀 속에서 인구이동이 고용, 성장, 소득분배에 미치는 영향을 분석했다. 분석결과에 의하면 인구이동은 경제성장에 긍정적인 효과를 나타내고, 임금의 분포를 보다 균등화시키며, 부문 간 일인당 소득격차를 완화시켜 소득분배를 개선시키는 것으로 나타났다. 이 모형에서 인구이동이 지역 간 일인당 소득격차를 감소시키는 것은 인구이동이 일어남에 따라 전출 지의 임금이 전입지의 임금보다 빨리 증가하기 때문이다.

그랜트와 반더캠프(Grant and Vanderkamp, 1980)는 1971년의 캐나다 의 개별가구 자료를 이용하여 소득함수를 추계한 후, 인구이동이 소득결정에 어떤 영향을 미치는지 분석하고 있다. 연구결과, 인구이동이 소득수준에 미치는 영향이 명확하지 않다는 결론을 내고 있다. 이주 후 처음에는 소득이 감소하다가 일정 기간이 경과한 후 다시 증가하기 시작하는 경향이 있다. 그리고 지역이나 결혼 여부에 따라서도 소득에 미치는 정도가 달라진다고 했다. 그러나 전체적으로는 이주로 인해 약간의 소득증가를 나타낸다고 했다.

립톤(Lipton, 1982)은 지역 간 인구이동이 전출지의 소득과 후생수준을 감소시켜 지역 간 격차를 증가시킨다고 했다. 그 이유로 먼저 이주자의 특성을 들고 있다. 대부분의 경우 이주자들이 생산성이 높은, 젊고 학력이 높은 층인데, 이들의 유출은 전출지와 전입지의 생산성 격차를 증가시킨다. 다음으로 이주비용을 들고 있다. 이주에는 많은 비용이 소요되는데, 이 비용 때문에 저소득층보다는 고소득층에게서 이주경향이 높고, 따라서 이주로 인해 지역격차가 증가한다는 것이다.

크리그(Krieg, 1990)은 1980년의 미국 센서스 자료를 이용하여 인구이동이 성별·인종별 소득격차에 미치는 영향을 분석했다. 분석결과, 지역 간 인구이동은 인적 자원을 더 효율적으로 사용하게 하여 제반 격차를 감소시킨다고 했다.

크리그(1997)는 1981~1987년의 미국 패널자료(PSID)를 이용하여 수입함수를 추정했다. 이 연구에 의하면 이주 여부를 나타내는 더미변수는 유의성이 없어서 이주가 수입의 결정에 미치는 영향은 명확하지 않았다. 그러나 이주로 인한 간접적인 효과, 즉 직업의 변화나 직장의 변화가 수입에 미치는 영향은 뚜렷이 나타난다고 했다.

자콥센과 르빈(Jacobsen and Levine, 2000)는 1984~1987년의 미국의 패널자료(SIPP)를 이용하여 이주자와 비이주자의 수입을 성별과 결혼상태별로 구분하여 비교하고 있다. 이 연구에 의하면 이주로 인해 가장 이득을 볼 수 있는 계층은 미혼 여성 그룹으로 나타났다.

이외에도 인구이동과 소득의 관계를 다룬 것으로는 파이니(Faini, 1996), 스닙과 샌더퍼(Snipp and Sandefur, 1988)의 연구를 들 수 있다.

3) 이용자료

본 연구에서 이용한 자료는 한국노동연구원에서 매년 발표하고 있는 한국노동패널조사 자료이다. 이 자료는 2005년 상반기 현재 5차년도 자료까지 발표되어 있다. 1차년도 자료는 2000년에 발표되었는데, 이 자료는 1998년의 제반 사항을 조사한 것이다. 한국노동패널조사는 가구용 자료와 개인용 자료가 있는데, 본 연구에서는 개인용 자료를 주로 이용하고, 이와 함께 보조적으로 가구자료를 이용하기로 한다. 표본 수를 보면 1차년도의 경우 5,000가구, 1만 3,738명인데, 그 후 분가한 경우도 있으며, 일부는 표본에서 탈락하고, 일부는 새로 진입하여 5차년도의 경우에는 5,584가구, 1만 557명이다.

본 연구에서는 인구이동이 연구대상이기 때문에 자료가 1차년도부터 5차년도까지 연속적으로 조사되어야 한다. 1차년도 개인 표본 1만 3,738명 중 5차년도까지 개인의 경제활동이 계속 조사된 표본은 8,948명이다. 본 연구에서는 각 개인의 인구이동과 소득의 관계를 분석하는 것이 주 내용이기 때문에, 8,948명 중 5차년도 자료에서 소득을 얻고 있는 것으로 나타난 4,588명을 분석대상으로 하기로 한다. 노동패널조사의 개인자료에서는 "현재 이 일자리에서 ○○ 님의 임금은 세금을 제외하고 얼마나 됩니까?"라는 질문을 하고, 그에 대한 응답으로 월평균소득을 조사하고 있다. 여기서는 이에 대한 응답을 각 개인의 소득으로 정의했다.

본 연구에서는 1차년도와 5차년도 간에 기초자치단체, 즉 시, 군, 구로 나타난 주소지가 서로 다른 경우를 이주로 정의했다. 그러나 서울시와 6개 광역시(부산, 대구, 인천, 광주, 대전, 울산)의 경우에는 구, 군이 다르더라

<표 7-1> 표본의 개황

변수	이주자	비이주자	전체
월평균소득(만 원)	175.9(134.5)	146.4(157.6)	148.8(156.0)
남자 비율	0.70(0.46)	0.63(0.48)	0.63(0.48)
연령	35.28(10.26)	38.27(12.26)	38.03(12.13)
교육연수	12.58(3.05)	11.31(3.48)	11.41(3.46)
가족규모	3.60(1.36)	3.99(1.21)	3.96(1.23)
미혼자 비율	0.21(0.41)	0.21(1.21)	0.21(1.21)
표본 수	4,214	374	4,588

주: 1) 월평균소득은 5차년도 자료, 나머지 변수는 1차년도 자료.
　　2) ( ) 안은 표준편차.
자료: 한국노동연구원, '한국노동패널조사'(각 년도).

도 동일한 시 내부에서 주소지를 변경한 것은 이주로 정의하지 않았다.
　이렇게 정의할 경우 전체 표본 4,588명 중 이주자로 나타난 사람은 374명, 비이주자로 나타난 사람은 4,214명이다. <표 7-1>은 이들 표본의 대략적인 상황을 나타낸다. <표 7-1>에서 월평균소득은 5차년도의 값이고 나머지 변수들은 1차년도의 값을 나타낸다. 먼저 월평균소득은 이주자가 175.9만 원, 비이주자가 146.4만 원으로 이주자가 높다. 표본 중에서 남자의 비율을 보면 이주자가 70%, 비이주자가 63%로 이주자가 높다. 평균 연령을 보면 이주자가 35.28세, 비이주자가 38.27세로 비이주자가 3세 정도 높다. 평균 교육연수를 보면 이주자가 12.58년, 비이주자가 11.31년으로 이주자가 높다. 가족규모를 보면 이주자가 3.6명, 비이주자가 3.99명으로 이주자가 작다. 결혼상태를 보면 표본 중 미혼자가 차지하는 비율이 이주자와 비이주자 모두 21%로 같다.

3. 이주결정함수와 소득결정함수 추계

1) 추정모형

　인구이동이 소득결정에 미치는 영향을 파악하기 위해 먼저 이주결정함수를 추정하기로 한다. 이를 이용하면 어떤 특성을 가진 사람이 이주할 성향이 높은가를 알 수 있다. 이를 추정한 후 이주자와 비이주자의 소득결정함수를 추정하여 이주가 소득결정에 어떻게 영향을 미치는지 파악하고자 한다.

　이주자의 소득함수와 비이주자의 소득함수를 추계하여 이주가 소득결정에 미치는 효과를 분석할 때 선택편의(selectivity bias)가 발생할 수 있다. 이주를 하는 사람은 이주로 인해 현 거주지보다는 새로운 거주지에서 더 높은 소득을 얻을 확률이 상대적으로 높은 사람들이고, 이주를 하지 않는 사람은 새로운 거주지에서 현재보다 높은 소득을 얻을 확률이 낮은 사람들이다. 이런 경우 단순히 이주자와 비이주자의 소득을 비교하여 이주의 효과를 분석하게 되면 이주의 효과를 과대평가하는 편의가 발생할 수 있다. 소득결정함수에서 선택편의는 측정되지 않은 변수들이 소득결정에 영향을 미칠 때 발생한다(Heckman, 1979). 예를 들면 새로운 환경에 잘 적응하는 기질이 있는 사람일수록 그렇지 않은 사람보다 새로운 거주지에서 높은 소득을 얻을 확률이 높다.

　이런 문제를 해결하기 위해서 리(Lee, 1983)가 개발한 표본선택모형(sample selection model)을 이용한다. 이 방식으로 소득결정함수를 추계하는 방법의 개략적인 내용은 다음과 같다. 먼저 이주, 비이주 선택을 프로빗(probit) 모형으로 추정하고, 선택확률변수 λ를 계산한다. 다음 단계에서 선택확률변수 λ를 포함하는 2단계 회귀분석으로 각 부문의 소득결정함수를 추정한다. 이를 수식으로 나타내면 다음과 같다.

$$P_i = F(Z_i) = \frac{1}{2\pi} \int_{-\infty}^{Z_i} e^{-s^2/2} ds \tag{7-2}$$

$$Z_i = F^{-1}(P_i) = \beta_i W_i \tag{7-3}$$

(7-2)식과 (7-3)식에서 P_i는 이주할 확률을 나타내고, W_i는 이주 여부를 결정하는 데 영향을 미치는 독립변수벡터를 나타낸다. 헤크만 형(Heckman type)의 2단계 회귀분석모형을 이용한 i 부문의 소득결정함수는 다음과 같이 구해진다.

$$
\begin{aligned}
ln(INC_i) &= \gamma_i X_i + \theta_i \phi \left[H_i(P_i) \right] / \varPhi \left[H_i(P_{i)} \right] + \eta_i \\
&= \gamma_i X_i + \theta_i \lambda_i + \eta_i
\end{aligned} \tag{7-4}
$$

(7-4)식에서 INC_i는 i 부문의 소득을 나타내고, X_i는 소득결정에 영향을 미치는 독립변수벡터를 나타내며, λ_i는 선택확률변수를 나타낸다. ϕ와 $\varPhi$는 각각 정규분포확률밀도함수와 누적확률밀도함수를 나타낸다. H_i는 누적확률밀도함수의 역함수 $\varPhi^{-1}(\,\cdot\,)$이다(Lee, 1983). 선택확률변수 λ_i의 존재가 소득결정에 미치는 영향을 파악하기 위해서는 귀무가설 $\theta_i = 0$에 대해 t-검정을 한다. 검정 결과 귀무가설 $\theta_i = 0$가 기각된다면, 즉 θ_i가 통계적으로 유의하다면, 각 개인의 속성 이외에 이주자, 비이주자 어느 그룹에 속하느냐가 소득결정체계에 영향을 준다는 것이다.

이 방식에 의하면 이주결정함수와 소득결정함수가 동시에 구해진다. 여기서는 앞에서 언급한 대로 인적자본이론에 기초한 이주결정함수와 소득결정함수를 추정하고자 한다. 인적자본이론에 기초한 이주모형은 이주를 인적자본투자의 한 형태라고 생각한다. 인적자본투자모형은 투자에 대한 수익과 비용의 차이를 분석하여 수익이 비용보다 크면 투자를 결정하게 된다는 논리이다. 이것을 인구이동의 경우에 응용하면 이주로 인한 수익이 비용보다 크면 이주를 결정하게 된다.

이렇게 할 경우 이주에 영향을 미치는 변수로는 먼저 성별을 들 수 있다. 똑같은 인적자본투자를 하더라도 성별에 따라 수익률에 차이가 있기 때문이다. 다음으로 연령을 들 수 있다. 연령에 따라 투자에 대한 수익을 얻을 수 있는 기간이 다르기 때문에 수익률이 달라진다. 일반적으로 연령이 적을수록 투자에 대한 수익을 얻을 수 있는 기간이 길어지기 때문에 투자수익률이 높아지게 된다. 다음으로 교육수준을 들 수 있다. 일반적으로 교육수준이 높으면 이주경향이 높아지는데, 이것은 대부분의 실증연구에서도 나타난다(Chiswick, 1976: 22). 교육수준이 높으면 이주경향이 높아지는 이유로 치스윅(Chiswick, 1976: 22~23)은 다음의 네 가지를 들고 있다. 첫째, 교육은 타 지역에 대한 지식을 넓히기 때문에 새로운 지역으로 이주하는 데 소요되는 비용을 줄인다. 둘째, 더 높은 수준의 교육은 새로운 장소로 이주해서 받는 경우가 많은데, 이로 인해서도 이주경향이 높아진다. 셋째, 교육수준이 높은 사람은 부유한 경향이 있는데, 부유하기 때문에 이주를 비롯한 여러 가지 형태의 인적자본투자를 할 수 있다. 넷째, 교육수준이 높은 사람은 기술수준이 높다. 이주로 인한 수익은 기술수준이 높을수록 증가한다. 즉, 교육수준이 높을수록 이주의 비용은 감소하고 수익은 증가하기 때문에 교육수준이 높아질수록 이주경향이 증가한다.

그리고 결혼상태도 이주 여부에 영향을 줄 것이다. 이와 함께 입주형태, 즉 자가, 전세, 월세 중 어느 것인가에 따라서도 이주경향이 달라질 것이다. 우리나라는 주택의 매매에 많은 비용을 지불해야 하기 때문에 입주형태에 따라 이주비용에 많은 차이가 나게 된다. 그 결과 입주형태도 이주 여부의 결정에 많은 영향을 미치게 된다. 따라서 여기서는 이주결정함수를 결정하는 변수로 성별, 연령, 교육연수, 결혼상태, 입주형태 등을 포함시키기로 한다.

다음으로 소득결정함수를 추계하는 데도 기본적으로 인적자본이론에 기초한 모형을 사용하고자 한다. 이렇게 할 경우 성별, 연령, 교육연수 등이 포함된다. 다음으로 취업형태, 즉 봉급생활자인지 자영업자인지에 따라서도 소득결정에 차이가 나게 된다. 본 연구에서는 이와 함께 이주가 지역 간 소득격차에 어떻게 영향을 미치는지를 파악하고자 하기 때문에 지역변수를 포함시키기로 한다. 현재 우리나라에서는 지역 간 소득격차가 많이 나는 것으로 알려져 있다(이은우, 1995). 따라서 지역을 나타내는 변수를 포함시키기로 한다. 여기서는 지역을 서울, 경기도, 광역시, 도 지역으로 나누고자 한다.

이런 배경하에서 이주결정함수와 소득결정함수를 동시에 추정하고자 한다. 이들 함수의 추정에 사용된 변수들은 다음과 같다.

이주결정함수

$MIG = f\,(SEX,\ AGE,\ EDYR,\ FAMI,\ MAR,\ HOUSDUM2,\ HOUSDUM3)$

소득결정함수

$ln(INC) = g\,(SEX,\ AGE,\ AGESQ,\ EDYR,\ EMP5,\ REGDUM2,\ REGDUM3,$
$\qquad\qquad\quad REGDUM4)$

MIG: 1차년도(1998년)와 5차년도(2002년) 사이에 이주를 한 사람은 1, 아니
　　　면 0
SEX: 남자이면 1, 여자이면 0
AGE: 연령(1차년도)
AGESQ: 연령의 제곱(1차년도)
EDYR: 교육연수(1차년도)
FAMI: 가족규모(1차년도)

MAR: 미혼자이면 1, 기타의 경우 0(1차년도)

HOUSDUM2: 입주형태가 전세이면 1, 기타의 경우 0(1차년도)

HOUSDUM3: 입주형태가 월세이면 1, 기타의 경우 0(1차년도)

INC: 소득(5차년도)

EMP5: 취업형태가 봉급생활자이면 1, 자영업자이면 0(5차년도)

REGDUM2: 거주지가 경기도이면 1, 기타의 경우 0(5차년도)

REGDUM3: 거주지가 광역시이면 1, 기타의 경우 0(5차년도)

REGDUM4: 거주지가 도 지역이면 1, 기타의 경우 0(5차년도)

2) 추정결과

이들 변수를 이용하여 이주결정함수와 소득결정함수를 추정한 결과는 다음 <표 7-2>에 나타나 있다. 이 함수식을 추정한 방법은 다음과 같다. 먼저 이주결정함수에서 이주 여부를 나타내는 변수는 이주자를 1, 비이주 자를 0으로 놓고, 이주결정함수와 이주자의 소득결정함수를 동시에 추정 한다. 다음으로 이주 여부를 나타내는 변수는 비이주자를 1, 이주자를 0으로 놓고 이주결정함수와 소득결정함수를 동시에 추정한다. 두 번째 이주결정함수는 계수의 부호만 첫 번째 이주결정함수 계수와 반대로 되 고, 나머지는 모두 같게 된다.

이주결정함수의 추정결과를 보면 먼저 성별을 나타내는 *SEX*의 계수는 양의 값을 나타내고, 1% 수준에서 유의성이 있다. 이것은 남자가 여자보 다 이주할 경향이 높다는 것을 나타낸다. 우리나라에서는 여러 면에서 성차별이 존재하고 있다. 여자는 남자보다 구직을 비롯해 여러 면에서 새로운 환경에 적응하는 데 어려움이 크다. 따라서 여자는 남자에 비해 이주할 가능성이 낮다.

다음으로 연령은 나타내는 *AGE* 계수를 보면 음의 값을 나타내고, 1% 수준에서 유의성이 있다. 이는 연령이 높아질수록 이주할 가능성이 낮아진

<표 7-2> 이주결정함수와 소득결정함수(헤크만 형 2단계 모형)

구분	이주결정함수 [프로빗(probit) 함수]	소득결정함수 [종속변수: ln(INC)]	
		이주자	비이주자
constant	-1.467 (0.248)***	2.338 (0.460)***	2.422 (0.089)***
SEX	0.098 (0.061)	0.486 (0.067)***	0.434 (0.020)***
AGE	-0.0095 (0.0035)***	0.091 (0.016)***	0.087 (0.004)***
AGESQ		-0.0012 (0.0002)***	-0.0011 (0.0001)***
EDYR	0.050 (0.010)***	0.060 (0.012)***	0.075 (0.003)***
FAMI	-0.108 (0.024)***		
MAR	-0.209 (0.086)***		
HOUSDUM2	0.410 (0.063)***		
HOUSDUM3	0.506 (0.085)***		
EMP5		-0.247 (0.072)***	-0.245 (0.021)***
REGDUM2		0.016 (0.094)	-0.013 (0.028)
REGDUM3		0.035 (0.122)	-0.079 (0.022)***
REGDUM4		-0.211 (0.102)**	-0.139 (0.025)***
lamda(λ)		0.062 (0.128)	-0.508 (0.128)***
	log likelihood: -1210.2 chi squared: 171.4***	$R^2 = 0.36$ F = 23.13***	$R^2 = 0.40$ F = 307.20***

주: 1) *** 1% 수준에서 유의.
   ** 5% 수준에서 유의.
   * 10% 수준에서 유의.
2) ( ) 안은 표준오차.

다는 것을 나타낸다. 이주를 인적자본투자의 한 형태라고 할 때, 젊을수록 투자에 대한 수익을 얻을 수 있는 기간이 길어진다. 즉, 젊을수록 동일한 투자에 대한 수익률이 높아지기 때문에 이주할 가능성이 높아지게 된다.

교육연수를 나타내는 *EDYR*의 계수는 양의 값을 나타내고, 1% 수준에서 유의성이 있다. 이것은 교육수준이 높아질수록 이주할 경향이 높아진다는 것을 나타낸다. 교육수준이 높아질수록 새로운 거주지에서 잘 적응할 확률이 높기 때문에, 교육수준이 높아질수록 인적자본투자에 대한 수익률이 높아져 이주할 경향이 높아지게 된다.

이제까지는 인적자본투자의 수익을 결정하는 변수들을 고찰했고, 이제부터는 인적자본투자의 비용을 나타내는 변수들을 살펴보기로 한다. 비용을 나타내는 변수로 먼저 가족규모를 들 수 있다. 여기서는 가족규모를 나타내는 변수인 *FAMI*는 음의 값을 나타내고, 1% 수준에서 유의성이 있다. 이것은 가족규모가 커질수록 이주경향이 낮아진다는 것을 나타낸다. 일반적으로 가족규모가 커질수록 심리적인 비용을 비롯한 이주비용이 높아지게 된다. 그 결과, 가족 수가 많은 가구일수록 이주할 가능성이 작아지게 된다. 다음으로 결혼상태를 나타내는 변수인 *MAR*을 보면 음의 값을 나타내고 1% 수준에서 유의성이 있다. 이것은 미혼자가 기혼자에 비해 이주경향이 낮다는 것을 나타낸다.

그리고 입주형태가 이주 여부에 미치는 영향을 파악하기 위해 입주형태를 자가, 전세, 월세로 구분하여 자가를 비교 그룹으로 제외시키고, 전세와 월세를 나타내는 *HOUSDUM2*와 *HOUSDUM3*을 포함시켜 분석을 했다. *HOUSDUM2*와 *HOUSDUM3* 모두 계수가 양의 값을 나타내고, 1% 수준에서 유의성이 있다. 이것은 입주형태가 전세나 월세인 사람이 자가인 경우에 비해 이주할 경향이 높다는 것을 나타낸다. 이 중에서도 *HOUSDUM3*의 계수가 *HOUSDUM2*보다 계수의 절대값이 크다. 이것은 입주형태가 월세인 경우가 전세인 경우에 비해 이주경향이 높다는 것을 나타낸다. 이주를 하는 데 많은 비용이 소요되는데, 그중에서도 주택과 관련된 비용이 크다. 우리나라의 경우 보유세는 별로 높지 않으나 매매의 경우에는 많은 비용이 소요된다. 거주지를 변경할 때 주택과 관련된 비용은 자가의 경우가 제일 크고, 다음으로 전세, 월세의 경우이기 때문에, 이주경향은 이들 비용의 순서와는 반대로 나타나게 된다. 이상의 경우를 보면 이주로 인한 수익이 높아질수록 이주경향이 증가하고, 비용이 높아질수록 이주경향이 낮아지는데, 이것은 인적자본 인구이동이론과 일치하는 것이다. 즉, 인적자본 인구이동이론은 한국의 지역 간 인구이동 현상을 잘 설명하고 있다.

이제 표본을 이주자와 비이주자로 구분하여 추정된 소득결정함수를 보기로 하자. 이 함수는 헤크만(Heckman) 형의 2단계 회귀분석으로 추정된 것인데, 이 함수가 OLS 방식으로 추정된 함수와 다른 것은 선택확률변수 λ를 포함하고 있다는 것이다.

각 변수별 회귀계수를 보면 먼저 SEX의 경우 이주자, 비이주자 모두 양의 값을 나타내고, 1% 수준에서 유의성이 있다. 이것은 남자가 여자에 비해 높은 소득을 얻는다는 것을 나타낸다. 소득결정함수의 종속변수가 소득의 자연대수(natural log)값이기 때문에 각 계수의 값은 독립변수의 값이 1단위 변할 때 소득수준이 변하는 비율을 나타낸다. 즉, 이주자의 경우 남자가 여자에 비해 48.6% 만큼 높은 소득을 얻고, 비이주자의 경우 43.4% 만큼 높은 소득을 얻는다는 것을 나타낸다.

연령을 나타내는 AGE의 계수는 이주자, 비이주자 모두 양의 값을 나타내고, 연령의 제곱을 나타내는 $AGESQ$의 계수는 음의 값을 나타내고 있는데, 모두 다 1% 수준에서 유의성이 있다. 이것은 연령에 증가할 때 처음에는 소득이 증가하다가 어느 수준을 넘어서면 소득이 감소한다는 것을 나타낸다.[1]

---

1) 이주자의 경우 $\frac{\partial \ln(INC)}{\partial AGE}=0.091-0.0024AGE=0$ 으로 놓게 되면 최고소득 수준이 되는 연령은 37.9세가 된다. 마찬가지 방식으로 구하면 비이주자의 경우

교육연수를 나타내는 $EDYR$의 경우 이주자, 비이주자 모두 양의 값을 나타내고, 1% 수준에서 유의성이 있다. 이것은 교육수준이 높아질수록 소득수준이 증가한다는 것을 나타낸다. 구체적 수치로 나타내면 교육연수가 1년 증가할수록 이주자의 경우 6.0%, 비이주자의 경우 7.5% 소득이 증가하게 된다.

여기서는 취업형태를 봉급생활자와 자영업자 등 두 가지로 구분했는데, $EMP5$의 계수가 이주자, 비이주자 모두 음의 값을 나타내고, 1% 수준에서 유의성이 있다. 구체적인 수치로 나타내면 봉급생활자가 자영업자에 비해 이주자의 경우 24.7%, 비이주자의 경우 24.5% 낮은 소득을 얻는다는 것을 나타낸다.

지역이 소득에 미치는 영향을 파악하기 위해 지역을 서울, 경기도, 광역시, 도 지역으로 구분하고, 서울을 비교 그룹으로 제외시켰다. 경기도를 나타내는 $REGDUM2$ 계수는 이주자, 비이주자 모두 10% 수준에서 유의성이 없다. 광역시를 나타내는 $REGDUM3$의 계수는 이주자의 경우 양의 값을 나타내나 10% 수준에서 유의성이 없다. 비이주자의 경우 음의 값을 나타내고, 1% 수준에서 유의성이 있다. 비이주자의 경우 광역시 거주자가 서울 거주자에 비해 7.9% 정도 낮은 소득을 얻는다는 것을 나타낸다. 도 지역을 나타내는 $REGDUM4$의 계수는 이주자, 비이주자 모두 음의 값을 나타내고, 1% 수준에서 유의성이 있다. 도 지역 거주자는 이주자, 비이주자 모두 서울 거주자보다 낮은 소득을 얻는다는 것을 나타낸다.

이제 선택확률변수 λ가 소득결정에 미치는 효과를 보기로 하자. λ의 계수는 이주자의 경우 양의 값을 나타내나 10% 수준에서 유의성이 없고, 비이주자의 경우는 음의 값을 나타내고 1% 수준에서 유의성이 있다. 이것은 이주자, 비이주자 어느 그룹에 속하느냐에 따라 소득결정 메커니즘이 영향을 받는다는 것을 나타낸다. 즉, 비이주자의 경우는 이주자에

최고소득수준이 되는 연령은 39.5세가 된다.

비해 더 낮은 소득을 얻는 경향이 존재한다.

3) OLS 방식에 의한 소득결정함수 추정

이제 이주자, 비이주자를 통합하여 OLS 방식으로 소득결정함수를 추정하여 이주가 소득결정에 미치는 영향을 다시 한 번 분석하기로 한다. <표 7-2>에서는 이주결정함수와 소득결정함수를 헤크만 형의 2단계 모형으로 동시에 추정했기 때문에 연령과 교육연수를 1차년도 자료를 이용했다. <표 7-3>에서는 소득결정함수만 추정하기 때문에 연령과 교육연수를 5차년도 자료로 이용하고자 한다. <표 7-3>에 나타난 $AGE5$는 5차년도의 연령을 나타내고, $AGESQ5$는 $AGE5$의 제곱을 나타내고, $EDYR5$는 5차년도의 교육연수를 나타낸다. 실제 자료를 검토해 보면 5차년도의 연령은 1차년도의 연령에 4를 더한 것과 같고, 5차년도의 교육연수는 대부분의 경우 1차년도의 교육연수와 같은 것으로 나타났다. 즉, 연령의 경우 변수의 절대값만 차이가 나지 연령의 변화가 종속변수에 미치는 영향은 동일하다. 따라서 연령과 교육연수는 1차년도 자료를 이용하나 5차년도의 자료를 이용하나 회귀계수는 같은 의미를 지니게 된다.

<표 7-3>의 (가)식의 독립변수는 <표 7-2>에서 사용된 변수 이외에 이주 여부를 나타내는 변수인 MIG가 더미변수로 추가되었다. 그리고 <표 7-2>에서는 지역을 서울, 경기, 광역시, 도 지역으로 구분했으나, 서울과 경기 지역이 소득 차이가 별로 나지 않아 <표 7-3>에서는 서울과 경기를 하나로 묶어 서울·경기, 광역시, 도 지역 등으로 구분했다. 따라서 $REGDUM3$과 $REGDUM4$의 계수는 비교 그룹으로 제외된 서울·경기에 비해 광역시와 도 지역의 소득차이의 비율을 나타낸다.

추정결과 중 성별, 연령, 교육연수, 취업형태를 나타내는 변수를 <표 7-2>와 비교해 보면 계수의 부호는 모두 같고, 절대값은 약간 차이가

<표 7-3> 소득결정함수(OLS 모형) [종속변수: $ln\,(INC)$]

	(가)	(나)
$constant$	1.832 (0.098)***	1.830 (0.098)***
SEX	0.425 (0.018)***	0.421 (0.019)***
$AGE5$	0.103 (0.004)***	0.103 (0.004)***
$AGESQ5$	-0.00119 (0.00005)***	-0.00118 (0.00005)***
$EDYR5$	0.070 (0.003)***	0.071 (0.003)***
$EMP5$	-0.245 (0.020)***	-0.248 (0.021)***
$REGDUM3$	-0.072 (0.020)***	-0.071 (0.020)***
$REGDUM4$	-0.138 (0.021)***	-0.127 (0.022)***
MIG	0.075 (0.031)**	
$SEX \times MIG$		0.051 (0.069)
$MIG \times AGE5$		0.012 (0.008)
$MIG \times AGESQ5$		-0.00013 (0.00012)
$MIG \times EDYR5$		-0.018 (0.010)
$MIG \times EMP5$		0.022 (0.073)
$MIG \times REGDUM3$		0.066 (0.098)
$MIG \times REGDUM4$		-0.110 (0.070)
R^2	10.40	0.40
표본 수	4,588	4,588

주: 1) *** 1% 수준에서 유의.
　　 ** 5% 수준에서 유의.
　　　 * 10% 수준에서 유의.
　 2) (　) 안은 표준오차.

있다. 그리고 모두 1% 수준에서 유의성이 있다. 이주 여부를 나타내는 MIG의 계수는 양의 값을 나타내고, 5% 수준에서 유의성이 있다. 이것은 다른 조건이 동일하다면 이주자가 비이주자에 비해 더 높은 소득을 얻는 다는 것을 나타낸다.

(나)식에서는 (가)식에서 사용된 독립변수 이외에 독립변수와 MIG를 곱한 것을 사용한다. 이것은 각 변수와 MIG의 상호작용을 나타낸다. 예를 들면 $SEX \times EDYR5$의 계수는 이주가 소득수준을 결정하는 데 교육 정도를 얼마나 잘 활용하고 있는가를 나타낸다. 그런데 MIG와의 상호작 용을 나타내는 변수들은 모두 10% 수준에서 유의성이 없다. 이것은 소득 수준 결정에서 이주 여부가 인적자본을 효율적으로 활용하는 것이 아니 라는 것을 나타낸다. (가)식과 (나)식에서 볼 때 이주 자체는 소득수준을 증가시키지만, 회귀방정식에 있는 독립변수들이 아니라 다른 요인에 의 해서 소득이 증가한다는 것을 나타낸다.

4. 소득격차 요인분해에 의한 인구이동 효과 분석

1) 지역 간 소득격차 실태 및 요인분해 모형

이제 표본을 이주자, 비이주자로 구분하여 지역 간 소득격차에 대해 요인분해를 하고, 그 결과를 인구이동의 효과와 관련시켜 분석하고자 한다. 먼저 지역별 소득실태를 파악할 필요가 있다. <표 7-4>는 비이주 자, 이주자로 구분한 지역별 소득수준을 나타낸다. 서울·경기, 광역시, 도 지역 모두 이주자가 비이주자보다 소득이 높다. 비이주자나 이주자 모두 서울·경기의 소득이 제일 높고, 그 다음이 광역시이며, 도 지역이 제일 낮다.

<표 7-4> 지역별 이주자, 비이주자의 평균소득(5차년도)

	서울·경기	광역시	도 지역
비이주자	159.74 (168.52)	140.02 (141.43)	132.11 (157.93)
이주자	185.14 (143.55)	178.02 (99.07)	155.42 (124.76)
전체	162.65 (166.02)	141.14 (140.53)	134.29 (155.23)

주: ( ) 안은 표준편차.
자료: 한국노동연구원, 한국노동패널조사(각 년도).

이제 지역 간 인구이동이 지역별 소득격차에 어떻게 영향을 미치는지 분석하기로 한다. 이를 위해서 지역 간 소득격차의 분해기법을 이용하기로 한다. 이 분해기법을 이용하면 지역 간 소득격차가 어떤 요인에 의해 발생하게 되고, 인구이동이 지역 간 소득격차에 미치는 영향을 파악할 수 있다.

소득격차의 분해기법은 블라인더(Blinder, 1973), 골딘과 폴라체크(Goldin and Polachek, 1987), 일란펠트와 지오퀴스트(Ihlanfeldt and Sjoquist, 1990) 등에 의해 발전되었다. 이 기법의 개략적인 내용은 다음과 같다. 두 지역 간의 평균적인 소득격차는 두 가지 요인으로 분해될 수 있다. 한 부분은 개인속성의 차이, 즉 성별, 연령, 교육수준 등이 차이가 나서 발생하는 부분이고, 다른 한 부분은 같은 속성을 가지고 있더라도 소득결정체계, 즉 수익성의 차이에 의해 발생하는 부분이다. 이 식은 (7-5)식 또는 (7-6) 식과 같이 나타낼 수 있다.

$$\overline{ln(INC_j)} - \overline{ln(INC_i)} = b_j'(\overline{X_j} - \overline{X_i}) + (b_j' - b_i')\overline{X_i} \qquad (7\text{-}5)$$

또는

$$\overline{ln(INC_j)} - \overline{ln(INC_i)} = b_i'(\overline{X_j} - \overline{X_i}) + (b_j' - b_i')\overline{X_j} \qquad (7\text{-}6)$$

이 식에서 첨자 i 와 j는 각 지역을 나타내고, $\overline{ln(INC)}$ 는 소득의 자연대수값의 평균치를 나타낸다. $\overline{X}$ 는 각 변수의 평균치 벡터를 나타내고, b는 추정된 회귀계수의 벡터를 나타낸다. (7-5)식과 (7-6)식은 모두 논리상 맞는 식인데, 단지 어느 지역을 기준으로 하느냐의 차이이다. 여기서는 (7-6)식을 이용하여 소득격차의 요인분해를 하기로 한다.

(7-6)식의 우변은 두 부분으로 나뉘는데, 앞부분은 개인속성의 차이에 의한 소득격차를 나타내고, 뒷부분은 이들 개인속성의 차이로 설명되지 않는 부분을 나타낸다. 이 뒷부분은 지역 간 소득격차 중에서 각 개인속성에 의한 차이를 제외하고 남은 부분을 나타낸다. 성별, 인종별 소득격차를 분해할 경우 이 부분은 성차별, 인종차별에 의한 소득격차 부분을 나타낸다.

2) 분석결과(비이주자)

<표 7-5>는 비이주자들의 각 지역별 소득결정함수를 나타낸다. 여기서는 지역을 서울·경기, 광역시, 도 지역 등 세 지역으로 구분했다. <표 7-2>의 소득결정함수에서는 지역을 네 지역으로 구분했는데, 소득격차의 요인분해에서는 서울과 경기를 한 지역으로 처리했다. <표 7-2>에서 보면 경기 지역을 나타내는 더미변수는 이주자, 비이주자 모두 유의성이 없다. 즉, 서울과 경기는 소득격차가 거의 없다는 것을 나타낸다. 이외에도 서울과 인접한 경기 지역은 여러 면에서 유사한 면이 많아 한 지역으로 처리하여 분석을 진행했다.

회귀계수의 크기와 유의성은 지역별로 약간의 차이가 난다. 계수의 절대값을 보면 SEX 는 서울·경기가 제일 크고, $EDYR5$는 광역시가 제일 크며, $EMP5$의 경우에는 서울·경기가 제일 크다.

소득격차의 요인분해를 하게 되면 각 독립변수들의 지역별 평균치가

<표 7-5> 소득결정함수(비이주자, OLS 방식)

	서울·경기	광역시	도 지역
constant	2.081 (0.154)***	1.860 (0.166)***	1.528 (0.218)***
SEX	0.425 (0.028)***	0.417 (0.030)***	0.397 (0.043)***
*AGE*5	0.096 (0.007)***	0.093 (0.007)***	0.111 (0.009)***
*AGESQ*5	-0.00109 (0.00008)***	-0.00105 (0.00008)***	-0.0013 (0.00009)***
*EDYR*5	0.066 (0.004)***	0.081 (0.005)***	0.063 (0.007)***
*EMP*5	-0.346 (0.031)***	-0.332 (0.035)***	-0.016 (0.045)
R^2	0.405	0.409	0.379
표본 수	1,760	1,427	1,027

주: 1) *** 1% 수준에서 유의.
　　** 5% 수준에서 유의.
　　* 10% 수준에서 유의.
　2) ( ) 안은 표준오차.

중요한 변수가 되는데, 비이주자의 지역별 평균치는 다음 <표 7-6>에 나타나 있다. 먼저 성별을 나타내는 *SEX*를 보면 서울·경기가 0.6324, 광역시가 0.6153, 도 지역이 0.6349이다. 이것은 각 표본 중에서 남자가 차지하는 비율로 서울·경기와 도 지역이 비슷하고, 광역시가 조금 낮다.

연령을 나타내는 *AGE*5를 보면 서울·경기가 41.4세, 광역시가 41.8세, 도 지역이 44.3세로 도 지역이 제일 높다. 교육연수를 보면 서울·경기가 11.9년, 광역시가 11.4년, 도 지역이 10.6년으로 서울·경기가 제일 높다. *EMP*5는 표본 중에서 봉급생활자가 차지하는 비율을 나타내는데, 서울· 경기가 0.7534, 광역시가 0.7575, 도 지역이 0.6310으로 서울·경기와 광역시는 봉급생활자 비율이 높고, 도 지역은 자영업자가 차지하는 비율이 상대적으로 높다.

<표 7-6> 각 변수들의 평균치(비이주자)

	서울·경기	광역시	도 지역
SEX	0.6324 (0.4822)	0.6153 (0.4867)	0.6349 (0.4817)
AGE5	41.3795 (11.6920)	41.8304 (11.9143)	44.3457 (13.4195)
AGESQ5	1848.89 (1012.70)	1891.63 (1029.79)	2146.45 (1239.51)
EDYR5	11.9233 (3.4793)	11.4240 (3.3913)	10.6465 (3.8917)
EMP5	0.7534 (0.4311)	0.7575 (0.4287)	0.6310 (0.4828)

주: ( ) 안은 표준편차.

<표 7-7> 지역 간 소득격차의 요인분해(비이주자)

	서울·경기-광역시	서울·경기-도 지역	광역시-도 지역
대수소득격차	0.13872(100.0)	0.26049(100.0)	0.12177(100.0)
개인속성의 차이	0.05188(37.4)	0.13506(51.8)	0.09124(74.9)
성별	0.00713(5.1)	-0.00099(-0.4)	-0.00778(-6.4)
연령	0.00295(2.1)	0.05757(22.1)	0.05206(42.8)
교육	0.04044(29.2)	0.08044(30.9)	0.04898(40.2)
직업	0.00136(1.0)	-0.00196(-0.8)	-0.00202(-1.7)
개인속성 이외 요인	0.08684(62.6)	0.12543(48.2)	0.03053(25.1)

<표 7-5>와 <표 7-6>의 자료를 이용하여 (7-6)식에 의해 요인분해를 했는데 그 결과는 <표 7-7>에 나타나 있다. 먼저 비이주자의 서울·경기-광역시의 대수소득격차를 보면 37.4%는 개인속성의 차이에 기인하고, 62.6%는 개인속성 이외의 요인에 기인한다. 개인속성 중에서는 교육수준의 차이에서 기인하는 것이 29.2%로 제일 높다. 서울·경기-도 지역 간의 대수소득격차 중 51.8%는 개인속성의 차이에 기인하고, 48.2%는 속성

이외의 요인에 기인한다. 개인속성 중에서는 교육수준의 차이에 기인하는 것이 30.9%이고, 연령의 차이에 기인하는 것이 22.1%이다. 광역시와 도 지역의 대수소득격차는 개인속성의 차이에 기인하는 것이 74.9%로 대부분을 차지하고 있고, 개인속성 이외의 요인이 차지하는 비중은 25.1%를 차지하고 있다. 개인속성 중에서도 연령의 차이가 설명하는 부분이 42.8%, 교육수준이 설명하는 부분이 40.2%을 차지하고 있다.

3) 분석결과(이주자)

다음 <표 7-8>은 이주자의 지역별 소득결정함수를 나타내고 있다. 각 변수의 회귀계수와 유의성의 정도는 지역별로 약간의 차이가 난다. 성별을 나타내는 SEX의 계수를 보면 서울·경기가 0.444, 광역시가 0.411, 도 지역이 0.526이고, 세 계수 모두 5% 수준에서 유의성이 있다. 이 계수는 다른 조건이 일정할 때 남성이 여성에 비해 얼마나 더 많은 소득을 얻는가의 정도를 나타낸다. 교육연수를 나타내는 $EDYR5$의 계수는 광역시의 경우가 제일 크다. 취업형태를 나타내는 $EMP5$의 계수는 서울·경기와 광역시의 경우 10% 수준에서 유의성이 있으나, 도 지역의 경우는 유의성이 없다. 계수의 절대값은 광역시의 경우가 제일 크다.

각 변수들의 평균치는 다음 <표 7-9>에 나타나 있다. SEX의 평균치, 즉 표본 중 남자가 차지하는 비율은 서울·경기가 0.6872, 광역시가 0.6585, 도 지역이 0.7358로 도 지역의 경우가 제일 높다. 평균 연령을 보면 서울·경기가 39.6세, 광역시가 36.6세, 도 지역이 39.7세로 광역시의 경우가 제일 낮다. 평균 교육연수를 보면 서울·경기가 12.7년, 광역시가 13.5년, 도 지역이 12.1년으로 광역시의 경우가 제일 높다. 취업형태 중 봉급생활자 비율은 서울·경기가 0.7974, 광역시가 0.8780, 도 지역이 0.7075로 광역시의 경우가 제일 높다.

<표 7-8> 소득결정함수(이주자, OLS 방식)

	서울·경기	광역시	도 지역
constant	2.072 (0.440)***	0.415 (1.058)	2.375 (0.973)**
SEX	0.444 (0.075)***	0.411 (0.167)**	0.526 (0.164)***
AGE5	0.106 (0.019)***	0.147 (0.054)***	0.093 (0.046)**
AGESQ5	-0.00119 (0.00021)***	-0.00147 (0.00069)**	-0.00121 (0.00052)**
EDYR5	0.055 (0.012)***	0.103 (0.032)***	0.027 (0.024)
EMP5	-0.373 (0.086)***	-0.424 (0.231)*	0.038 (0.153)
R^2	0.427	0.555	0.260
표본 수	227	41	106

주: 1) *** 1% 수준에서 유의.
　　** 5% 수준에서 유의.
　　* 10% 수준에서 유의.
　2) ( ) 안은 표준오차.

<표 7-9> 각 변수들의 평균치(이주자)

	서울·경기	광역시	도 지역
SEX	0.6872 (0.4647)	0.6585 (0.4801)	0.7358 (0.4430)
AGE5	39.5551 (10.2655)	36.5854 (8.5264)	39.6792 (10.9035)
AGESQ5	1669.52 (911.62)	1409.41 (666.82)	1692.21 (977.06)
EDYR5	12.6520 (3.1856)	13.5366 (2.7304)	12.0849 (3.4202)
EMP5	0.7974 (0.4029)	0.8780 (0.3313)	0.7075 (0.4575)

주: ( ) 안은 표준편차.

<표 7-10> 지역 간 소득격차의 요인분해(이주자)

	서울·경기-광역시	서울·경기-도 지역	광역시-도 지역
대수소득격차	-0.03219(100.0)	0.22386(100.0)	0.25605(100.0)
개인속성의 차이	0.00905(-28.1)	0.00908(4.1)	0.05947(23.2)
성별	0.01180(-36.6)	-0.02556(-11.4)	-0.04066(-15.9)
연령	0.05420(-168.4)	0.01591(7.1)	0.05446(21.3)
교육	-0.09111(283.0)	0.01531(6.8)	0.03920(15.3)
직업	0.03417(-106.1)	0.00342(1.5)	0.00648(2.5)
개인속성 이외 요인	-0.04124(128.1)	0.21478(95.9)	0.19658(76.8)

(7-6)식에 의해 소득격차의 요인분해를 한 결과는 <표 7-10>에 나타나 있다. <표 7-4>의 이주자의 지역별 소득을 보면 서울·경기가 광역시보다 높게 나타난다. 그러나 <표 7-10>의 자연대수소득의 지역 간 격차를 보게 되면 광역시가 서울·경기보다 높아 서울·경기와 광역시의 격차가 -0.03219로 나타났다. 이 정도의 값은 실제로는 대수소득의 값이 거의 차이가 없다는 것을 나타낸다. 이 차이 중에서도 개인속성의 차이에 의한 것이 -28.1%이고, 개인속성 이외의 요인에 의한 것이 128.1%이다.

서울·경기와 도 지역 간의 대수소득격차는 개인속성의 차이에 의한 것은 4.1%에 지나지 않고, 거의 대부분인 95.9%가 개인속성 이외의 요인에 기인한다. 개인속성에 의한 차이는 주로 연령과 교육연수의 차이에 기인한다. 광역시와 도 지역의 소득격차의 23.2%는 개인속성의 차이에 기인하고, 76.8%는 개인속성 이외의 요인에 기인한다. 개인속성 중 연령에 의한 것이 21.3%, 교육에 의한 것이 15.3%를 나타내고 있다.

이제 <표 7-7>과 <표 7-10>의 소득격차의 요인분해 결과를 검토하기로 하자. 앞에서 설명한 것처럼 요인분해를 한 결과, 개인속성 이외의 요인에 의한 부분은 차별을 비롯한 기타 요인에 의해 기인한 것이다. 지역 간 소득격차의 요인분해를 한 결과, 개인속성 이외의 요인에 의한 부분은 구조적으로 존재하는 지역 간 소득격차 부분을 나타낸다.

서울·경기와 광역시의 이주자의 소득격차를 보면, 원래의 금액으로 나타난 것은 서울·경기가 광역시보다 높아 양의 값을 나타내나, 대수소득격차는 음의 값을 나타내고 있다. 따라서 이 경우는 제외하고 요인분해 결과를 고찰하기로 한다. 서울·경기와 도 지역 간의 대수소득격차 중 개인속성 이외의 요인에 의한 부분이 비이주자의 경우 48.2%이나, 이주자의 경우 95.9%이다. 광역시와 도 지역 간의 대수소득격차 중 개인속성 이외의 요인에 의한 부분이 비이주자의 경우 25.1%이나, 이주자의 경우 76.8%이다. 즉, 개인속성 이외의 요인이 차지하는 비율을 보면 두 경우 이주자가 비이주자보다 크다.

이주자가 비이주자보다 소득이 높고, 그것의 원인이 개인속성보다는 주로 구조적인 측면에 의존한다는 것은 지역 간 인구이동으로 인해 지역 간 소득격차가 증가한다는 것을 나타낸다. 즉, 인구이동이 지역 간 소득불균형을 심화시키는 방향으로 작용한다고 할 수 있다.

5. 결론

이제까지 인구이동이 소득수준과 지역 간 소득격차에 미치는 효과를 분석했다. 우리나라는 지역 간 인구이동이 매우 활발히 일어난 국가이다. 1960년대 이후 경제개발계획을 수립하고 산업화 정책을 시행하고부터 농촌에서 도시로의 인구이동이 급격히 진행되었다. 국제간 비교를 하더라도 우리나라는 도시화가 급격히 진행된 국가 중 하나이다.

최근에는 농촌의 절대적인 인구수가 감소함으로써 농촌에서 도시로의 인구이동은 감소했지만 도시에서 도시, 특히 수도권으로의 인구집중이 급격히 진행되었다. 이제까지 인구이동에 대한 연구가 다수 이루어졌지만 지역 간 인구이동과 소득의 관계를 다룬 것은 별로 없었다. 이것은 인구이동 실태와 소득을 함께 얻을 수 있는 자료가 부족했기 때문이다.

한국노동연구원에서 조사·발표하고 있는 '한국노동패널조사' 자료는 소득조사 등 매우 풍부한 내용을 포함하고 있다. 특히 매년 조사 자료를 발표하기 때문에 연도별 자료를 결합해서 사용하게 되면 거주지의 변경 사항을 파악할 수 있고, 이에 따라 이주 여부를 판단할 수 있다.

본 연구에서는 '한국노동패널조사' 자료를 이용하여 지역 간 인구이동 과 소득결정의 관계를 파악했다. 먼저 헤크만 형의 2단계 모형으로 이주 결정함수와 소득결정함수를 동시에 추정했다. 추정된 이주결정함수에 의하면, 우리나라의 지역 간 인구이동 현상은 인적자본 인구이동이론으 로 잘 설명될 수 있는 것으로 나타났다. 그리고 소득결정함수에 의하면, 비이주자의 선택확률변수 λ가 음의 값을 가지고 1% 수준에서 유의성이 있는 것으로 나타나, 같은 인적자본을 가지더라도 비이주자가 이주자에 비해 더 낮은 소득을 얻는 것으로 나타났다.

다음으로 소득격차의 요인분해에 의해 이주가 지역 간 소득격차에 미 치는 영향을 분석했다. 소득격차의 요인분해 방법은 대수소득격차를 개 인속성 차이에 의한 부분과 나머지 부분으로 분해하는 것이다. 이 방법에 의하여 지역 간 소득격차를 분해할 때 이주자가 비이주자에 비해 개인속 성 이외의 요인에 의한 부분이 큰 것으로 나타났다. 이것은 이주자가 비이주자에 비해 소득이 높은 것이 개인속성보다는 원래부터 존재하는 구조적인 지역격차에 의존한다는 것을 나타낸다. 이것은 지역 간 인구이 동이 지역 간 소득격차를 더 증가시키는 것을 의미한다.

참고문헌

김재흥. 1996. 「공공부문과 민간부문 간 보수격차의 요인에 관한 연구: 공무원의 보수수준을 중심으로」. ≪한국행정학보≫, 제30권 제3호, 89~104쪽.

이은우. 1995. 「도농 간 소득격차의 실태와 원인」. ≪경제발전연구≫, 창간호, 249~267쪽.

Antolin, P. and O. Bover. 1997. "Regional Migration in Spain: The Effect of Personal Characteristics and of Unemployment, Wage, and House Price Differentials Using Pooled Cross-Sections." *Oxford Bulletin of Economics and Statistics*, Vol.59, pp.215~235.

Allen, J. 1979. "Information and Subsequent Migration: Further Analysis and Additional Evidence." *Southern Economic Journal*, Vol.45, pp.1274~1284.

Blinder, A. 1973. "Wage discrimination: reduced form and structural estimate." *Journal of Human Resources*, Vol.8, pp.436~455.

Bowles, S. 1970. "Migration as Investment: Empirical Tests of the Human Investment Approach to Geographical Mobility." *The Review of Economics and Statistics*, Vol.52, pp.356~362.

Burda, M. and C. Wyplosz. 1992. "Human capital, investment and migration in an integrated Europe." *European Economic Review*, Vol.36, pp.677~684.

Chiswick, B. R. 1976. *Income Inequality(Regional Analysis within a Human Capital Framework)*. National Bureau of Economic Research.

Faini, R. 1996. "Increasing returns, migration and convergence." *Journal of Development Economics*, Vol.49, pp.121~130.

Giannetti, M. 2003. "On the Mechanisms of Migration and Migration Decisions: Skill Complementarities and Endogenous Price Differentials." *Journal of Development Economics*, Vol.71, pp.329~349.

Goldin, C. and S. Polachek. 1987. "Residual differences by sex: perspectives on the gender gap in earnings." *American Economic Review, Papers and Proceedings*, Vol.77, pp.143~151.

Grant, E. Kenneth and J. Vanderkamp. 1980. "The effects of migration on income: a micro study with Canadian data 1965-71." *Canadian Journal of Economics*, Vol.13, pp.381~406.

Heckman, J. J. 1979. "Sample selection bias as a specification error." *Econometrica*, Vol.47, pp.153~161.

Ihlanfeldt, K. R. and D. L. Sjoquist. 1990. "Job accessibility and racial differences in youth employment rates." *American Economic Review*, Vol. 80, pp.267~276.

Jacobsen, J. P. and L. M. Levine. 2000. "The effects of internal migration on the relative economic status of women and men." *Journal of Socio-Economics*, Vol.29, pp.291~304.

Kaluzny, R. L. 1975. "Determinants of Household Migration: A Comparative Study by Race and Poverty Level." *The Review of Economics and Statistics*, Vol.57, pp.26~274.

Krieg, R. G. 1990. "Does migration function to reduce earnings differentials by race and gender." *The Annals of Regional Science*, Vol.24, pp.211~221.

_____. 1992. "Internal migration and its influence on earnings and working husband and wives." *Social Science Perspective*, Vol.22, pp.79~89.

_____. 1997. "Occupational change, employer change, internal migration, and earnings." *Regional Science and Urban Economics*, Vol.17, pp.1~15.

Kim, J. H. 1993. *Divided Metropolis: Intra-Metropolitan Spacial Segmentation of Labor Market*. Ph.D. Dissertation. Carnegie Mellon University.

Laber, G. and R. X. Chase. 1971. "Interprovincial Migration in Canada as a Human Capital Decision." *Journal of Political Economy*, Vol.79, pp.795~804.

Lansing, J. B. and J. N. Morgan. 1967. "The effects of geographical mobility on income." *The Journal of Human Resources*, Vol.2, No.4, pp.449~460.

Lee, L. 1983. "Generalized econometric model with selectivity." *Econometrica*, Vol.51, pp.83~104.

Lipton, M. 1982. "Migration from rural areas of poor countries: The impact on rural productivity and income distribution." in R. H. Sabot(ed.). *Migration and the labor market in developing countries*. Westview Press.

Sjaastad, L. A. 1962. "The cost and return on human resources." *The Journal of Political Economy*, Vol.70, pp.80~93.

Snipp, C. M. and G. D. Sandefur. 1988. "Earnings of American indians and Alaskan natives: the effects of residence and migration." *Social Forces*, Vol.66, pp.994~1008.

Schwartz, A. 1976. "Migartion, age, and education." *Journal of Political Economy*, Vol.84, pp.701~719.

Yap, L. 1976. "Internal migration and economic development in Brazil." *Quarterly Journal of Economics*, Vol.90, pp.119~137.

Yezer, A. M. J. and L. Thurston. 1976. "Migration Patterns and Income Change: Implications for the Human Capital Approach to Migration." *Southern Economic Journal*, Vol.42, pp.693~702.

제8장

수도권 산업활동에 대한 입지정책과 집적

제조업의 혁신활동을 중심으로*

이상철 (성공회대학교 사회과학부)

1. 서론

　1982년에 제정된 '수도권정비계획법'을 통해 비로소 수도권이라는 일정한 지리적 범위 내에서 이루어지는 산업활동이 입지정책의 주요 대상으로 되었다. 그렇지만 이와 관련된 정부정책의 주된 내용이, 비록 기존의 물리적·개별적 규제방식에서 경제적·총량 규제방식으로 일정한 전환을 이루고는 있지만, 여전히 규제일변도로 되어있음을 부인하기는 어려운 실정이다.

　특히 외환위기 이후, 비수도권 지역의 산업기반이 급속히 약화되고 지역경기의 조속한 회복이 지체되는 가운데 지역 간 격차문제는 과거 어느 때보다도 국가적 관심사항으로 대두하게 되었고, 그 결과 국가의 균형발전이 현 정부의 주요 국정과제 중 하나로 제시되었으며, 이 과정에

---

* 이 글은 ≪민주사회와 정책연구≫ 제10호(민주사회정책연구원)에 게재된 「수도권에서의 집적과 혁신」의 일부를 수정·보완한 것임.

서 수도권에 대한 정부의 규제가 더욱더 강조되었다.[1] 물론 정부가 국가
균형발전의 전략으로 제시하고 있는 정책들에는 지역 간 격차를 줄이기
위한 새로운 내용들이 담겨있다. 특히 지역 스스로의 내재적 노력을 통해
지역 간 격차를 극복하기 위한 방안으로 제시되고 있는 지역혁신체제구
축정책은 과거 규제일변도의 정책들과는 많은 차이를 보이는 새로운 정
책이라고 평가할 수 있다. 그럼에도 불구하고 수도권의 과밀을 해소한다
는 정책목표 아래 시작되었던 수도권 규제가 현재의 정책당국에 의해
지역 간 균형발전을 위한 효과적인 정책수단으로 인식되고 있는 것도
사실이다.

그렇지만 미래의 수도권에 대한 입지정책은 수도권 소재 산업의 분포
를 고려할 뿐만 아니라, 산업구조의 변화 방향에 대한 전망 위에서 구상될
필요가 있다. 나아가 수도권과 같은 메트로폴리탄 지역이 갖는 경제적
특징을 염두에 둔 정책 역시 필요하다.

본문에서는 우선 글로벌화가 진행되고 지식기반경제가 성장하는 가운
데 도시로의 집적이 갖는 경제적 의미를 살펴본다. 우리나라는 지난 40여
년간의 캐치업 과정 속에서 급속한 산업화를 경험했으며, 드디어 캐치업
과정이 일부 종식되는 시점에 도달하고 있다. 급속한 산업화가 급속한
도시화를 수반하면서 진행되었음은 주지의 사실이다. 우리가 그동안 경
험했던 수도권의 과밀문제 중 일부는 지난 수세기 동안 지속되었던 중앙
집권적 정치 및 행정의 전통에서 기인했을 것이지만, 일부는 캐치업을
통한 급속한 산업화 과정과 무관하지 않을 것이다. 또한 캐치업이 거의

---

[1] 정부는 한편으론 지역균형발전을 위해 당장은 수도권 산업활동에 대한 입지규
제를 완화하기 어렵다고 공식적으로 밝히면서, 다른 한편으로는 사전적 원칙
없이 대기업 입지규제를 부분적으로 완화해 왔다. 성장관리권역 첨단산업 공장
증설의 100% 확대 허용 및 8개 업종 국내 대기업의 신설 허용이 대표적 예이다
(정준호·변창흠, 2005: 45).

끝나가는 현재의 시점에서 본다면, 선진국 역시 여전히 경험하고 있는, 혹은 오히려 21세기에 들어와 새로이 등장하고 있는 메트로폴리탄 지역의 문제를 우리의 수도권도 공유하고 있을 것이다. 특히 글로벌화와 지식기반산업의 성장이 진전되는 가운데 수도권과 같은 메트로폴리탄 지역에서 나타나는 새로운 특징, 그리고 이것이 갖는 정책적 함의를 살펴볼 필요가 있다.

다음으로 최근 나타나고 있는 수도권 산업의 구조 변화 추세를 살펴본다. 수도권 내의 지역별 인구 변화와 산업구조 변화를 알아보고, 수도권 지역 내에서 입지우위를 강화하고 있는 업종의 분포를 살펴본다. 특히 지역혁신체제구축정책과 관련하여 수도권 소재 기업이 갖는 혁신활동 측면에서의 특징을 분석해 본 다음, 이것이 갖는 정책적 함의에 관해 알아본다.

2. 집적과 외부경제: 이론적 고찰

1) 글로벌화와 혁신

글로벌화의 진전과 지식기반산업의 성장에 따라 경쟁우위의 원천으로서 입지(location)가 갖는 의미가 변화하고 있다. 선진국의 경우 글로벌화의 진전에 따라 금속, 기계, 자동차 등 전통적 성숙산업에서의 비교우위는 더 이상 유지되기 어렵게 되었다. 이들 산업의 일자리는 보다 저렴한 노동력을 제공할 수 있는 지역으로 계속 이전하고 있는 실정이다. 반면 혁신활동에 기반한 새로운 산업에서 요구하는 기술과 숙련을 갖춘 노동력에 대한 수요는 지속적으로 증가하고 있다. 지식기반의 혁신적 제품에 대한 전 세계적인 수요는 급속히 증가하고 있지만 새로운 지식을 제품화하고 상업화하는 데 기여할 수 있는 사람과 지역은 한정되어 있기 때문이다.

　그렇다면 혁신은 어떻게 이루어지는가? 최근의 연구는 실제의 혁신이 과학적 연구, 새로운 기술의 개발, 그리고 생산 및 시장진출이라는 잘 정의된 순서에 따라 이루어진다는 '선형혁신모형(linear innovation model)'의 가정과는 상이한 방식으로 이루어지고 있음을 보여주고 있다(Freeman, 1994). 이에 따르면, 연구개발은 기술혁신 과정 속에 존재하는 하나의 요인에 불과하며, 기술혁신의 유일한 출발점도 아니라는 것이다. '체인-링크모형(chain-link model)'에서의 혁신은 마케팅, 설계, 공학적 작업 등 다양한 활동들의 상호관계 및 환류가 이루어지는 상호작용 과정으로 이해된다. 체인-링크모형에서의 연구개발은 잠재적 시장을 바탕으로 시작되며, 기업은 외부에 존재하는 과학기술 노력의 성과물을 획득하고 제품생산에 활용하기 위한 노력을 기울인다. 나아가 기업은 이러한 상호과정을 통해 이룩한 발명 혹은 기본설계에 기초하여 이후 '상세설계 및 시험 → 재설계 및 생산 → 시장출하'라는 과정을 거치지만, 이 과정의 각 단계에서도 외부 연구기관에 축적되어 있는 과학기술지식뿐만 아니라 이전의 연구개발 단계들과의 피드백도 다중적으로 이루어진다(OECD, 1995; 박우희 외, 2001). 혁신 시스템 및 혁신 네트워크에 대한 강조를 특징으로 하는 최근의 혁신정책은 체인-링크모형 등에서 묘사하는 혁신과정에 대한 이해를 전제로 하는 것으로서, 대부분의 OECD 국가들에서는 선형혁신모형에 입각한 과거의 소위 '제1세대 혁신정책'(Lengrand et al., 2002: 50)을 대체하고 있는 실정이다.2) 제2세대 혁신정책은 대학 및 연구기관 같은 지식창출 주체가 산업계와 유기적으로 상호작용하는 혁신과정을 염두에 두고 있으므로, 지식의 창출뿐만 아니라 확산 및 학습이 중요한 의미를

---

2) 이런 맥락에서 렝그랑 외(Lengrand et al., 2002)는 시스템적 접근에 입각한 혁신정책을 제2세대 혁신정책으로 부르고 있다.

지니게 된다.3) 특히 지식의 확산은 대기업보다는 중소기업에서 더 중요한 의미를 갖게 되는데, 연구개발비 지출 및 스스로의 연구기관 운영을 통해 창출된 지식을 혁신과정에서 활용하는 데 비교우위를 가지고 있는 대기업과 달리 중소기업은 연구개발 능력을 기업 내부에 갖추는 것이 어려우므로 대학이나 외부 연구기관에서 창출된 지식을 흡수·활용하는 것이 더 유리하기 때문이다.

혁신활동에 기초한 지식기반산업의 성장은 입지가 갖는 의미를 어떻게 변화시킬 것인가? 경제주체들의 '공간적 집중(spatial concentration)'으로 정의(Glaeser, 1998)되는 도시의 미래는 어떻게 변모할 것인가? 정보통신기술의 급속한 발전과정에서 창출된 새로운 지식 전달 수단(이메일, 팩스, 사이버 공간 등)은, 도시 내에서의 물리적 근접성 제고로 인해 용이해진 면대면(face-to-face) 접촉을 통한 의사교환을 대체함으로써, 도시를 위축시키거나 심지어 없애 버리게 되지 않을까?

이 물음에 답하기 전에 우선 지식이라는 개념에 대해 살펴볼 필요가 있다. 우선 언급할 것은 지식이라는 개념을 경제학 이론을 통해 분석하는 것이 그리 용이하지 않다는 점이다. 지식은 경제성장에 있어서 매우 중요한 투입요소이지만, 개념상 '희소성'이라는 경제학의 기본원리에 배치될 수 있다.4) 또 지식은 통상적인 경제적 거래의 대상으로 되기

---

3) 신고전학파 생산함수에 지식이라는 투입요소를 추가한 생산함수(Griliches, 1979)에 대한 상당수의 실증결과들은 산업 혹은 국가 수준에서 뚜렷이 보이는 지식투입(knowledge input)과 혁신성과(innovative output) 사이의 연계가, 관찰단위를 개별 기업 수준으로 낮추었을 경우에는, 잘 보이지 않거나 심지어는 존재하지 않는 것으로 보고하고 있는데(Audretsch, 1998), 이러한 결과는 혁신활동이 이루어지는 시스템(혹은 네트워크) 속에서의 주체들 사이의 상호작용 및 지식의 확산(spillover) 과정을 상정해 본다면 상당 부분 이해될 수 있을 것이다.
4) 희소한 것은 지식이나 정보가 아니라 오히려 이를 유의미하게 활용할 수 있는 능력인 경우가 많기 때문이다.

어렵다.5) 결국 지식은 쉽게 명문화할(codify) 수 있고 명료하며 나아가
단일의 의미로 해석될 수 있는 정보(information)와 달리, 불명료하고 명문
화하기 어려울 뿐만 아니라 그 전달을 용이하게 하기 위한 추가적 노력이
필요한 경우도 있는 것이다. 이런 맥락에서 폰 히펠(Von Hippel, 1994)은
지속적이고 반복된 접촉, 그리고 면대면의 상호작용을 통해서 전달되는
맥락 의존적이고 불확실한 지식을 '점착성 지식(sticky knowledge)'이라고
따로 구분하기도 한다. 결국 정보기술의 발전에도 불구하고 혁신에 필수
불가결한 점착성 지식의 확산을 위해서는 경제주체의 공간적 집중을 통
한 면대면 접촉이 여전히 중요하다는 것이다.

2) 집적의 외부경제: 지역화 경제와 도시화 경제

그렇다면 일정한 지리적 영역 내에서의 경제주체(특히 기업)들의 군집
(cluster)과 집적(agglomeration)은 어떻게 지식의 확산과 혁신활동에 영향
을 미치는가? 일반적으로 도시경제학은 이 문제를 지역화 경제(localiza-
tion economies)와 도시화 경제(urbanization economies)의 개념으로 설명하
고 있다(오설리반, 2004). 지역화 경제는 같은 업종의 기업들이 서로 다른
기업들과 가까이 입지함에 따라 당해 산업이 특정 지역에 집중되고 생산
이 증대함에 따라 발생하는 외부효과를 의미하며, 도시화 경제는 도시
내 총생산이 증가함에 따라 개별기업의 생산비용이 감소하는 것, 즉 특정

---

5) 거래가 이루어지기 위해서는 거래되는 상품의 특성에 관한 정보를 수요자와
공급자 모두가 똑같이 갖고 있어야 한다. 그런데 지식의 특성에 관한 정보는
정의상 거래 쌍방 간에 비대칭적으로 분포된다. 나아가 어떤 지식은 매우 저렴한
비용으로 쉽게 재생산되어 광범위한 사용자들에게 분배될 수 있기 때문에 사적
소유권을 침해할 수 있는 반면, 어떤 지식은 당사자들 사이의 긴밀한 연계를
통해서, 혹은 정보의 형태로 변환시키는 데 상당한 자원이 투입되어야만 이전될
수 있다.

산업의 규모 증대가 아니라 도시 전체의 규모 증대가 도시에 입지해 있는 모든 기업들에 미치는 외부경제를 의미한다. 따라서 지역화 경제는 특정 산업의 지리적 집중이 혁신을 촉발시킨다는 의미에서 전문화(specialization)의 이점을 강조하는 반면, 도시화 경제는 이종 업종 간의 상호작용이 혁신을 낳는다는 의미에서 다양성(diversity)의 이점을 강조한다고 볼 수 있다.

지역화 경제의 외부효과는 다음의 세 가지 경로를 통해 발생하게 된다. 첫째, 기업들은 중간투입요소의 공급자 인근에 집적함으로써 외부효과를 누릴 수 있다. 즉, 만약 중간투입요소에 대한 개별기업의 수요량이 중간투입요소 자가생산에서의 규모의 경제를 누릴 수 있을 정도로 충분히 크지 않다면, 중간투입요소의 자가생산보다는 외부로부터의 조달이 합리적 선택이 될 것이다. 나아가 중간투입요소의 생산과정에서 수요자와 공급자 사이의 지속적인 면대면 상호작용이 중요하다거나, 부피가 크다거나, 쉽게 파손될 우려가 있다거나, 신속히 배달되어야 한다면, 기업들은 생산요소 공급자 인근에 군집하는 것이 합리적일 것이며, 이 과정에서 지역산업의 전문화가 나타나고 집적된 산업의 생산증가에 따라 개별기업의 생산비용이 감소하는 외부효과가 나타난다.

둘째, 동일한 업종의 기업들은 군집함으로써 노동력 수요 측면에서 외부효과를 누릴 수 있다. 특히 제품의 수명주기상 도입기에 위치하여 기술이 표준화되지 않고 제품에 대한 수요가 급변한다면, 기업들이 필요로 하는 노동량과 숙련도에 대한 불확실성이 존재하게 된다. 이 경우 특정 산업이 집적된 지역에 존재하는 노동력 풀은 기업이 필요로 하는 다양한 숙련을 갖춘 노동력을 제공해 줄 수 있다.

셋째, 도시는 동일한 업종 내에서 공동관심을 가진 사람들 간에 상호교류할 수 있는 기회를 제공해 주고, 이 과정에서 정보의 공유 및 지식의 전파(knowledge spillover)가 일어난다.

도시화 경제의 외부효과 역시 중간투입요소, 노동력, 지식 및 정보의 공유 세 가지 측면에서 나타난다. 첫째, 상이한 업종의 기업들은 도시에 집적함으로써 공동의 투입요소 공급자를 활용할 수 있다. 기업들이 도시에 입지함에 따라 은행, 보험, 부동산, 호텔, 건물유지관리, 인쇄, 운송 등 이들 기업이 필요로 하는 서비스의 제공자들은 규모의 경제를 누리게 된다. 또 공공 서비스의 경우에도 규모의 경제가 존재하는 것이 일반적이므로 간선도로, 대중교통체제, 학교, 치안, 소방 서비스 등의 공동이용에서도 편익이 발생하게 된다. 둘째, 도시에 입지한 산업들은 도시 내에 있는 노동력 전체를 활용할 수 있다. 또 도시의 규모가 증가함에 따라 노동자의 탐색비용과 이동비용은 하락하므로, 쇠퇴산업의 노동자 역시 성장산업으로 이전하기가 더 용이해질 것이다. 셋째, 도시에 입지한 기업들은 지식과 정보의 공유 측면에서도 편익을 누리게 되는데, 이는 한 산업 내에서의 지식 전파와 유사하게 다른 산업들 간에도 지식이 전파됨으로써 제품 디자인과 생산방식에서의 혁신을 용이하게 해줄 수 있다는 것이다.[6]

그렇다면 공간적으로 집적된 경제활동에서 기인하는 전문화와 다양성이라는 두 가지 외부효과는 과연 실재하는가, 또 두 가지 효과 중 어떤 것이 혁신에 상대적으로 더 큰 영향을 미치는가? 펠드만과 오드레치(Feldman and Audretsch, 1999)는 미국 제조업 신제품 분야의 특허자료가 수록되어 있는 소기업청 특허데이터베이스를 이용하여 지역별 혁신성과를 비교했다. 그 결과, 1982년도에 메트로폴리탄 지역 이외에서 발생한 혁신은 전체의 4%에 불과하며, 반수 이상의 혁신이 4대 메트로폴리탄 지역[7]에 집중되어 있다는 사실을 밝혀냈다. 또 이들은 산업뿐만 아니라

---

6) 도시화 경제를 직접 추정한 세갈(Segal, 1976)에 따르면, 평균적으로 인구 200만 명 이상의 메트로폴리탄 지역은 인구 200만 명 이하인 지역에 비해 약 8% 가량 생산성이 높게 나타났다.

기업 레벨에서도 경제활동의 전문화가 혁신활동을 낳기보다는 공통의 과학적 기반을 갖는 보완적 경제활동에서 기인하는 다양성이 혁신활동을 촉발하는 경향이 강하다는 점도 지적했다. 지역화 경제와 도시화 경제의 상대적 크기에 대해서는 추가적인 검증이 필요하겠지만, 도시로의 집적이 혁신을 촉발하는 중요한 계기가 된다는 점은 확인할 수 있다.

한편 기업의 공간적 집적이 갖는 중요성은 해당 산업의 수명주기가 현재 어떤 단계에 위치해 있는가에 따라 달라진다. 앞서 언급한 지식의 확산에 관한 이론은 암묵적 지식이 중요한 기능을 하는 단계에서 혁신활동이 지리적 군집을 이룰 가능성이 높다는 점을 지적하고 있다. 정보와 달리 암묵적 지식은 비공식적으로만 전파되고, 직접적이고 반복되는 접촉을 필요로 하기 때문이다. 그런데 일반적으로 혁신과정에서 암묵적 지식이 가장 많이 요구되는 단계는, 산업의 수명주기 상에서 본다면, 제품 표준이 확립되고 지배적인 디자인이 등장하기 이전인 초기 단계, 즉 도입기 단계이다. 더욱이 초기 단계에서는 제품의 수요 예측이 어렵고 생산기술이 아직 정착되지 않은 상태이기 때문에 기업들은 중간투입물 공급자가 많고 노동력의 풀이 상대적으로 풍부한 도시로부터 편익을 누리게 된다.

결국 새로운 산업이 등장하는 초기 단계에서는 도시로의 집적이 혁신을 촉진할 수 있다는 것이다. 그러다가 제품 디자인과 생산공정이 안정화되는 산업의 성숙단계에 접어들면, 기업들은 높은 지대, 고임금 등과 같은 혼잡효과에서 발생하는 집적의 외부불경제로 인해 토지와 노동의 상대적 비용이 낮은 입지로 이동하게 된다. 결국 지역화 경제와 도시화 경제로 인해 대도시는 제품개발 초기에 있는 기업과 산업을 도와주는 창업보육

---

7) 전체 혁신성과 중에서 4대 메트로폴리탄 지역이 차지하는 비율은 뉴욕 18.5%, 샌프란시스코 12.0%, 보스턴 8.7%, 로스앤젤레스 8.4%였다(Feldman and Audretsch, 1999).

(incubation)의 환경을 제공해 주는 것이다.[8]

글로벌화의 진전과 지식기반산업의 성장 속에서 집적의 외부경제가 주는 정책적 함의는 무엇인가? 정보통신기술의 급속한 발전과 운송 시스템의 개선, 그리고 경제의 글로벌화는 물적 재화뿐만 아니라 정보의 이동 비용을 현저하게 낮추어주었다. 그 결과 선진국에서는 전통산업뿐만 아니라 단순히 정보에 기반한 생산활동 역시 고임금의 일자리를 유지하는 것이 점점 더 어려워지고 있다. 반면 암묵적 지식에 기반하여 새롭게 창출된 아이디어는 제한된 공간 속에서 확산되면서 혁신에 영향을 미치고 있다. 최근 각국에서 나타나고 있는 규제완화와 민영화는 민간 경제영역에 대한 정부개입의 종식이라는 관점에서 논의되고 있는 것처럼 보인다. 그렇지만 집적의 외부경제 논의는 도시에 집적된 경제활동이 경쟁우위의 원천이 될 수 있으며, 지식의 창출과 전파, 그리고 상업화를 촉진하는 새로운 정책접근이 요구되고 있음을 보여준다. 나아가 정부의 지역정책이 연구개발 및 그의 확산, 벤처캐피탈, 신규기업의 창업 등을 지원하는 조장적인(enabling) 것으로 구성될 필요가 있음을 지적하고 있다.

3) 집적과 소비

경제주체의 공간적 집적이 지역화 경제 및 도시화 경제와 같은 외부경

---

8) 대도시가 창업보육의 환경을 제공해 주는 대표적 사례로 1920년대 미국 라디오 산업을 들 수 있다. 당시 라디오 산업은 다양한 생산공정을 실험하고 있는 단계였으며, 대량생산은 아직 실현되지 않고 있었다. 기업들은 소비자가 어떤 종류의 라디오를 원하는지 몰랐으며, 효율적 생산기술을 발전시키지 못하고 있었다. 소규모 기업들은 지역화 경제와 도시화 경제를 활용하기 위해 1920년대에는 뉴욕 시에 군집했으나, 1930~1940년대 제품이 표준화되고 대량생산의 효과적 방법이 개발되자, 기업들은 임금이 낮고 전국 시장으로의 접근성이 좋은 중서부로 조립 설비를 이전했다(Vernon, 1972; 오설리반, 2004: 71에서 재인용).

제만 가져오는 것은 아니다. 집적에 따른 혼잡, 교통체증, 공해, 범죄 증가, 지대 및 임금의 상승은 집적에 수반되는 대표적 외부불경제라고 할 수 있다. 집적의 외부경제가 생산 측면에서 발생하는 반면, 외부불경제는 비생산영역, 즉 소비 측면에서 발생하기 때문에 전통적 도시경제학에서는 도시는 생산에는 좋지만 소비에는 나쁘다는 식의 이분법적 사고가 지배적이었다(Glaeser et al., 2001: 27). 이러한 관점에서 본다면, 한 도시의 미래는 한편으로는 생산 측면에서 집적의 외부경제가 주는 강점을 유지할 수 있을 것인가 여부에 의해, 다른 한편으로는 도시에서 제공되는 각종 서비스가 도시 거주자들로 하여금 계속 도시 내에 머물게 할 수 있을 것인가에 의해 좌우된다고 할 수 있다.

그렇지만 최근 들어 소비 문제와 관련하여 도시의 기능을 보다 적극적으로 조명하는 논의가 제시되고 있다(Tabuchi and Yoshida, 2000; Glaeser et al., 2001; Carlino, 2005). 도시로의 경제주체의 집적은 생산에 있어서 상당한 정도의 규모의 경제가 존재하는 지역재(local goods)[9]의 공급을 가능하게 해줌으로써 소비자에게 다양한 소비재를 선택할 수 있는 기회를 제공해 준다는 것이다.[10] 그뿐만 아니라 재화와 서비스의 질 역시 지역의 인구가 증가함에 따라 개선될 수 있다.[11] 이처럼 대도시는 보다

---

9) 이런 맥락에서 자동차나 세탁기 같은 공산품은 전국재(national goods)라고 볼 수 있다(Glaeser et al., 2001: 28)

10) 이와 같은 지역재의 예로는 프로스포츠, 극장, 오케스트라, 오페라하우스, 레스토랑 등을 들 수 있다. 미국 프로스포츠의 예를 들자면, 2,000만 명 이상이 거주하는 메트로폴리탄 뉴욕에는 4개 메이저 프로스포츠(야구, 풋볼, 농구, 하키) 분야에 9개 홈 구단이 있지만, 인구가 150만 명 수준인 올랜도에는 1개의 프로스포츠 홈 구단이 있을 뿐이다(Fort, 2003; Carlino, 2005: 12에서 재인용).

11) 많은 홈팬을 보유한 뉴욕 양키스가 그렇지 못한 피츠버그 파이리츠보다 플레이오프에 더 빈번히 진출할 수 있는 것은 많은 홈팬으로부터 거두어들인 수입으로 우수한 선수들을 더 많이 스카웃할 수 있기 때문이다.

나은 양질의 다양한 서비스를 제공하여 소비자에게 선택의 기회를 증가시켜 줌으로써 '도시의 어메니티(urban amenities)'을 제공하게 된다.[12] 그뿐만 아니라 각각의 도시들은 아름다운 경관과 기후 같은 미학적이고 물적인 환경 측면의 쾌적함에서도 차이가 나게 되고, 이러한 요인에 의해 인구 유입과 유출의 차이가 발생하게 된다.[13]

주로 미국을 비롯한 선진국의 메트로폴리탄 지역을 대상으로 이루어지고 있는 이러한 집적과 소비의 관계에 대한 논의는, 지난 수십 년간의 소득증가 및 소비지출 구성의 변화와 깊은 관련이 있다. 미국의 경우 1947년부터 2002년까지 55년 동안 일인당 실질소득은 약 2배 증가했으며, 증가한 실질소득의 상당 부분은 재화와 서비스, 특히 고급음식점 및 라이브 공연 등과 같은 대도시에서 공급되는 사치재의 소비증가로 이어졌다(Carlino, 2005). 따라서 대도시가 소비의 다양성을 더 충족시켜 줄 수 있다면, 대도시는 점점 더 소득이 증가하는 가계들에게 거주하기에 더욱 매력적인 곳으로 비칠 수 있다.[14]

그뿐만 아니라 미국의 경우 1950~1990년 동안 개인소득 중에서 교통 및 주거에 지출된 금액의 비중은 24%에서 35%로 증가했다(Costa, 1997).

---

12) 실제 일본의 1992년도 105개 도시 자료를 이용하여 도시의 집적에 따른 생산의 외부경제와 소비 측면에서의 외부효과(다양성 증가에 따른 편익과 혼잡도 증가에 따른 비용의 증가)를 분리하여 측정한 다부치와 요시다(Tabuchi and Yoshida, 2000)의 연구에 따르면, 도시규모가 2배 증가함에 따라 생산성 증가효과는 명목임금의 약 10%에 달하고, 소비 측면에서의 외부효과는 실질임금의 약 7~12% 수준에 달했다.

13) 미국 전역에서 주택가격 결정에 영향을 미치는 가장 중요한 단일의 요소가 1월 기온이며, 1977~1995년 기간 동안의 도시별 인구성장을 설명하는 매우 유의한 변수 중 하나가 습도였다(Glaeser et al., 2001: 35).

14) 최근의 실증연구 결과는 다양성에 대한 수요의 소득탄력성이 1보다 훨씬 커서, 소득의 1% 증가는 1% 이상의 다양성에 대한 수요증가를 초래하게 된다는 점을 보여주고 있다(Carlino, 2005).

일반적으로 소득이 증가함에 따라 삶의 질에 대한 요구는 더욱더 증가하게 되고, 매력적인 주거공간에 대한 수요 역시 증가하게 된다. 따라서 이러한 교통 및 주거에 대한 추가적 지출은 개인이 보다 선호하는 장소에서 거주하기 위해 지불된 것이었다고 볼 수 있다(Glaeser et al., 2001). 만약 이러한 추세가 지속된다면, 점점 더 소득이 증가하는 가계에게 매력적인 입지적 유인을 제공할 수 있는 능력 여하에 따라 도시의 미래가 결정될 가능성도 있다.15)

이상에서 살펴본 소비 측면에서의 집적효과는 생산에서의 집적효과와 결합하여, 더 젊고 교육을 많이 받은 가계를 대도시로 유인하게 된다. 우선 대도시는 다양한 종류의 공공재를 제공할 수 있는데, 이 중에는 과학과 예능 등 특화된 교육 서비스가 포함되어 있어서, 자녀의 양육문제를 고민하는 젊은 세대에게 매력적 입지요소를 제공한다. 또 대도시는 분업과 전문화의 진전을 통해 전문직종 종사자의 고용기회를 증가시킬 뿐만 아니라, 더 광범위한 사회적 접촉을 가능하게 해주는데, 이러한 요소는 도시가 제공해 주는 소비의 다양성과 결부됨으로써 고학력·고숙련 커플의 도시 정주가 증가하는 데 기여하게 된다.16)

---

15) 이와 관련하여 특히 관심을 끄는 것은 선진국의 대도시에서 관찰되고 있는 '역통근(reverse commuting)'이다. 교외에 거주하면서 도심에서 근무하는 전통적 통근 패턴과 정반대되는 통근 패턴—도시 중심부에 거주하면서 교외로 통근하는 것—이 증가하고 있는 것이다. 미국의 경우, 1960~1980년, 1980~1990년 동안 메트로폴리탄 지역에서의 일일 통근자 수 증가율은 각각 2.62%, 2.79%였는데 비해, '시 → 교외' 통근자 수 증가율은 각각 3.65%, 3.46%였다. 물론 이들 중 상당 부분은 교외에서의 일자리 증가에 기인했겠지만, 도심이 주는 소비 측면의 편익이 끼친 영향 역시 무시하기 어려울 것이다(Glaeser et al., 2001).

16) 코스타와 칸(Costa and Kahn, 2000)은 1940~1990년 동안 미국에서 부부 모두 대졸자인 커플의 대규모 메트로폴리탄 지역 거주 비율이 32%(1940년), 39%(1970년), 50%(1990년)으로 늘었고, 그 이유로 대도시가 제공해 주는 보다 우월한 취업기회를 지적하고 있다.

한국의 경우, 지난 반세기에 걸친 공업화, 급속한 사회변동, 일인당 소득증대 등으로 인해 소비에 대한 계층 간·세대 간 태도에서 일정한 변화가 나타나고 있다. 소비란 일상생활에서 필요로 하는 최소한의 물품을 구입하는 것 이상을 의미하지 않았던 과거와 달리 이제는 소득의 차이에 따른 개인 소비의 다양성이 나타나고 있는 것이다. 또한 세대 간 소비의 차이도 발견된다. 50대 이상의 기성세대와는 달리, 경제성장이 가져다준 물질적 풍요의 혜택을 어느 정도 향유하면서 성장할 수 있었던 젊은 세대는 상이한 소비문화를 체험하면서 성장하고 있다. 최근에 이루어진 서울 지역 거주 경제활동종사자에 관한 실증연구는, 오늘날 한국 젊은 세대의 의복 스타일 지향성, 미식(美食) 추구성향 등과 같은, 소비의 다양성에 대한 추구가, 50대 이상의 기성세대와 달리, 소득 및 주택소유 여부와 같은 경제적 요인에 의해서만 영향받고 있지 않음을 보여준다.[17]

결국 집적에 따른 소비의 다양성 증가라는 외부경제효과에 관한 이상의 논의는 혼잡·교통체증·공해·범죄 증가라는 기존의 외부불경제 논의와는 다른 관점에서 도시의 집적 문제에 접근할 것을 요구하고 있으며, 급속한 공업화와 이에 따른 소득증가를 경험하고 있는 한국의 수도권 문제 역시 집적이 초래하는 이러한 효과들을 고려하면서 접근할 필요가 있다. 그뿐만 아니라 생산과 소비의 집적효과에 대한 이상의 논의는, 지식기반산업의 성장과 더불어 상대적으로 젊고 고학력·고숙련인 노동자가 메트로폴리탄 지역으로 유인되고, 그 결과 중소도시 및 농촌지역의 상대적 빈곤문제가 더 악화될 가능성이 있음을 지적하고 있다.

---

17) 이들 젊은 세대의 소비의 다양성 추구는 오히려 교육수준(예를 들어 대학졸업 여부)에 의해 영향을 받고 있다(장미혜, 2001). 한편 최근 한국 공연예술계는 클래식, 오페라, 무용 등 각 분야에서 지속적으로 공연장을 찾는 일정 규모의 로열 관객을 확보하고 있으며, 이들 중 상당수가 20~30대 젊은층이라는 지적도 있다(≪동아일보≫, 2005.11.5: 1면).

3. 입지정책의 전개와 수도권의 구조변화

1) 수도권 입지정책의 전개

최초의 수도권 정책인 '대도시 인구집중 방지대책'은 1964년에 수립되었지만, 정책의 담당부서가 청와대, 건설부, 경제기획원, 서울시 등으로 계속 변경되었고, 경제적 논리보다는 군사안보적 고려가 우선시되기도 하는 등 일관되고 체계적인 모습을 갖추지는 못하고 있었다. 그러다가 1982년 '수도권정비계획법' 제정과 1984년 '수도권정비기본계획' 수립에 따라 수도권 정책이 비로소 법적 근거를 갖게 되었으며, 정책추진 담당부서가 건설부로 됨에 따라 나름대로 일관적인 정책추진이 가능하게 되었다. '수도권정비계획법'은 수도권 내에서의 대학, 공장, 공공청사, 대형건축물 등 인구집중유발시설의 신·증설과 공업용지, 택지조성사업 등 대규모 개발사업에 대한 규제사항을 규정하고 있었으며, 권역구분, 수도권정비위원회 및 인구영향평가에 관한 사항 등을 포함하고 있었다.

'수도권정비계획법'이 제정된 지 10년이 지난 1992년 정부는 '제3차 국토종합개발계획'(1992~2001년)을 수립하면서 수도권 정책의 방향을 새롭게 정립했는데, 주요 내용은 공장 및 교육시설 등에 대한 신·증설 규제 지속, 수도권에서 지방으로 이전하는 시설에 대한 세제 및 금융혜택의 강화, 인구집중유발시설 신·증설시 과밀부담금 부과, 수도권 내 국제기능 보강 등이었다. 이후 1994년에 개정된 '수도권정비계획법'에서는 수도권을 3개 권역으로 재조정하고 권역별로 인구집중유발시설 및 개발사업에 차등을 두어 규제하도록 했으며, 과밀부담금제도를 도입함으로써 대형건축물에 대한 규제방식을 기존의 물리적 방식에서 경제적 방식으로 바꾸었고, 공장총량제를 도입함으로써 공장의 신·증설에 대한 기존의 개별적

규제방식을 지양했다. 이후 1998년에 개정된 '수도권정비계획법시행령'
에서는 성장관리권역에서의 각종 심의절차를 간소화하고, 벤처기업 집적
시설에 대한 과밀부담금 면제 등 일부 첨단 신산업의 입지규제를 완화했
다(국토연구원, 2001). 결국 1990년대 중반 이후에는 수도권 입지규제 방식
에 있어서 기존의 물리적·개별적 규제 방식에서 경제적·총량 규제 방식으
로 일정 정도의 전환이 이루어졌을 뿐만 아니라, 일부 첨단산업 분야의
입지규제를 완화함으로써 수도권의 산업구조 고도화에 대비하는 방향으
로 정책전환이 이루어지기도 했다.

  그렇지만 외환위기 이후, 비수도권 지역의 산업기반이 급속히 약화되고
지역경기의 회복이 지체되는 가운데 지역 간 격차문제는 과거 어느 때보다
도 국가적 관심사항으로 대두하게 되었다. 그 결과 국가의 균형발전이
현 정부의 주요 국정과제 중 하나로 제시되었으며, 이 과정에서 수도권에
대한 규제는 더욱더 강조되었다. 물론 국가균형발전의 전략으로 제시되
고 있는 정책들에는 지역 간의 격차를 줄이기 위한 많은 새로운 내용이
담겨있다. 특히 지역 스스로의 내재적 노력을 통해 지역 간 격차를 극복하
기 위한 방안으로 제시되고 있는 지역혁신체제구축정책은 과거 규제일변
도의 정책들과는 많은 차이를 보이는 새로운 정책이라고 평가할 수 있을
것이다. 그럼에도 불구하고 수도권의 과밀을 해소한다는 정책목표 아래
시작되었던 수도권 규제가 현재의 정책당국에 의해 지역 간 균형발전을
위한 효과적인 정책수단으로 인식되고 있는 것도 사실이다.

  수도권 규제와 관련된 현행 정책으로는 우선 수도권을 과밀억제권역,
성장관리권역, 자연보전권역이라는 3개 권역으로 나누고 권역별로 대형
건축물, 학교, 공장, 공공청사, 연수시설 등의 신·증설 및 택지·공업용지·
관광지 조성사업 등의 행위를 제한하는 권역별 행위제한정책이 있다.
다음으로 공장의 신·증설, 용도변경 허용량을 매년 시·도별로 배정하여
총허용량 범위 이내로 건축 허가량을 제한하고, 4년제 대학의 신설을

금지한 상태에서 대학입학정원의 증원규모를 매년 설정하는 총량규제가
있다. 그리고 권역별로 일정 규모 이상의 택지·공업용지·관광지 조성사업
을 금지하거나 수도권정비위원회의 심의를 거쳐 허용하는 대규모 개발사
업에 대한 제한정책이 있다. 마지막으로 각종 부담금 부과 및 지방세
중과, 조특법상 조세감면 배제정책 등을 들 수 있다.

이 중에서 수도권 내 산업활동 관련 입지규제정책으로는 제조업의 신·
증설규제, 서비스업에 대한 건축규제, 연구개발 관련 시설에 대한 규제,
각종 지원기능의 추가 입지규제를 들 수 있다.

2) 수도권의 구조변화

다음 <그림 8-1>을 통해 지역별 인구변화를 살펴보면, 수도권은
여전히 비수도권에 비해 인구증가율이 높은 상태임을 알 수 있다. 그렇지
만 수도권과 비수도권 증가율의 격차는 1990년대 중반 이후 급격히
줄어들고 있다. 한편 수도권 내에서의 인구 분포를 살펴보면, 초기에는
역류효과(backwash effect)가 압도적이었으나, 1970년대 후반 이후가 되
면 확산효과(spread effect)가 오히려 역류효과보다 커져서 순확산효과가
나타나고 있음을 알 수 있다.[18] 즉, 서울의 경우 1950년대 이후 인구집
중이 계속된 반면 배후지역인 경기·인천의 인구증가율은 1960년대 후
반까지 계속 낮아져 역류효과가 확산효과를 압도했으나, 1970년대 후
반부터는 순확산효과가 나타나 경기·인천 등 배후지역의 인구증가율이

[18) 성장중심지이론(growth center theory)에 따르면, 성장 배후지의 소득 및 경제
구조 면에서의 파급효과의 유·불리 여부에 따라, 즉 중심지의 성장이 배후지역
의 성장을 유도·억제하는가 여부에 따라, 확산효과와 역류효과를 구분한다. 확
산효과가 발생하면 배후지역의 상대적 인구성장률이 높아지고, 역류효과가 발
생하면 그 반대가 된다(김용웅 외, 2003: 192~197).

<그림 8-1> 지역별 인구증가율의 추이

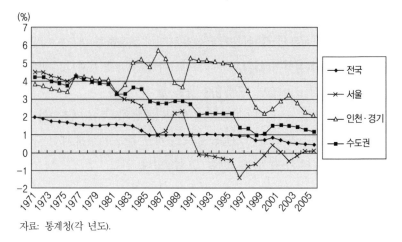

자료: 통계청(각 년도).

높아지게 되었다. 특히 1990년대 이후가 되면 서울 인구의 증가율은 (-)로 바뀌게 되는 반면, 경기·인천의 인구증가가 수도권 인구증가율을 선도하게 되었다.

다음으로 수도권 규제 아래에서 수도권의 산업구조가 어떻게 변모했는가를 살펴보자. 우선 확인할 수 있는 것은 지난 10년간(1993~2003년) 수도권 입지규제정책이 추진되는 과정에서 수도권 소재 제조업체 수가 절대적으로 감소하지 않았다는 점이다. 비수도권 지역의 제조업체 수는 12.6% 증가한 데 비해 오히려 수도권 소재 제조업체 수는 19.6%나 증가했다(<표 8-1> 참조). 반면 같은 기간 수도권 지역 제조업 고용이 21.1%가 감소했는 데 비해 비수도권 지역 제조업체 고용은 1.1% 하락하는 데 그쳤다(<표 8-2> 참조).

(단위: 개)

<표 8-1> 업종별 사업체 수의 변화

업종	서울 1993	서울 2003	인천 1993	인천 2003	경기 1993	경기 2003	수도권 1993	수도권 2003	비수도권 1993	비수도권 2003	전국 1993	전국 2003
농업 및 임업	35	26	1	21	97	152	133	199	608	1,708	741	1,907
어업	14	14	4	3	19	18	37	35	410	379	447	414
광업	126	43	41	35	283	119	450	197	2,286	1,689	2,736	1,886
제조업	81,299	71,023	13,208	20,554	46,568	77,149	141,075	168,726	140,515	158,247	281,590	326,973
전기, 가스 및 수도사업	128	190	24	64	122	203	274	457	734	1,040	1,008	1,497
건설업	14,343	19,775	2,081	3,517	7,607	13,893	24,031	37,185	28,011	45,679	52,042	82,864
도매 및 소매업	235,427	230,204	33,020	39,101	101,625	137,379	370,072	406,684	467,857	487,726	837,929	894,410
숙박 및 음식점업	95,521	123,620	17,737	31,153	57,909	112,952	171,167	267,725	239,026	380,313	410,193	648,038
운수업	45,916	94,930	5,623	19,234	10,634	56,586	62,173	170,750	67,627	155,165	129,800	325,915
통신업	496	2,006	66	322	392	1,170	954	3,498	2,618	5,346	3,572	8,844
금융 및 보험업	6,763	8,468	991	1,374	3,313	5,010	11,067	14,852	17,522	19,758	28,589	34,610
부동산 및 임대업	25,110	33,346	4,056	6,709	12,395	28,940	41,561	68,995	33,839	42,157	75,400	111,152
사업 서비스업	16,467	33,721	1,422	2,724	4,708	11,974	22,597	48,419	19,623	35,856	42,220	84,275
공공행정, 국방 및 사회보장 행정	1,283	1,445	272	459	1,438	1,566	2,993	3,470	9,802	8,750	12,795	12,220
교육 서비스업	19,238	22,380	3,465	4,933	11,278	22,972	33,981	50,285	48,334	68,818	82,315	119,103
보건 및 사회복지사업	10,210	16,352	1,328	3,034	4,842	13,218	16,380	32,604	20,052	36,821	36,432	69,425
오락, 문화 및 운동관련 서비스업	19,100	27,151	3,346	6,317	9,969	23,385	32,415	56,853	36,880	65,315	69,295	122,168
기타 공공, 수리 및 개인 서비스업	53,365	64,259	10,303	16,466	34,077	60,112	97,745	140,837	139,401	201,378	237,146	342,215
합계	624,841	748,953	96,988	156,020	307,276	566,798	1,029,105	1,471,771	1,275,145	1,716,145	2,304,250	3,187,916

자료: 통계청(각 년도).

<표 8-2> 업종별 종사자 수의 변화

(단위: 명)

업종	서울 1993	서울 2003	인천 1993	인천 2003	경기 1993	경기 2003	수도권 1993	수도권 2003	비수도권 1993	비수도권 2003	전국 1993	전국 2003
농업 및 임업	669	418	5	211	1,277	2,489	1,951	3,118	5,034	24,605	6,985	27,723
어업	3,392	370	17	11	1,028	301	4,437	682	14,778	6,799	19,215	7,481
광업	12,713	600	1,025	1,015	4,330	1,453	18,068	3,068	33,720	17,469	51,788	20,537
제조업	1,125,935	529,493	238,666	231,307	784,852	934,486	2,149,453	1,695,286	1,735,043	1,715,717	3,884,496	3,411,003
전기, 가스 및 수도사업	4,364	11,451	1,344	3,184	4,885	9,296	10,543	23,931	28,186	38,381	38,729	62,312
건설업	274,487	206,068	16,321	23,278	70,247	105,045	361,055	334,391	293,402	379,384	654,457	713,775
도매 및 소매업	893,478	779,325	79,078	108,945	240,189	410,793	1,212,745	1,299,063	1,062,942	1,240,126	2,275,687	2,539,189
숙박 및 음식점업	321,063	398,225	46,058	79,930	146,610	314,509	513,731	792,664	585,337	946,060	1,099,068	1,738,724
운수업	194,715	247,789	23,305	51,005	55,142	138,002	273,162	436,796	299,577	421,222	572,739	858,018
통신업	22,041	45,663	1,792	4,140	5,903	20,985	29,736	70,788	45,517	68,485	75,253	139,273
금융 및 보험업	294,777	213,303	15,193	22,981	54,511	81,749	364,481	318,033	327,436	282,140	691,917	600,173
부동산 및 임대업	95,019	131,112	10,979	19,911	29,179	95,588	135,177	246,611	74,968	149,269	210,145	395,880
사업 서비스업	169,551	479,705	10,345	23,463	37,630	129,576	217,526	632,744	137,396	293,485	354,922	926,229
공공행정, 국방 및 사회보장 행정	100,729	107,215	10,764	23,813	68,629	77,091	180,122	208,119	326,861	299,913	506,983	508,032
교육 서비스업	140,723	222,122	25,011	49,075	83,770	212,212	249,504	483,409	399,717	595,955	649,221	1,079,364
보건 및 사회복지사업	86,666	142,272	10,331	24,604	33,549	99,563	130,546	266,439	152,885	292,819	283,431	559,258
오락, 문화 및 운동 관련 서비스업	64,072	102,654	7,539	15,360	31,670	70,768	103,281	188,782	88,224	166,192	191,505	354,974
기타 공공 수리 및 개인 서비스업	170,063	174,158	28,627	39,023	93,065	141,610	291,755	354,791	386,777	432,430	678,532	787,221
합계	3,974,457	3,791,943	526,400	721,256	1,746,416	2,845,516	6,247,273	7,358,715	5,997,800	7,370,451	12,245,073	14,729,166

자료: 통계청(각 년도).

<그림 8-2> 수도권 소재 제조업 사업체의 비중

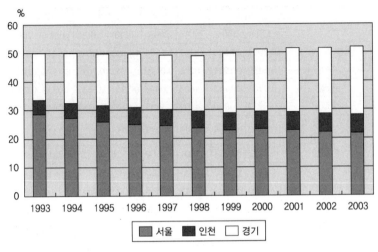

자료: 통계청(각 년도).

<그림 8-3> 수도권 및 비수도권 소재 제조업 사업체당 평균 종사자 수의 추이

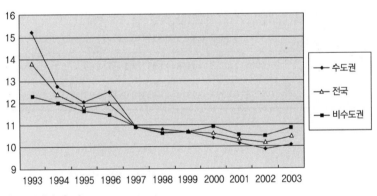

자료: 통계청(각 년도).

그 결과 외환위기를 전후하여 <그림 8-3>에 나타나 있는 것처럼 제조업 사업체당 평균 종업원 수에 있어서 수도권과 비수도권 간에 역전이 발생했다. 2003년 현재 수도권 소재 제조업체 평균 종업원 수는 10인

<표 8-3> 수도권 산업별 입지계수(Location Quotient)의 추이(1993~2003년)

구분	서울		인천		경기		수도권	
	1993	2003	1993	2003	1993	2003	1993	2003
농업 및 임업	0.2951	0.0586	0.0167	0.1554	1.2819	0.4647	0.5475	0.2251
어업	0.5439	0.1921	0.0206	0.0300	0.3751	0.2083	0.4526	0.1825
광업	0.7563	0.1135	0.4604	1.0093	0.5862	0.3662	0.6838	0.2990
제조업	0.8930	0.6030	1.4292	1.3848	1.4167	1.4181	1.0846	0.9948
전기, 가스 및 수도사업	0.3472	0.7138	0.8073	1.0435	0.8753	0.7722	0.5336	0.7687
건설업	1.2922	1.1214	0.5801	0.6660	0.7526	0.7618	1.0813	0.9377
도매 및 소매업	1.2096	1.1922	0.8083	0.8762	0.7400	0.8374	1.0445	1.0240
숙박 및 음식점업	0.9000	0.8896	0.9748	0.9388	0.9353	0.9363	0.9162	0.9125
운수업	1.0474	1.1218	0.9465	1.2140	0.6751	0.8325	0.9348	1.0190
통신업	0.9024	1.2735	0.5539	0.6070	0.5500	0.7799	0.7745	1.0173
금융 및 보험업	1.3126	1.3805	0.5108	0.7820	0.5524	0.7051	1.0325	1.0606
부동산 및 임대업	1.3931	1.2865	1.2153	1.0271	0.9736	1.2498	1.2608	1.2469
사업 서비스업	1.4718	2.0117	0.6780	0.5173	0.7434	0.7241	1.2013	1.3674
공공행정, 국방 및 사회보장 행정	0.6121	0.8197	0.4939	0.9572	0.9491	0.7855	0.6964	0.8200
교육 서비스업	0.6678	0.7994	0.8962	0.9285	0.9047	1.0177	0.7533	0.8964
보건 및 사회복지사업	0.9421	0.9882	0.8479	0.8984	0.8299	0.9215	0.9028	0.9536
오락, 문화 및 운동 관련 서비스업	1.0308	1.1233	0.9158	0.8837	1.1595	1.0319	1.0571	1.0645
기타 공공, 수리 및 개인 서비스업	0.7722	0.8593	0.9814	1.0123	0.9617	0.9311	0.8428	0.9021

주: 고용기준임.
자료: 통계청(각 년도).

수준에 머무르고 있다. 대규모 공장 신·증설에 대한 지속적 규제가 수도권 소재 제조업체의 영세화를 초래했음을 확인할 수 있다.

나아가 수도권 산업 내부에서의 입지우위 역시 지난 10여 년간 큰 변화를 보였다. 가장 먼저 확인할 수 있는 사실은 제조업이 더 이상 수도권의 입지우위 업종이 아니게 되었다는 점이다. 수도권 제조업의 입지계수는 1993년에는 1을 초과했으나, 2003년이 되면 1 미만으로 떨어지게 된다.

물론 이러한 현상은 서울의 급속한 탈공업화 과정에서 나타난 것이다.[19]

반면 물류, 금융, 사업 서비스 등 사업지원 서비스의 입지우위는 뚜렷해지고 있다. 운수업과 통신업은 1993년에는 수도권에서의 입지계수가 1 미만으로 우위를 갖지 못하고 있었지만, 2003년이 되면 입지계수가 1을 초과하게 되었다. 이는 수도권, 특히 서울 및 인천 지역에서의 물류 인프라의 지속적 확충에서 기인한 것이다. 또한 서울은 사업 서비스업에서 매우 높은 입지우위를 보이고 있는데, 이러한 추세는 앞으로도 계속될 것으로 예상된다.

4. 수도권 소재 기업의 혁신실태

수도권이 갖는 또 다른 특징은 창업하는 기업의 비중이 매우 높다는 점이다. 지역별 신설법인 수를 살펴보자. 수도권의 신설법인 수 비율은 60~65% 수준으로, 전국 대비 사업체 수 비율보다 훨씬 높다. 이러한 사실은 지역별 벤처기업의 분포를 통해서도 확인할 수 있는데, 수도권에는 우리나라 전체 벤처기업의 약 70%가 입지해 있어서, 수도권이 우리나라 창업보육의 요람 기능을 수행하고 있음을 알 수 있다.

한편 창업투자회사의 지역별 투자실적을 통해서도 이러한 사실을 파악할 수 있는데, 창업투자회사 지원업체의 86%가 수도권에 분포해 있으며, 투자금액의 88%가 수도권을 향하고 있다. 자금이 조달된 장소와는 별개로 보다 높은 기대수익률을 찾아 이동하는 투자자금의 성격을 감안한다면, 수도권이 창업보육에서 차지하는 위치를 다시금 확인할 수 있다.

앞서 본 것처럼 지식기반산업의 성장에 있어서 혁신은 매우 중요한

---

19) 탈공업화는 서울에 국한된 현상이다. <표 8-3>에 나타나 있는 것처럼, 경기도 제조업은 입지우위를 유지하고 있을 뿐만 아니라 같은 기간에 소폭 개선되었다.

<표 8-4> 지역별 신설법인 수 추이

(단위: 개, %)

지역 \ 연도	2003	2004	2005 1/4분기	2/4분기	3/4분기
수도권	34,660 (65.7)	31,064 (63.9)	8,491 (60.6)	8,666 (63.2)	7,856 (64.2)
서울	22,448 (42.6)	19,847 (40.9)	5,291 (37.7)	5,459 (39.8)	5,131 (41.9)
인천	2,079 (3.9)	1,966 (4.0)	587 (4.2)	537 (3.9)	444 (3.6)
경기	10,133 (19.2)	9,251 (19.0)	2,613 (18.6)	2,670 (19.5)	2,281 (18.6)
비수도권	18,079 (34.3)	17,521 (36.1)	5,530 (39.4)	5,056 (36.8)	4,376 (35.8)
계	52,739 (100.0)	48,585 (100.0)	14,021 (100.0)	13,722 (100.0)	12,232 (100.0)

주: ( ) 안은 지역별 신설법인 비중.
자료: 중소기업청 정책평가과(2005.10).

<표 8-5> 지역별 벤처기업의 분포(1998~2005년 8월 말)

(단위: 개, %)

구분	수도권				부산·울산	대구·경북	광주·전남	대전·충남	강원	충북	전북	경남	제주	계
	소계	서울	인천	경기										
1998	1,366 (66.9)	719 (35.2)	196 (9.6)	451 (22.1)	159 (7.8)	131 (6.4)	41 (2.0)	108 (5.3)	19 (0.9)	74 (3.6)	41 (2.0)	100 (4.9)	3 (0.1)	2,042 (100%)
1999	3,319 (67.3)	1,858 (37.6)	338 (6.8)	1,123 (22.8)	325 (6.6)	321 (6.5)	139 (2.8)	351 (7.1)	42 (0.8)	142 (2.9)	78 (1.6)	206 (4.2)	11 (0.2)	4,934 (100%)
2000	6,340 (72.1)	4,068 (46.2)	491 (5.6)	1,781 (20.2)	441 (5.0)	421 (4.8)	226 (2.6)	634 (7.2)	72 (0.8)	225 (2.6)	126 (1.4)	296 (3.4)	17 (0.2)	8,798 (100%)
2001	8,349 (73.3)	5,345 (46.9)	579 (5.1)	2,425 (21.3)	549 (4.8)	578 (5.1)	269 (2.4)	762 (6.7)	102 (0.9)	250 (2.2)	141 (1.2)	368 (3.2)	24 (0.2)	11,392 (100%)
2002	6,349 (72.5)	3,802 (43.3)	417 (4.7)	2,130 (24.3)	422 (4.8)	524 (6.0)	186 (2.1)	640 (7.3)	77 (0.9)	196 (2.2)	94 (1.1)	274 (3.1)	16 (0.2)	15,111 (100%)
2003	5,409 (70.4)	3,053 (39.6)	386 (5.0)	1,970 (25.6)	386 (5.0)	503 (6.5)	190 (2.5)	602 (7.8)	59 (0.8)	175 (2.3)	83 (1.1)	278 (3.6)	17 (0.2)	13,094 (100%)
2004	5,484 (69.0)	2,983 (37.4)	374 (4.7)	2,127 (26.7)	397 (5.0)	570 (7.2)	286 (3.6)	566 (7.1)	62 (0.8)	193 (2.4)	101 (1.3)	284 (3.6)	24 (0.3)	13,427 (100%)
2005 8월 말	6,280 (69.3)	3,352 (36.9)	407 (4.5)	2,521 (27.7)	429 (4.7)	619 (6.8)	333 (3.7)	624 (6.9)	79 (0.9)	215 (2.4)	134 (1.5)	343 (3.8)	34 (0.4)	15,336 (100%)

주: 벤처기업 숫자는 연말기준임. ( ) 안은 지역별 벤처기업 비중.
자료: 중소기업청 정책평가과(2005.9).

<표 8-6> 창업투자회사의 지역별 투자실적

(지원업체 수, 비중)

연도\지역	2001	2002	2003	2004	2005.7
서울	2,040 (66.3%)	2,042 (66.2%)	1,886 (65.9%)	1,709 (65.3%)	2,082 (65.4%)
인천	71 (2.3%)	71 (2.3%)	63 (2.2%)	50 (1.9%)	64 (2.0%)
경기	524 (17.0%)	545 (17.7%)	539 (18.8%)	505 (19.3%)	593 (18.6%)
수도권	2,635 (85.7%)	2,658 (86.2%)	2,488 (86.9%)	2,264 (86.5%)	2,739 (86.1%)
전국	3,076 (100.0%)	3,083 (100.0%)	2,863 (100.0%)	2,618 (100.0%)	3,182 (100.0%)

(투자금액=억 원, 비중)

연도\지역	2001	2002	2003	2004	2005.7
서울	20,061 (66.1%)	19,930 (65.7%)	17,042 (62.3%)	15,806 (61.7%)	16,928 (64.5%)
인천	582 (1.9%)	573 (1.9%)	626 (2.3%)	585 (2.3%)	565 (2.2%)
경기	5,961 (19.6%)	6,156 (20.3%)	6,217 (22.7%)	5,906 (23.0%)	5,600 (21.3%)
수도권	26,604 (87.6%)	26,659 (87.9%)	23,885 (87.3%)	22,297 (87.0%)	23,093 (88.0%)
전국	30,358 (100.0%)	30,322 (100.0%)	27,372 (100.0%)	25,630 (100.0%)	26,255 (100.0%)

주: 잔액 기준임.
자료: 중소기업청 정책평가과(2005.9).

기능을 수행한다. 혁신은 지식의 창출뿐만 아니라 지식의 효과적 확산에도 의존한다. 특히 산업의 수명주기가 도입기에 해당할 경우, 기술집약적 산업 분야의 창업기업들이 외부의 과학기술 관련 자원 및 경영지원기능을 효과적으로 활용할 수 있도록 해주는 집적된 도시의 기능은 더욱 중요해진다. 수도권에서 혁신의 전파는 어떤 특징적 양상을 보이고 있는가? 구체적으로 수도권에 소재하고 있는 중소기업들은 자신의 주위에 존재하는 혁신 관련 지원기관과 어떻게 연계를 맺고, 이들 과학기술 및

<표 8-7> 지역별 혁신기업의 비율

(단위: %)

혁신활동 구분	전체 기업		중소기업(300인 미만)		소기업(50인 미만)	
	수도권	비수도권	수도권	비수도권	수도권	비수도권
신제품 혁신	28.7	24.4	26.9	22.6	18.7	16.6
제품개선 혁신	33.7	30.3	31.0	27.8	22.8	20.0
공정 혁신	26.2	25.2	23.6	22.5	15.0	15.2

주: 1) 혁신기업이란 과거 2년(2000.1~2001.12) 동안 신제품, 기존제품 또는 생산공정
　　에서 1건 이상의 기술혁신 실적을 보인 기업을 의미.
　　2) 비율＝혁신기업 수/응답기업 수.
자료: 과학기술정책연구원(2002).

경영지원 관련 자원들을 활용하고 있는가? 이하에서는 과학기술정책연구원의 『2002년도 한국의 기술혁신조사: 제조업』의 결과를 활용하여 이 문제를 살펴보자.20)

　먼저 지적할 수 있는 것은 수도권 소재 제조업체 중에서 혁신기업이 차지하는 비율이 비수도권의 경우보다 상대적으로 높게 나타나고 있다는 점이다. <표 8-7>에 나타나 있는 것처럼, 신제품의 혁신, 기존제품의

---

20) 혁신체제적 접근은 기존의 과학기술 관련 통계자료의 적절성에 의문을 제기한다. 즉, 연구개발이 기술혁신에 영향을 주는 여러 가지 요인들 중 하나에 불과하므로, 연구개발비나 연구개발인력에 대한 지표만으로는 기술혁신을 충분히 설명할 수 없다는 것이다. 따라서 기존의 선형모형에 입각한 기술혁신통계자료가 갖는 한계를 극복하기 위해서는 기술혁신의 모든 과정에 관한 정보를 수집하고 새로운 통계자료를 개발할 필요가 있다. OECD는 이러한 노력의 일환으로 기술혁신조사방법론 및 지침을 정리한 오슬로 매뉴얼(Oslo Manual)을 1992년에 발간한 다음, 13개국이 참여한 수년간의 실험적 적용작업인 CIS-1(Community Innovation Survey Phase 1) 프로젝트를 실시한 바 있으며, 이후 지속적으로 기술혁신조사(CIS-2, CIS-3)를 실시하고 오슬로 매뉴얼을 개정해 왔다(오슬로 매뉴얼은 3판까지 발간되었다). 우리나라에서는 과학기술정책연구원에서 CIS 기준에 따라 『한국의 기술혁신조사』를 발간하고 있다.

<표 8-8> 지난 2년간 외부로부터 새로운 기술을 획득한 경험이 있는 업체의 비중

(단위: %)

	전체 기업		중소기업 (300인 미만)		소기업 (50인 미만)	
	수도권	비수도권	수도권	비수도권	수도권	비수도권
경험이 있다고 응답한 업체 비중	29.7	29.9	28.0	27.9	22.8	21.4

자료: 과학기술정책연구원(2002).

기술적 개선, 그리고 기술적 공정혁신 전 분야에 걸쳐 지역별 응답기업에서 혁신기업이 차지하는 비중은 수도권에서 더 높게 나타났다. 이는 기업규모를 종업원 수 300인 미만의 중소기업으로 제한했을 경우에도 마찬가지였다. 한편 종업원 수 50인 미만인 소기업의 경우에는 공정혁신 분야에서만 혁신기업 비중이 비수도권에서 약간 높게 나타났다. 이러한 사실을 통해 수도권 소재 제조업체가 상대적으로 혁신지향적 특성을 많이 갖고 있음을 알 수 있다.

다음으로 기업 외부에서 창출된 지식의 확산이라는 측면에서 지역 간에 차이가 존재하는지를 살펴보자. 기술혁신과정에 대한 시스템적 접근이 강조하는 과학기술지식의 확산 및 흡수에 있어서 수도권이 비수도권에 비해 우위를 보이고 있는가? <표 8-8>에서와 같이, 지난 2년간 기업 외부로부터 새로운 기술을 획득한 경험[21]이 있는가라는 질문에 대해 수도권 소재 제조업체 전체의 29.7%가 그렇다고 응답한 반면, 비수도권 소재 제조업체는 29.9%가 그렇다고 응답하여, 과학기술지식의 확산 및 흡수는 오히려 비수도권에서 활발한 것처럼 보인다. 그렇지만 기업규모별로 구분하여 지역 간 지식 확산의 차이를 살펴보면, 기업규모가 작아짐에 따라 앞에서와는 다른 양상을 보이고 있음을 확인할 수 있다. 중소기업

---

21) 대학, 연구소, 국내외 기업, 고객 및 수요기업, 원료 및 부품공급업체, 기계 및 장비공급업체, 합병, 외부 기술인력의 고용 등을 통한 새로운 기술의 도입을 의미한다.

<표 8-9> 새로운 기술의 획득 방법과 그 유용성(전체 기업)

		구분	업체 수	평균	평균차	t값	유의확률
타 기관으로부터 발명권 구입 또는 기술제휴 (특허, 라이센스, 노하우 등)	대학	수도권	119	3.39	0.19	1.1195	0.264
		비수도권	108	3.19			
	출연 연구소	수도권	91	3.26	0.14	0.7083	0.480
		비수도권	90	3.12			
	국내 기업	수도권	115	3.41	-0.12	-0.6693	0.504
		비수도권	105	3.52			
	해외 기업	수도권	147	3.90	0.22	1.4502	0.148
		비수도권	119	3.68			
고객 또는 수요기업과의 협력		수도권	190	3.56	-0.01	-0.0868	0.931
		비수도권	178	3.57			
원료 및 부품 공급업체와의 협력		수도권	192	3.44	0.14	1.2428	0.215
		비수도권	170	3.31			
기계 및 장비 공급업체와의 협력		수도권	176	3.26	0.10	0.9017	0.368
		비수도권	170	3.16			
타 기업의 매수·합병		수도권	64	2.42	0.04	0.1915	0.848
		비수도권	65	2.38			
외부숙련기술인력 고용		수도권	130	3.29	0.24	1.6053	0.110
		비수도권	120	3.05			

자료: 과학기술정책연구원(2002).

의 경우에는 수도권 소재 제조업체에서 과학기술지식의 흡수노력이 약간 더 활발한 것으로 나타났으며, 소기업의 경우에는 수도권에서 해당 비율이 훨씬 더 높게 나타났다.

2절에서 언급한 바와 같이 중소기업은, 자체 연구개발능력이 대기업에 비해 상대적으로 열위에 있으므로, 외부의 혁신자원을 활용하려는 동기가 높다. <표 8-8>에서 제시된 결과는 수도권 소재 중소기업의 기술흡수노력이 활발히 이루어지고 있다는 것뿐만 아니라 수도권이 혁신성과의 확산에 있어서 상대적으로 유리한 입지적 특성을 갖고 있다는 사실을

<표 8-10> 새로운 기술의 획득 방법과 그 유용성(중소기업)

		구분	업체 수	평균	평균차	t값	유의확률
타 기관으로부터 발명권 구입 또는 기술제휴 (특허, 라이센스, 노하우 등)	대학	수도권	97	3.40	0.17	0.8727	0.384
		비수도권	89	3.24			
	출연 연구소	수도권	70	3.27	0.15	0.6285	0.531
		비수도권	72	3.13			
	국내 기업	수도권	93	3.42	-0.18	-0.9325	0.352
		비수도권	89	3.60			
	해외 기업	수도권	110	3.83	0.21	1.1228	0.263
		비수도권	89	3.62			
고객 또는 수요기업과의 협력		수도권	156	3.58	-0.01	-0.0476	0.962
		비수도권	146	3.59			
원료 및 부품 공급업체와의 협력		수도권	157	3.45	0.11	0.9215	0.358
		비수도권	138	3.34			
기계 및 장비 공급업체와의 협력		수도권	139	3.25	0.09	0.6965	0.487
		비수도권	134	3.16			
타 기업의 매수·합병		수도권	50	2.44	0.20	0.8823	0.380
		비수도권	49	2.24			
외부숙련기술인력 고용		수도권	104	3.41	0.41	2.4607	0.015*
		비수도권	94	3.00			

자료: 과학기술정책연구원(2002).

반영하는 것이라고 판단된다.

그렇지만 기업 외부로부터 혁신성과를 흡수한 경험이 있는 기업들을 대상으로 하여, 다양한 경로에 따른 혁신성과의 흡수활동이 기업 스스로의 혁신활동에 실질적으로 도움이 되었는지 알아본 결과는 지역별로 통계적으로 유의한 차이를 보이지 않고 있다. 각 경로별 기술획득 방법의 유용성을 5점 척도로 응답하게 한 다음, 수도권 소재 기업과 비수도권 소재 기업 사이에 그 값의 평균이 유의한 차이가 있는지를 알아본 결과, <표 8-9>에서와 같이 응답기업 전체를 대상으로 한 경우에는 모든 항목

<표 8-11> 새로운 기술의 획득 방법과 그 유용성(소기업)

	구분		업체 수	평균	평균차	t값	유의확률
타 기관으로부터 발명권 구입 또는 기술제휴 (특허, 라이센스, 노하우 등)	대학	수도권	40	3.40	0.10	0.3144	0.754
		비수도권	30	3.30			
	출연 연구소	수도권	25	3.12	0.12	0.3093	0.758
		비수도권	24	3.00			
	국내 기업	수도권	36	3.08	-0.59	-1.9794	0.052
		비수도권	31	3.68			
	해외 기업	수도권	47	3.81	0.53	1.7934	0.077
		비수도권	29	3.28			
고객 또는 수요기업과의 협력		수도권	57	3.44	0.01	0.0393	0.969
		비수도권	51	3.43			
원료 및 부품 공급업체와의 협력		수도권	60	3.47	0.10	0.5275	0.599
		비수도권	49	3.37			
기계 및 장비 공급업체와의 협력		수도권	52	3.38	0.26	1.4115	0.161
		비수도권	50	3.12			
타 기업의 매수·합병		수도권	22	2.14	-0.11	-0.3815	0.705
		비수도권	16	2.25			
외부숙련기술인력 고용		수도권	43	3.12	0.03	0.1248	0.901
		비수도권	36	3.08			

자료: 과학기술정책연구원(2002).

에서 지역 간 평균값의 어떠한 유의한 차이도 발견할 수 없었다. 다시 응답기업을 규모별로 구분한 다음, 종업원 수 300인 미만의 중소기업과 종업원 수 50인 미만의 소기업 범주 각각에 대해서 각 항목 간 지역별 평균값의 차이를 계산해 보았지만, 앞의 <표 8-10>에서처럼 외부숙련 기술인력 고용이란 항목에서만 수도권-비수도권 소재 중소기업 사이의 유용성 차이가 유의하게 나타나 수도권 소재 기업이 이 분야를 높게 평가 하고 있는 것으로 나타났을 뿐이었다. <표 8-10>과 <표 8-11>에서 확인할 수 있는 것처럼, 나머지 모든 항목에서는 수도권-비수도권 소재 중소기업 및 소기업들 간에는 외부기술흡수 경로별 유용성에서 어떠한 유의한 차이도 없었다.

신규창업이 상대적으로 활발하게 이루어지고 있고 중소 혁신기업이 차지하는 상대적 비중도 높은 수도권에서 외부기술의 확산과 흡수에 대한 기업들의 평가가 비수도권 지역과 아무런 차이가 없다는 이상의 결과는, 만약 수도권이 지식기반산업의 인큐베이터를 지향한다면, 중요한 과제를 제기하고 있는 것이라고 판단된다. 창업한 신생기업의 성장은 대도시의 집적에 따른 외부경제로부터 도움을 받을 수밖에 없으며, 만약 이들 기업이 지식기반산업에 속한다면, 기업 외부의 혁신성과가 효과적으로 확산되고 기업이 이로부터 실질적인 도움을 받을 수 있는 공간적 환경이 중요할 것이다.[22] 수도권에서의 혁신성과의 확산 및 그 유용성을 제고할 수 있는 환경 조성이 향후 수도권 정책의 주요한 내용 중 하나가 되어야 하는 이유가 여기에 있다.

5. 결론

현재 시행되고 있는 수도권 입지정책은 매우 구체적이고도 직접적인 규제정책 위주로 이루어져 있다. 그렇지만 현행 수도권 입지규제정책이 수도권의 과밀문제를 해결하고 지역 간 격차를 해소하는 최선의 정책이라고 보기는 어렵다. 수도권으로의 인구집중이 과밀이라는 부정적 효과만을 나타낼 것인가 하는 물음에 대해서도 본 연구는 회의적이다. 도시로의 집적이 초래하는 생산 측면에서의 외부경제는 글로벌화가 진행될수

---

22) 아서 디 리틀(2005) 역시 수도권의 경쟁력 확보를 위해 지식기반화 추진이 필수적이며, 이를 위한 과제로 산·학·연 연계 활성화를 통해 혁신성과의 확산을 도모할 필요가 있음을 지적하고 있다.

록, 나아가 지식기반산업의 육성이 문제가 될수록 더욱더 중요한 의미를
갖게 될 것이기 때문이다. 오히려 도시 내부의 물적·인적 자원의 수송
및 연계, 나아가 정보와 지식의 연계 및 확산 등의 분야에서의 기술혁신의
진전은 미래의 도시 과밀문제를 좀 더 다른 각도에서 바라볼 것을 요구하
고 있는지도 모른다. 특히 소비 측면에서 살펴보았을 때, 도시 내에서의
집적으로 인한 다양한 지역재 공급 가능성 증대는 도시 내부의 어메니티
(amenity)를 제고함으로써 집적에 따른 또 다른 차원의 편익을 제공할
수도 있을 것이다.

　　나아가 수도권과 비수도권의 상생을 도모할 수 있는 입지정책은 단순
한 규제적 정책이 아닌 조장적(enabling) 정책이 될 필요가 있다. 또 현재
서울을 중심으로 진행되고 있는 수도권 경제의 서비스화는 기존의 제조
업 중심의 시각에서 바라보았던 수도권 과밀문제를 새로운 각도에서 고
찰할 것을 요구하고 있는지도 모른다. 수도권 입지정책, 나아가 지역균형
발전정책은 이러한 새로운 변화까지 염두에 두면서 보다 큰 틀에서 다시
한 번 검토할 필요가 있다. 수도권이 주는 집적의 외부경제로 인해 창업초
기 단계의 중소기업들이 모여드는 것은 어떤 의미에서는 매우 자연스러
운 현상이다. 이 문제와 관련하여 정책당국은 무엇보다도 수도권에서
발흥한 이들 창업기업의 생존율을 제고시킬 수 있는 입지정책을 마련해
야 할 것이다. 특히 4절에서 지적한 것처럼, 혁신성과의 확산과 관련하여
수도권이 입지 측면에서 실질적 비교우위를 보유하고 있다는 경험적 증
거를 발견할 수 없었다. 지식기반경제를 이끌어갈 수 있는 혁신적 기업의
활발한 창업과 효과적 보육은 경제의 지속적 성장을 위해 매우 중요한
과제이기 때문에, 이를 위한 혁신환경의 개선이 필요하다. 나아가 창업에
성공하여 일정하게 성장한 기업들이 본격적으로 생산에 돌입하는 안정화
단계에 접어들게 되면 이들 기업이 비수도권 지역으로 이전하도록 해
주는 정책이 마련되어야 할 것이다. 이때의 정책은 지금까지와 같은 규제

일변도의 정책이 아닌 조장적 성격의 정책이 되어야 할 것이다. 현재 국가균형발전정책에서 제시하고 있는 지역 클러스터 및 지역혁신체제 구축 등은 바로 이러한 노력과 결합되어 추진되어야 할 것이다.

참고문헌

과학기술정책연구원. 2002. 『2002년 기술혁신활동조사표: 제조업』(원자료).

국토연구원. 2001. 「수도권 규제현황 및 향후 정책방향에 관한 연구」. 국민경제 자문회의사무처 수탁연구보고서.

김경환 외. 2002. 『미래지향적 수도권정책: 경제학적 접근』. 서강대학교출판부.

김용웅 외. 2003. 『지역발전론』. 한울.

박우희 외. 2001. 『기술경제학개론』. 서울대학교출판부.

아서 디 리틀(Arthur D. Little). 2005. 「수도권발전을 위한 국제심포지엄 - 종합 토론」. 수도권발전 국제심포지엄.

앤더슨·존스 랑 라살(Andersen and Jones Lang Lasalle). 2001. 『지식기반산업 육성전략 및 수도권정책 전환방안: 최종보고서』.

오설리반(A. O'Sullivan). 2004. 『오설리반의 도시경제학』(원제: Urban Economics, 5th ed). 이번송 옮김. 박영사.

장미혜. 2001. 「문화자본과 소비양식의 차이」. ≪한국사회학≫, 제35집 3호.

정준호·변창흠. 2005. 「지역 간 격차와 쟁점: 한국경제의 발전경로와 지역문제 의 전환」. 『제2회 사회경제학계 공동학술대회: [종합토론] 세계화와 민 중의 삶 - 우리 안의 소외, 격차와 갈등』.

중소기업청 정책평가과. 2005.9. 「중소기업관련통계」.

_____. 2005.10. 「2005년 9월 신설법인 동향」.

통계청. 각 년도. 『사업체기초통계조사보고서』.

OECD. 1995. 『과학과 기술의 경제학』(원제: Tehnology and the Economy: the Key Relationships). 기술과진화의경제학연구회 옮김. 경문사.

Audretsch, D. 1998. "Agglomeration and the Location of Innovative Activity." *Oxford Review of Economic Policy*, Vol.14, No.2.

Carlino, G. 2005. "The Economic Role of Cities in the 21st Century." *Business Review - Federal Reserve Bank of Philadelphia Third Quarter*.

Costa, D. 1997. "Less of a Luxury: The Rise of Recreation since 1888." *NBER*

Working Paper, No.6054.

Costa, D. and M. Kahn. 2000. "Power Couples: Changes in the Location Choice of the College Educated: 1940-1990." *Quarterly Journal of Economics*, Vol.115, Iss.4.

Feldman, M. and D. Audretsch. 1999. "Innovation in Cities: Science-Based Diversity, Specialization and Localized Competition." *European Economic Review*, Vol.43.

Fort, R. 2003. *Sports Economics*. Prentice Hall Publishers.

Freeman, C. 1994. "The Economics of Technical Change." *Cambridge Journal of Economics*, Vol.18, No.5.

Glaeser, E. 1998. "Are Cities Dying?" *Journal of Economic Perspectives*, Vol.12.

Glaeser, E., J. Kolko, and A. Saiz. 2001. "Consumer City." *Journal of Economic Geography*, Vol.1.

Griliches, Z. 1979. "Issues in Assessing the Contribution of R&D to Productivity Growth." *Bell Journal of Economics*, Vol.10.

Lengrand, Louis et al. 2002. *Innovation Tomorrow*. Innovation Papers No.28, European Commission.

Segal, D. 1976. "Are There Returns to Scale in City Size?" *Review of Economics and Statistics*, Vol.58.

Tabuchi, Takatoshi and Atsushi Yoshida. 2000. "Separating Urban Agglomeration Economies in Consumption and Production." *Journal of Urban Economics*, Vol.48.

Vernon, R. 1972. "External Economies." M. Edel and J. Rothenberg(eds.). *Readings in Urban Economics*. Macmillan.

Von Hippel, E. 1994. "Sticky Information and the Locus of Problem Soving: Implications for Innovation." *Management Science*, Vol.40.

지은이 (가나다순)

김혜원
서울대학교 경제학 박사
현 한국노동연구원 연구위원
주요 논문 및 저서: 「한국의 일자리변동과 실업률: 탐색이론적 접근」(2006), 「영유아
보육법 개정에 따른 비용추계에 관한 연구」(2004, 공저), 「1981~2000년간 한국
광공업 5인 이상 사업체에서의 일자리 창출과 소멸」(2004), 「후발국의 추격과 저성장
함정: 동태적 헥셔-오린 모형을 중심으로」(2002), 『노동시장 양극화와 정책과제』
(2006, 공저), 『사회서비스 분야 일자리창출 방안에 관한 연구』(2006, 공저), 『동북아
제조업의 분업구조와 고용관계 (Ⅰ)』(2005, 공저), 『21세기 한국의 전력산업: 바람직
한 발전방향과 정책제언』(2004, 공저), 『디지털경제와 일자리창출』(2003, 공저)

류재우
시카고대학교(University of Chicago) 경제학 박사
현 국민대학교 경제학부 교수
주요 논문: 「우리나라의 의사 노동시장」(2006), 「노동조합의 임금과 고용효과」(2005),
「과학기술인력의 노동시장 성과 및 근래의 변화」(2004), "The Engineering Labor
Market"(2004), 「기업근속에 대한 보상과 노동이동」(2003, 공저)

배영목
서울대학교 경제학 박사
현 충북대학교 사회과학대학 경제학과 교수
주요 논문 및 저서: 「통화위기와 은행위기의 결정요인」(2005), 「비제조업의 재무구조
와 이윤율」(2001), 「한국중소기업의 금융에 관한 산업별 비교 분석」(1999), 「1990년
대 금융화와 금융시장의 발전」(1998), 「해방후 재정안정화와 금융의 재편」(1995),
「청주지역사회의 권력구조에 관한 연구」(1996, 공저), 『한국금융사』(2002), 『한국의
은행 100년』(2004, 공저), 『살아있는 경제학』(2002, 공저), 『한국경제 반세기의 회고
와 반성』(1999, 공저), 『한국의 금융위기와 금융개혁』(1998, 공저), 『한국경제의 구조
개혁 과제』(1997, 공저)

윤진호

서울대학교 경제학 박사

현 인하대학교 경제학부 교수

주요 논문 및 저서: 「노동조합 존재확률의 결정요인과 대표권의 갭」(2005), 「고용조정과 노동조합」(2004), 「미국의 고용조정: 신화와 현실」(2003), 「노사정 3자합의체제에 관한 실증적 연구」(2001), 『보스턴 일기』(2005), 『한국경제의 개혁과 갈등』(2004, 공저), 『비정규노동자 조직화방안』(2006, 공저)

이상철

서울대학교 경제학 박사

UCLA 경제학과 방문학자

현 성공회대학교 사회과학부 조교수

주요 논문 및 저서: 「한국 산업정책의 형성: 1960년대 철강산업의 사례」(2004), 『새로운 한국경제발전사』(2005, 공저), Developmental Dictatorship and Park Chung-Hee (2006, 공저)

이은우

서울대학교 경제학 박사

현 울산대학교 사회과학대학 경제학과 교수

주요 논문 및 저서: 「영농형태별 농가소득 격차요인 분석」(2006), 「사교육비 지출행위에 대한 경제분석」(2004), 「실업자의 구직형태 및 의중임금 분석」(2004), 『대졸여성실업의 실태 분석 및 대학-노동시장간 효율적 연계방안』(2004, 공저)

장세진

시카고대학교(University of Chicago) 경제학 박사

현 인하대학교 경제학부 교수

주요 논문: "The Segregation of Efficiency, Equity and Benevolence: A Mechanism-Theoretic Approach"(2005), 「수확체증, 국제경쟁, 기술혁신 시대에 있어서의 시장경쟁지표의 추이와 평가」(2005), "Competition Policy in the Age of Increasing Returns, Global Competition, and Technical Innovation"(2004), 「비효율적 예산지출의 원인과 개선방안」(2004), 「새 정부의 통화 및 금융정책 과제」(2003), "Monetary Allocation Mechanism Under Asymmetric Information and Limited Communication"(1990)

전강수

서울대학교 경제학 박사

현 대구가톨릭대학교 부동산통상학부 교수

토지정의시민연대 정책위원장

주요 논문 및 저·역서: 「한국의 토지문제와 경제위기」(2000, 공저), 「헨리 조지 경제
사상의 배경과 의의」(2001), 「지가와 신용: 한국과 일본의 비교분석」(2003, 공저),
「일본의 부동산 거품과 장기불황」(2004), 「부동산 양극화의 실태와 해소 방안」
(2005), 『토지를 중심으로 본 경제이야기』(2002, 공저), 『대천덕 신부가 말하는 토지
와 경제정의』(2003, 공역), 『헨리 조지의 세계관』(2003, 공역)

한울아카데미 889
서울사회경제연구소 연구총서 XV

양극화 해소를 위한 경제정책
금융, 노동시장, 부동산, 지역

ⓒ 서울사회경제연구소, 2006

엮은이 | 서울사회경제연구소
펴낸이 | 김종수
펴낸곳 | 도서출판 한울

편집책임 | 이수동

초판 1쇄 발행 | 2006년 9월 18일
초판 2쇄 발행 | 2007년 10월 15일

주소 | 413-832 파주시 교하읍 문발리 507-2(본사)
　　　121-801 서울시 마포구 공덕동 105-90 서울빌딩 3층(서울 사무소)
전화 | 영업 02-326-0095, 편집 02-336-6183
팩스 | 02-333-7543
홈페이지 | www.hanulbooks.co.kr
등록 | 1980년 3월 13일, 제406-2003-051호

Printed in Korea.
ISBN 89-460-3600-1 93320

* 가격은 겉표지에 있습니다.